权威·前沿·原创

皮书系列为

“十二五”“十三五”“十四五”时期国家重点出版物出版专项规划项目

BLUE BOOK

智库成果出版与传播平台

重庆蓝皮书
BLUE BOOK OF CHONGQING

重庆基层治理发展报告
（2025）

ANNUAL REPORT ON THE DEVELOPMENT OF GRASSROOTS GOVERNANCE IN CHONGQING (2025)

组织编写／重庆市基层治理研究中心
主　　编／温丙存
副 主 编／王正攀　孙　婷

社会科学文献出版社
SOCIAL SCIENCES ACADEMIC PRESS (CHINA)

图书在版编目(CIP)数据

重庆基层治理发展报告.2025／温丙存主编；王正攀，孙婷副主编.--北京：社会科学文献出版社，2025.6.--（重庆蓝皮书）.-- ISBN 978-7-5228-5274-4

Ⅰ. D677.19

中国国家版本馆 CIP 数据核字第 20259DF979 号

重庆蓝皮书

重庆基层治理发展报告（2025）

主　　编／温丙存
副 主 编／王正攀　孙　婷

出 版 人／冀祥德
责任编辑／吴　敏　张　媛
责任印制／岳　阳

出　　版／社会科学文献出版社·皮书分社（010）59367127
　　　　　地址：北京市北三环中路甲 29 号院华龙大厦　邮编：100029
　　　　　网址：www.ssap.com.cn
发　　行／社会科学文献出版社（010）59367028
印　　装／三河市东方印刷有限公司

规　　格／开 本：787mm×1092mm　1/16
　　　　　印 张：16.25　字 数：240 千字
版　　次／2025 年 6 月第 1 版　2025 年 6 月第 1 次印刷
书　　号／ISBN 978-7-5228-5274-4
定　　价／249.00 元

读者服务电话：4008918866

版权所有 翻印必究

资助项目：重庆市社会科学规划项目“新重庆党建统领基层治理的实践研究”（项目编号：2024YC052；负责人：温丙存）

《重庆基层治理发展报告（2025）》
编　委　会

主　任　邹　勇　刘晓吾　张　波

主　编　温丙存

副主编　王正攀　孙　婷

撰稿人　（以文序排列）

温丙存　曾　巧　蔡康鑫　孙　婷　张　欣
张贵群　谢　荧　王正攀　白　康　吴柯良
刘　淳　孙　雪　肖博文

主要编撰者简介

温丙存　中共重庆市委党校（重庆行政学院）社会和生态文明教研部主任、教授，社会学博士，入选重庆英才·青年拔尖人才项目。曾任贵州省织金县八步镇镇长助理、重庆市长寿区凤城街道主任助理。主要研究方向为社会治理。主持国家社科基金一般项目、重庆市社科规划重大项目等省部级以上课题10余项，出版专著2部，在《中国行政管理》《中国农村观察》等核心期刊发表论文20余篇，获省部级以上签批采纳的资政报告10余篇。

王正攀　中共重庆市委党校（重庆行政学院）社会和生态文明教研部副主任、教授。兼任第三届全国社会救助标准化技术委员会委员、重庆市社会稳定风险评估市级专家库成员、重庆社会救助基金会理事等社会职务。主要研究方向为公共服务、社会治理和社会保障等。主持完成国家社科基金课题1项、省部级课题4项，出版专著1部，在《中国社会科学报》《学习时报》《西南民族大学学报（人文社会科学版）》《探索》《情报杂志》《中国应急管理》等报纸刊物公开发表论文40余篇，撰写资政报告获省部级领导批示多次。

孙　婷　中共重庆市委党校（重庆行政学院）社会和生态文明教研部副教授，公共行政博士。主要研究方向为政府治理与社会治理。主持、主研完成国家级、省部级课题20余项，出版专著1部，公开发表学术论文20余篇，主持撰写决策咨询建议获得省部级以上领导肯定性批示10余篇，多次获得省部级科研成果奖励。

摘　要

基层治理是国家治理的基石，统筹推进乡镇（街道）和城乡社区治理，是实现国家治理体系和治理能力现代化的基础工程。2024年，重庆市扎实推进党建引领基层治理，强化数字赋能和改革创新的“双轮驱动”，党建引领基层治理的体制机制日益完善，共建共治共享的社会治理格局日益健全，数字赋能基层治理的成效日益彰显。未来，重庆市将进一步突出“西部领先、全国进位和重庆辨识度”，按照“11135”总体工作思路，着力推动基层治理现代化，提升党建引领基层治理和基层政权建设质效。

重庆市在基层体制领域的主要做法及成效如下。一是深入实施“党建扎桩·治理结网”改革，全市域构建“一中心四板块一网格”基层智治体系，让基层实现综合集成、扁平一体。二是多措并举破解基层治理“小马拉大车”突出问题，实施创新“三张清单”制度、优化基层力量配置、强化基层队伍建设和数字化赋能等一系列改革措施。三是针对传统基层行政执法模式中的多头执法、职能交叉等问题，探索推进“大综合一体化”乡镇（街道）综合行政执法改革，强化了基层行政执法的效能，推动了资源的合理配置，促进了多部门的协同治理。四是准确把握加强新兴领域党建的任务要求，厘清新兴领域“新”在哪里、“难”在哪里、“落”在哪里，持续推进新兴领域党建工作体制机制更加完善，不断扩大党在新兴领域的号召力凝聚力影响力。

重庆市在基层民主领域的主要做法及成效如下。一是依照“规范化”建设、“实效化”运行、“特色化”打造的工作思路，积极推进人大基层立法联系点建设。二是积极推动集协商、监督、参与、合作功能于一体的“渝事好商量”协商平台建设，牵引串联全市政协组织和政协委员的责任链、履职链。三是通过实施议题征集、主体培育、阳光协商、规范程序、特色培育、数字赋能六大行动，推动“渝里乡商”基层议事协商改革。

重庆市在基层服务领域的主要做法及成效如下。一是积极推进“15分钟高品质生活服务圈”建设，形成了协调有力的组织体系、统一标准的制度体系、梯度培育的圈层体系、高效便捷的服务体系、特色鲜明的品牌体系。二是积极推动“一老一小”服务体系建设，不断加大政策供给力度、加大资源投入强度，老年人的获得感、幸福感、安全感和认同感不断提升；通过政策体系完善、服务供给优化和多方协同创新，逐步构建起覆盖婴幼儿照护、儿童友好城市建设的综合服务体系。三是积极推进城乡基本公共服务均等化发展，将“民生为大”的理念具体落实到“民生七有”工程，构建覆盖城乡居民全生命周期的基本公共服务体系，推动城乡居民共享发展成果。

重庆市在基层平安领域的主要做法及成效如下。一是持续深入践行新时代“枫桥经验”，党建引领作用更加凸显，网格治理体系更加优化，矛盾纠纷化解更加有力，各类资源力量更加下沉，治理责任链条更加织密，实现了把矛盾纠纷化解在基层、化解在萌芽状态的治理目标。二是进一步提升基层应急管理能力，聚焦夯实基层基础，持续推动应急管理工作力量下沉、保障下倾、关口前移，注重将基层应急管理与各项重点任务统筹谋划推进，进一步夯实了保障人民群众生命财产安全的“第一道防线”。三是探索构建线上线下“双网格”联动化解风险机制改革，走深走实网上群众路线，实现管好用好整合好网上网下资源。

关键词： 基层治理　超大城市　党建引领　重庆市

目 录

Ⅰ 总报告

Ⅱ 基层体制篇

Ⅲ 基层民主篇

Ⅳ 基层服务篇

Ⅴ 基层平安篇

Ⅵ 案例篇

总报告

B.1

谱写新时代党建引领基层治理的重庆篇章

温丙存*

摘　要：　基层治理是国家治理的基石。2024年，重庆市扎实推进党建引领基层治理，强化数字赋能和改革引领的“双轮驱动”，不断提升超大城市基层治理现代化水平，形成了“带不走”的实战能力。通过不断加强党的创新理论武装、纵深推进体制机制改革、夯实基层治理基本单元等，党建引领基层治理的体制机制日益完善。通过不断夯实基层治理队伍、增强基层治理能力、持续为基层松绑减负等，基层治理体系日益健全。通过“141”基层智治体系蓄势赋能、“一表通”助力基层减负、“民呼我为”畅通民意诉求、线上线下“双网格”联动预防化解风险，数字赋能基层治理的成效日益彰显。未来，重庆市将进一步突出“西部领先、全国进位和重庆辨识

* 温丙存，社会学博士，中共重庆市委党校（重庆行政学院）社会和生态文明教研部主任、教授，主要研究方向为社会治理。

度”，按照“11135”总体工作思路，着力推动基层治理现代化，提升党建引领基层治理和基层政权建设质效。

关键词： 党建引领　基层治理　超大城市　重庆市

党的二十大报告提出，“在社会基层坚持和发展新时代‘枫桥经验’，完善正确处理新形势下人民内部矛盾机制，加强和改进人民信访工作，畅通和规范群众诉求表达、利益协调、权益保障通道，完善网格化管理、精细化服务、信息化支撑的基层治理平台，健全城乡社区治理体系，及时把矛盾纠纷化解在基层、化解在萌芽状态”。[①] 党的二十届三中全会在“健全社会治理体系”的改革部署中，进一步提出“健全社会工作体制机制，加强党建引领基层治理，加强社会工作者队伍建设，推动志愿服务体系建设”。2024年，重庆市深入学习贯彻党的二十大和二十届二中、三中全会精神，全面贯彻习近平总书记关于基层治理的重要论述和视察重庆重要讲话重要指示精神，以及中央社会工作会议精神，统筹推进全市党建引领基层治理，积极探索超大城市基层治理现代化建设新路子。

一　党建引领基层治理的体制机制日益完善

（一）健全学习贯彻党的创新理论的制度机制

习近平总书记强调：“基层强则国家强，基层安则天下安，必须抓好基层治理现代化这项基础性工作。”[②] “习近平总书记关于基层治理的重要论述，立意高远，内涵丰富，思想深刻，是习近平新时代中国特色社会主义思

① 本书编写组编著《党的二十大报告辅导读本》，人民出版社，2022，第49页。

② 《习近平春节前夕赴贵州看望慰问各族干部群众 向全国各族人民致以美好的新春祝福 祝各族人民幸福吉祥祝伟大祖国繁荣富强》，《人民日报》2021年2月6日。

想的重要组成部分。”[①] 认真学习《习近平关于基层治理论述摘编》，对于不断健全党组织领导的自治、法治、德治相结合的城乡基层治理体系，实现基层治理体系和治理能力现代化，具有十分重要的意义。2024 年，重庆市在党建引领基层治理实践中，不断加强党的创新理论武装，印发《中共重庆市委社会工作部关于深入学习宣传贯彻〈习近平关于基层治理论述摘编〉的通知》，把《习近平关于基层治理论述摘编》作为做好基层治理工作的“必修课”“第一课”，纳入各级党委社会工作部门理论学习中心组学习主题、领导必读书目和乡镇（街道）、村（社区）党组织书记培训教学内容，并以“重庆社会工作瞭望”微信公众号为主平台，推送党员干部学习的有关信息，阅读量达 40 余万次。同时，深化示范引领带动，开展“百名基层书记话基层治理”活动，“‘民生为大’基层书记话基层治理媒体见面会”被人民网、央视网、《中国组织人事报》等 20 余家国家级主流媒体报道，传播量超 500 万。

重庆市在学习贯彻党的创新理论中，不断强化研究阐释。为认真学习贯彻习近平总书记关于基层治理的重要论述，深入落实《中共中央　国务院关于加强基层治理体系和治理能力现代化建设的意见》和《中共中央办公厅　国务院办公厅关于加强社区工作者队伍建设的意见》及市委关于推进基层治理现代化建设的有关部署要求，切实发挥社会工作部门的职能作用和党校为党育才、为党献策的积极作用，推动《习近平关于基层治理论述摘编》进入党校教学培训体系，2024 年 5 月，中共重庆市委社会工作部、中共重庆市委党校共同牵头、相关部门参与支持共建重庆市基层治理研究中心。重庆市基层治理研究中心成立后，深耕理论研究阐释，整理汇编重庆市社区工作法及案例 11 个，发表学术期刊论文 10 余篇，撰写《大力培育发展社区社会企业制度研究》《探索乡镇（街道）常态化制度化议事协商机制的调研》等调研报告 9 篇。

---

① 中共中央党史和文献研究院：《推进基层治理现代化的根本遵循和科学指南——学习〈习近平关于基层治理论述摘编〉》，《人民日报》2024 年 1 月 12 日。

（二）纵深推进体制机制改革

一是组建党委社会工作部门。党的二十届二中全会决定组建中央社会工作部，作为党中央职能部门，省、市、县级党委组建社会工作部门，这是党的社会工作领导体系的重大变革。2024 年，重庆市高效完成市和区县两级党委社会工作部门组建运行，统筹推进党建引领基层治理和基层政权建设。重庆市委社会工作部主动向市委汇报争取支持，市、区县、乡镇（街道）均由党委副书记分管社会工作。同时，还建立完善了社会工作系统 7 项重点领域协调机制，理顺 64 项交叉职责事项。

二是健全基层治理领导机制。中央党的建设工作领导小组专门设立党建引领基层治理协调机制，由中央组织部牵头，中央社会工作部负责具体协调工作。重庆市在健全党建引领基层治理体制机制过程中，市、区县全覆盖设立党建引领基层治理协调机制。在镇街层面，推动街道社区党建、单位党建、行业党建互联互动。在社区层面，做实“兼职委员”，发挥兼职委员及其所在单位作用，共同解决群众身边的“关键小事”。在网格层面，采取单建或联建方式全覆盖建立网格党组织，把党的全面领导有效覆盖至基层治理“神经末梢”。2024 年 9 月，重庆市召开全市党建引领基层治理工作推进会，开展 2024 年基层治理成效督查。设立党建引领基层治理观察联系点，建立市委社会工作部领导干部联系基层制度，定期开展政策宣传、调查研究及协调服务。

三是深化镇街管理体制改革。在机构编制工作中，要持续优化乡镇（街道）机构设置。突出基层党的建设、平安法治、民生服务、经济发展等主要职能，符合基层实际情况和基层事务特点，统筹设置行政机构和事业单位，真正做到简约高效便民。① 为进一步优化乡镇（街道）机构设置，重庆市立足发挥直辖市扁平化管理优势，创新构建“一中心四板块一网格”（以下简称“141”）基层智治体系，全市 1031 个镇街全覆盖建设基层治理指

① 习近平：《在二十届中央机构编制委员会第一次会议上的讲话》，《求是》2023 年第 24 期。

挥中心，整合党的建设、经济发展、民生服务、平安法治“四板块”主要职能，优化“板块+岗位”运行机制。健全落实市带区县、区县带乡镇（街道）、乡镇（街道）带村（社区）的工作联动机制，下沉执法人员全部纳入乡镇（街道）“一中心四板块”统一指挥，完善自上而下任务交办和自下而上问题上报的闭环处置流程。

（三）夯实基层治理基本单元

一是迭代升级社区平台建设。社区是城市治理体系的基本单元。我国国家治理体系的一个优势就是把城乡社区基础筑牢。要加强社区党组织建设，强化党组织的政治功能和组织功能，更好发挥党组织在社区治理中的领导作用，更好发挥党员先锋模范作用。要把更多资源下沉到社区来，充实工作力量，加强信息化建设，提高应急反应能力和管理服务水平，夯实城市治理基层基础。①在加强社区建设的实践过程中，重庆市有关部门制发《重庆市城市社区嵌入式服务设施试点建设方案》《重庆市城市社区嵌入式服务设施试点建设运营管理办法（试行）》，推动“15 分钟高品质生活服务圈”建设，谋划打造以社区党群服务中心为主阵地的“渝邻汇”社区综合服务体 38 个。建设“渝邻汇数智社区”应用，贯通中央社会工作部“党建引领基层治理和基层政权建设信息系统”，结合组织、队伍、设施供给等多维度指数构建社区精准画像，集成创业、托育、就医、养老、救助等社区服务应用场景，深化便民为民安民功能，基层治理群众满意度指数达 85.23 分。

二是全域推进清廉村居建设。新时代全面从严治党以落实中央八项规定精神破题，党中央率先垂范，弘扬谦虚谨慎、艰苦奋斗等光荣传统，涵养求真务实、清正廉洁的新风正气，把纪律和规矩挺在前面，抓早抓小、防微杜渐，一个毛病一个毛病纠治，一个问题一个问题突破，一年接着一年坚守，

---

① 中共中央党史和文献研究院编《习近平关于基层治理论述摘编》，中央文献出版社，2023，第 7 页。

坚决纠正形式主义、官僚主义、享乐主义和奢靡之风，坚决破除特权思想、特权行为，坚决整治群众身边的腐败和不正之风。[①] 为体系化推动全面从严治党向基层延伸，系统综合整治“蝇贪蚁腐”，2024 年，重庆市全面推进清廉村居建设。组建重庆市清廉村居建设分专班，由市委社会工作部、市农业农村委牵头，市委组织部、市委政法委、市民政局、市财政局等单位协同推进清廉村居建设，统筹实施“党建统领”“治理强基”“阳光村（居）务”“渝乡清风”4 项行动，将深化基层减负增效、强化村（社区）党员教育管理监督、规范“小微权力”运行等治理事项纳入重点建设内容，着力打造最广泛、最基层、最综合的清廉单元。2024 年，清廉村居单元在清廉重庆建设中，共选树最佳案例 10 个、优秀实践案例 28 个，全市清廉村居建设合格覆盖率达 60%。

二　基层治理体系日益健全

（一）夯实基层治理队伍

一是健全社区工作者职业体系。基层社会治理成效如何，基层干部是决定性因素。要统筹考虑基层干部队伍建设，逐步建立一支素质优良的专业化社区工作者队伍。[②] 2024 年，重庆市研究制定社区工作者管理办法，印发《贯彻落实〈中共中央办公厅　国务院办公厅关于加强社区工作者队伍建设的意见〉具体措施及分工方案》，推动建立经济责任审计、档案管理等职业化制度。在全市探索开展社区党组织书记、社区居民委员会主任经济责任审计试点。开发“社区工作者队伍建设一件事”应用，构建社区工作者选拔、培养、管理、服务、退出的全生命周期数字化管理体系。

① 习近平：《全面从严治党探索出依靠党的自我革命跳出历史周期率的成功路径》，《求是》2023 年第 3 期。

② 中共中央党史和文献研究院编《习近平关于基层治理论述摘编》，中央文献出版社，2023，第 100 页。

二是加强志愿服务和社会工作专业人员队伍建设。制定贯彻落实《中共中央办公厅　国务院办公厅关于健全新时代志愿服务体系的意见》的具体措施和分工方案，召开全市健全志愿服务体系工作部署推进会，建设“渝善渝美 志愿重庆”，实施志愿服务“铸魂、助力、暖心、强基”四项行动，志愿服务站点村（社区）实现全覆盖。打造“渝善渝美”市域志愿服务品牌，举办“3·5”学雷锋日、“12·5”国际志愿者日等主题志愿服务活动。建立重庆国际志愿服务研究中心和专项基金，打造重庆市国际志愿服务队，着力构建志愿服务国际合作交流新格局。建立健全四级志愿服务组织，全市志愿服务组织总量达4.2万个，注册志愿者687万人、年度活跃率达26%，开展志愿服务143万场次、参与志愿者1543万人次。因应新征程新使命，推进社会工作转型的目标是加快构建社会工作新发展格局：基于社会工作的本质定位社会工作与大社会工作的关系；加快构建中国社会工作自主知识体系；推动专业社会工作与本土社会工作的互构；以社会工作能力建设与人才培养为抓手；发挥党的领导总揽全局协调各方的作用。① 2024年，重庆市实施社会工作人才“卓远”“优才”“培苗”行动，全市社会工作者职业资格考试人数同比增长22%、通过率达20.6%，均创历史新高，累计培育社会工作人才10.45万人、持证3.2万人。建立全国首个社会工作人才发展公益信托，成立市社会工作创新发展基金会。依托“儿童社会工作督导人才培训计划”项目，培养全国首批儿童社会工作督导人才9名。在全市13家医疗卫生机构试点开展医务社工服务，配合举办全国医务社会工作培训班和实务技能大赛。

三是培育发展社会组织。强化社会组织党建工作，持续推进社会组织党建“六同步、三纳入、一共享”工作，推动党组织班子成员与管理层“双向进入、交叉任职”，确保党的组织和党的工作有效覆盖。试点建成10个社会组织服务联合体。在“一老一小”“一困一残”“一红一白”等方面引

① 李迎生：《中国式现代化新征程与社会工作新发展格局》，《中国特色社会主义研究》2024年第2期。

导社会组织承接基层公共服务项目，推动社会组织成为全市创新基层社会治理的有力支撑。搭建和完善就业对接服务平台，积极引导社会组织挖掘就业需求，累计开展各类就业服务活动 2503 场次，发布招聘岗位 13.2 万个。立足重庆“33618”现代制造业集群体系、“416”科技创新战略布局等重点领域，新培育科技类社会组织 31 家，全市性科技类社会组织达 198 家。持续健全社会组织领域政策制度体系，印发《重庆市异地商会管理办法》，修订出台《重庆市行业协会商会章程示范文本》，推动出台《重庆市全市性社会团体换届选举工作指引》，不断完善规范社会组织内部治理。

（二）提升基层治理能力

一是增强基层议事协商能力。拓宽基层各类组织和群众有序参与基层治理渠道，是进一步增强基层民主活力的重要抓手。① 2024 年，重庆市在建设人人有责、人人尽责、人人享有的基层治理共同体实践中，以区域化党建为抓手，探索推进资源整合、岗位综合、管服结合、社区智慧化“三合一化”工作机制，推广“社区合伙人”多元治理实践，引导社会组织、新就业群体、志愿者等社会力量参与基层治理。推动村（居）民委员会选举办法修订、制定列入市人大常委会 2025 年立法审议项目。实施“‘渝里乡商’基层议事协商”市级重点改革项目，在全市 70 个乡镇（街道）、82 个村（社区）试点推进议题征集、主体培育、阳光议事、程序规范、示范培育“五项行动”，累计协商 500 余场，参与人员 1.2 万人次，推动解决人居环境治理等民生实事 72 件，直接惠及群众 90 余万人。上述相关经验在中央社会工作部《社会工作通讯》刊发，获《新华每日电讯》等 10 余家国家级主流媒体报道。

二是增强基层应急管理能力。基层应急管理现代化重视“人民至上、生命至上”的管理理念，把人民群众生命安全和身体健康放在第一位，将其列为基层坚守的首要目标和基本底线，尽可能降低灾害发生的风险和灾害

① 孟祥娟：《健全基层民主制度》，《红旗文稿》2025 年第 1 期。

可能造成的损失，为维护灾后基层社会稳定发展提供坚实的安全保障。[①] 2024年，重庆市进一步提升基层应急管理能力，紧盯安全生产“遏重大、降较大、减总量”和自然灾害“不死人、少伤人、少损失”目标，以安全生产治本攻坚、防灾减灾救灾固本强基两大“三年行动”为总抓手，持续增强基层防灾减灾救灾能力。目前重庆全市事故灾害风险总体可控，安全生产形势稳定向好。

三是增强平安建设能力。2024年4月，习近平总书记在听取重庆市委和市政府工作汇报时强调，扎实推进党建引领基层治理，推动资源和力量下沉，坚持和发展新时代“枫桥经验”，常态化开展扫黑除恶，努力把矛盾纠纷化解在基层、化解在萌芽状态。[②] 2024年，重庆市坚决维护基层社会稳定，落实落细维护社会稳定工作责任制，坚持和发展新时代“枫桥经验”，出台《重庆市矛盾纠纷多元化解促进条例》，进一步强化了矛盾纠纷防范化解的法律支撑。全市41个区县综治中心全部挂牌运行，上线运行“社会矛盾纠纷多元化解应用”。紧扣群众的每一项诉求都有人办理，群众的每一项诉求都依法推进，实现权责明、底数清、依法办、秩序好、群众满意的目标任务，重庆市制度化体系化推进信访工作法治化。全市信访形势持续平稳向好，信访工作质效有效提升。

（三）持续为基层松绑减负

一是“轻车壮马”成效初显。纵深推进全面从严治党，要切实改进作风，克服形式主义、官僚主义顽疾，持续为基层减负，深入推进党风廉政建设和反腐败斗争，扎实做好巡视工作。[③] 重庆市在持续深化整治形式主义为基层减负实践中，由市委社会工作部、市委组织部牵头推动破解基层治理“小马拉大车”突出问题，印发《关于破解基层治理“小马拉大车”突出问

---

① 马玉娜：《扎实推进基层应急管理现代化建设》，《红旗文稿》2024年第11期。

② 《习近平在重庆市考察时强调 进一步全面深化改革开放 不断谱写中国式现代化重庆篇章》，《人民日报》2024年4月25日。

③ 习近平：《在党的二十届三中全会第二次全体会议上的讲话》，《求是》2024年第18期。

题具体措施的分工方案》。《为“车”减负 为“马”赋能 重庆靶向破解基层治理突出问题》等15篇报道获《人民日报》《中国社区报》等国家级主流媒体专题报道，中央电视总台《朝闻天下》以“重庆基层减负一线观察”为题，宣传重庆市推进破解基层治理“小马拉大车”突出问题的先进经验。

二是权责清单建立健全。重庆市制定《重庆市村（社区）工作准入事项管理办法》《涉村（社区）事项“四清单一目录”（2024年版）》，明确行政村工作事项66项、社区工作事项59项、负面事项8项、依法出具证明事项5项、不应出具证明事项32项、工作机制挂牌7个，村、社区工作事项和工作机制挂牌较2023年分别减少9项、8项、9项。对制定乡镇（街道）履行职责事项清单提出普遍性要求，有利于以制度刚性维护基层组织职责刚性，为基层减负夯实基础。[①] 2024年，重庆市启动乡镇（街道）履职事项清单编制工作，首批38个试点乡镇（街道）。

三是整治整改常态长效。我国国家治理体系的一个优势就是把城乡社区基础筑牢，2024年，重庆市积极开展整治村（社区）“滥挂牌”问题，梳理高频上墙问题36个，清退牌子背后的隐藏事务35项，累计清理撤销各类挂牌16.8万块，建立村（社区）挂牌准入机制，以区县为单位规范外部挂牌名称、规格等。全面完成借调镇街工作人员集中清理，大力整治“指尖上的形式主义”，关停整合迁移政务应用程序44个，关停“空壳”“僵尸”政务公众号15个。

三　数字赋能基层治理的成效日益彰显

（一）“141”基层智治体系蓄势赋能

完善社会治理体系，要善于运用新技术手段赋能基层社会治理，完善网

① 本书编写组编著《党的二十届三中全会〈决定〉学习辅导百问》，党建读物出版社、学习出版社，2024，第228页。

格化管理、精细化服务、信息化支撑的基层治理平台，构建线上线下一体的矛盾纠纷多元化解平台、智能化公共服务平台。[①] 2023 年 4 月以来，围绕提升超大城市基层治理现代化治理水平，重庆全市域构建党建统领“141”基层智治体系，推动基层治理体制机制、组织结构、治理形态、能力模式不断完善，形成权责清晰、多跨协同、平急结合、反应迅速的基层治理格局，推动基层治理由自上而下向上下联动、单打独斗向协同共治、传统治理向智能治理转变，形成了“带不走”的实战能力。

重庆“141”基层智治平台突出智慧治理，提升数智化融跨驱动能力。其一，可视化调度指挥。1031 个镇街实现 L2 实景图全覆盖、37 个区县探索 L3 实景图，重要点位、可调用力量等全域全景呈现。其二，精细化闭环管控。聚焦三项核心绩效，多轮开展镇街核心业务梳理，优化设置跑道、子跑道；镇街细化目标任务到人到点，形成体系化、量化细化推进工作格局。其三，一体化协同联动。全面承接六大系统、八大板块任务，贯通市、区县应用、多跨事件，探索建立中心城区数据共享、风险会商、联勤联动等一体化推进机制，推动三级贯通、区域联动。其四，智能化识别分析。探索构建“空—地—人”立体感知体系，加快垂直大模型建设、训练、应用，上架 AI 能力组件智能要素，对风险隐患进行预测预判、快反快处。

（二）“一表通”助力基层减负

为持续深化整治形式主义为基层减负，为基层干部干事创业创造良好条件，重庆市以“一表通”打造数字重庆建设和基层减负赋能中具有乘数效应的关键变量，牵引各方更好履职尽责，有效提升服务决策效能，取得发展提质、服务优化、治理增效的良好效果，不断提升基层治理体系和治理能力现代化水平，有效夯实共建共治共享基层治理新机制基础。

一是基层报表减负成效显著。“一表通”推广应用改变了传统工作模

① 本书编写组编著《党的二十大报告学习辅导百问》，党建读物出版社、学习出版社，2022，第 181～182 页。

式，基层工作人员在走访入户中随时通过手机端直接记录工作、查阅数据，在日常工作中通过 PC 端数据汇集维护、分析应用和“简填写”辅助填报等功能推进数据实时共享、按需调用。通过实质化使用“一表通”，基本实现基层报表数据“只报一次”，乡镇（街道）维护业务表时间从平均 106 分钟缩减到 20 分钟，压减率 81.13%。乡镇（街道）专职数据管理人员由平均 43 人降至 12 人，压减率 72.09%，实现卸下“指尖”之负，扎实为民服务。

二是以数辅政效率精准提升。各区县及部门紧扣日常工作最现实、最紧迫和群众反映最强烈的事项，利用“一表通”数据资源打造亮点、彰显特色，积极开发服务本地经济社会发展的典型应用场景，以数字化思维和能力引领、撬动、赋能传统工作，全市共计开发乡镇（街道）、区县、市级场景 650 余个，其中，市司法局在全国率先实现安置帮教对象服务管理模式升级、黔江区打造应急物资精准配置应用场景、渝中区两路口街道运用“一表通”筑牢安全防护网等 90 余个典型应用场景纳入市级应用场景，极大地提高了相关工作效率。

三是赋能基层治理提质增效。一些区县积极探索、推进“一表通”与基层智治贯通融合，依托“一表通”统计分析、预判预警等功能，对基层治理中各类数据进行智能化对比、可视化呈现，找准相关工作“薄弱点”、政策改善“着力点”，牵引各责任相关方更好履职尽责，推动基层感知预警、决策处置、监督评价、复盘改进等更加及时精准，基层治理工作质效明显提升。

（三）“民呼我为”畅通民意诉求

2023 年以来，重庆市运用数字化改革思维，依托重庆市“互联网+督查”平台和 12345 热线，谋划打造重庆市“民呼我为”应用，进一步畅通企业群众诉求反映渠道，切实减轻基层单位办理负担，提升党政部门治理能力，推动探索超大城市治理路径。重庆市“民呼我为”应用以业务为切入点、以数据为着力点，形成“接诉即办”和“未诉先办”两条闭环工作链，推动治理模式从事后被动处置向事前主动预防转变。

重庆市“民呼我为”应用系统强化AI赋能和大模型技术运用，助力提升群众诉求办理质效。一是智能应答能力。归集政策知识数据，率先上线基于大模型的网上智能问答功能，智能解答咨询类诉求，减少反映诉求等候时间。二是智能分转能力。机器学习历史诉求分办数据，通过语义识别诉求内容，将诉求零延迟直接派送至责任单位，在全国范围内率先实现无人工介入诉求智能分转，以“算力”解放“人力”。三是智能导办能力。归集社情民意等数据，智能推送疑似相同的诉讼裁决、非诉争议、人民信访事项，智能生成处置建议和参考答复，推动诉求办理减负提质。四是智能预警能力。智能计算16类预警事件的风险值和14个领域热点问题的关注度，复核后通过三级治理中心推送责任单位闭环处置。五是智能分析能力。利用聚类、分类、回归等算法，从海量民情诉求中查找非显性关联关系，发现治理工作薄弱环节。

（四）线上线下“双网格”联动预防化解风险

自2023年以来，重庆市聚焦超大城市本质安全，在全国率先创新推动“构建线上线下‘双网格’联动化解风险机制”改革，努力把各类风险隐患控制在最小范围、解决在萌芽状态，牢牢守住城市运行安全稳定底线。网格化管理是一种源自地方实践的政策工具，历经多年扩散创新，成为中国基层治理的基础设施。其要义在于借助信息技术，对基层公共事务进行网格式划分，高位推动打破部门壁垒、实现层级贯通和治理重心下移，并通过考核与问责落实责任，以独特的运行机制更好地实现社会管理与公共服务目标。[①] 重庆市线上线下“双网格”联动化解风险的改革举措及其治理成效集中体现在如下两个方面。

一是管服结合解民忧，源头防范基层社会风险。优化“双网格”为民服务机制，聚焦源头防治，紧扣群众需求，组织开展线上线下的议事协商，组织网格员在圈群精准投送医保养老、就业创业、应急抢险、移风易俗等便

① 张捷、王诗宗：《网格化管理：中国基层治理的基础设施》，《治理研究》2024年第5期。

民利民资讯，常态化开展防邪反邪、反诈防骗、禁毒禁赌、消防安全等提醒预警。2024年基层在线上网格推送原创民生类信息4100余条。建立“交转办”闭环解决机制。通过走访入户、线上巡查等搜集社情民意，主动回应群众关切，动态摸排问题诉求，分级分类建立问题清单和服务台账，形成线上线下一体高效的交转办工作闭环。2024年通过“双网格”机制核实解决社保、交通、教育、应急等急难愁盼问题5.7万余件，办结率在90%以上。

二是虚实结合建网格，灵敏感知基层社会风险。构建“线上网格”全面感知风险，依托全市实体网格，全覆盖建立7.5万个线上网格，覆盖近1000万常住人口，实现实时立体感知风险。拓展“行业网格”移动探测风险，整合了3.5万个行业线上网格，推动住建、教育、交通、卫健、国资国企、应急等重点行业领域全面整合网络圈群。如江北区根据辖区危化行业门类多、分布广、数量多等特点，推动辖区112家危险化学品企业全覆盖进圈入群，扎实有效开展信息推送、预警提醒、案例复盘等安全监管事项。用好网约车司机、快递员、网约配送员、网络主播等新就业群体微信圈群，发挥其流动性强、接触面广、信息量大等优势，实时感知社情民意、矛盾纠纷。

四　重庆市党建引领基层治理的未来展望

习近平总书记强调，党的工作最坚实的力量支撑在基层，经济社会发展和民生最突出的矛盾和问题也在基层，必须把抓基层打基础作为长远之计和固本之策，丝毫不能放松。① 基层治理是国家治理的基石，统筹推进乡镇（街道）和城乡社区治理，是实现国家治理体系和治理能力现代化的基础工程。新时代新征程，必须坚定不移走中国特色社会主义社会治理之路，始终把抓基层打基础作为长远之计和固本之策，在加强基层基础工作、提高基层治理能力上下更大功夫，确保党的执政基础坚如磐石，确保社会安定有序、

① 中共中央党史和文献研究院编《习近平关于基层治理论述摘编》，中央文献出版社，2023，第7页。

国家长治久安。① 未来，重庆市在抓好党建引领基层治理和基层政权建设，推动新时代社会工作高质量发展中，将突出“西部领先、全国进位和重庆辨识度”，按照“11135”总体工作思路，着力推动基层治理现代化，提升党建引领基层治理和基层政权建设质效。

其一，聚力实现“一个目标”。坚持党建引领，坚持人民城市理念，坚持改革创新，坚持数字赋能，着力构建权责清晰、运行顺畅、充满活力的城乡基层治理体系，健全完善共建共治共享的基层治理制度，推动基层治理体系和治理能力现代化，助力建设超大城市现代化治理示范区，为奋力谱写中国式现代化重庆篇章夯实基层基础。

其二，协同建强“一个体系”。坚持运用好北京党建引领接诉即办理念、机制和方法，迭代“141”基层智治体系实战能力，整合用好“民呼我为”“企业吹哨、部门报到”“突发事件直报快响”等应用，以线上线下“双网格”为牵引，精准、高效响应群众诉求，有针对性地强化乡镇（街道）指挥调度能力、分析预警能力、风险管控能力、惠民助企能力。

其三，夯实“一个阵地”。建好用好社区平台，重点推进老旧小区、超大社区、城乡接合部社区、易地扶贫搬迁安置社区、外国人集中居住社区等特殊区域基层治理。持续破解基层治理“小马拉大车”突出问题，以做好村（社区）两委换届准备工作、加强社区工作者队伍建设、打造社区综合服务体等重点工作为抓手，推动资源下沉、完善服务设施，不断夯实基层平台基础、激发基层治理活力，提升基层治理现代化水平。

其四，健全“三项机制”。一是完善党建引领工作协调机制。不断健全市、区县两级党建引领基层治理协调机制，充分发挥协调机制作用，联动成员单位定期研究部署基层治理工作，增强风险防范意识，及时发现解决基层治理中的新情况新问题，总结推广更多有益做法和创新成果。二是强化党建引领基层协商机制。深化“渝里乡商”基层议事协商改革，培育打造具有重庆辨识度、全国影响力的“渝里乡商”基层协商工作品牌，力争到2025

① 吴汉圣：《基层强则国家强 基层安则天下安》，《求是》2024年第10期。

年底试点乡镇（街道）达400个。三是创新党建引领社会力量参与机制。实施党建引领社会力量参与社区治理改革，搭建区域化党建平台，统筹社区党组织和群团组织资源配置，加快建设人人有责、人人尽责、人人享有的社会治理共同体，为超大城市现代化治理提供社会参与改革经验。

其五，加强“五支队伍建设”。一是推动乡镇（街道）干部赋能提升。重点抓好乡镇（街道）党（工）委书记、副书记的能力培训，充分发挥好乡镇（街道）承上启下的关键作用，积极推动党建引领基层治理创新实践。二是提升社区工作者专业化水平。落实《重庆市社区工作者管理办法（试行）》，细化社区工作者准入机制、档案管理、考核激励和退出等全周期管理措施，加强专业化、实战化教育培训，提升社区工作者队伍的专业持证率。三是加强志愿服务队伍建设。实施志愿“铸魂、助力、暖心、强基”四项行动，健全志愿服务嘉许激励制度，持续抓好党建引领“专业社工+志愿服务”融合发展试点，做靓“渝善渝美”市域志愿服务品牌。四是强化社会工作专业人员培育。健全区县、乡镇（街道）、村（社区）三级社会工作服务体系，实施“卓远”“优才”“培苗”三大工程，加强信访、医务等重点领域社会工作专业人员培育。五是壮大社区社会组织队伍力量。实施培育发展社区社会组织专项行动，积极建设各类社会组织孵化基地，培育社区社会组织负责人和骨干，聚焦居民群众实际需求，培育发展文娱型、服务型等各类社区社会组织。

参考文献

本书编写组编著《党的二十大报告学习辅导百问》，党建读物出版社、学习出版社，2022。

本书编写组编著《〈中共中央关于进一步全面深化改革、推进中国式现代化的决定〉辅导读本》，人民出版社，2024。

本书编写组编著《党的二十届三中全会〈决定〉学习辅导百问》，党建读物出版社、学习出版社，2024。

本书编写组编著《党的二十大报告辅导读本》，人民出版社，2022。

李迎生：《中国式现代化新征程与社会工作新发展格局》，《中国特色社会主义研究》2024 年第 2 期。

马玉娜：《扎实推进基层应急管理现代化建设》，《红旗文稿》2024 年第 11 期。

孟祥娟：《健全基层民主制度》，《红旗文稿》2025 年第 1 期。

吴汉圣：《基层强则国家强 基层安则天下安》，《求是》2024 年第 10 期。

吴汉圣：《健全社会工作体制机制》，《党建研究》2024 年第 10 期。

习近平：《在二十届中央机构编制委员会第一次会议上的讲话》，《求是》2023 年第 24 期。

习近平：《全面从严治党探索出依靠党的自我革命跳出历史周期率的成功路径》，《求是》2023 年第 3 期。

习近平：《在党的二十届三中全会第二次全体会议上的讲话》，《求是》2024 年第 18 期。

张捷、王诗宗：《网格化管理：中国基层治理的基础设施》，《治理研究》2024 年第 5 期。

中共中央党史和文献研究院编《习近平关于基层治理论述摘编》，中央文献出版社，2023。

中共中央党史和文献研究院：《推进基层治理现代化的根本遵循和科学指南——学习〈习近平关于基层治理论述摘编〉》，《人民日报》2024 年 1 月 12 日。

基层体制篇

B.2
重庆市构建党建统领“一中心四板块一网格”基层智治体系的实践

孙　婷*

摘　要：　数字赋能超大城市治理的底层逻辑在于运用数字化的技术、思维与认知，把数字化、一体化、现代化贯穿于党的领导和经济、政治、文化、社会、生态文明建设全过程各方面，从整体上推动经济社会发展质量变革、效率变革、动力变革，以此推进治理体系和治理能力现代化。重庆市着眼于超大城市治理能力的提升，创新实施“党建扎桩·治理结网”改革，健全党建统领工作体系、“一中心四板块一网格”组织体系、三级清单责任体系、赋权扩能支撑体系，构建一体化治理智治平台，推动基层治理领导体制、组织结构、治理形态、运行机制、能力模式不断完善，提升党建引领基层治理效能。

* 孙婷，博士，中共重庆市委党校（重庆行政学院）社会和生态文明教研部副教授，主要研究方向为政府治理与社会治理。

关键词： 党建引领　基层智治体系　“大综合一体化”　行政执法改革

在互联网、大数据、云计算、人工智能等数字技术的升级与驱动之下，以数字治理推动国家治理体系和治理能力现代化成为必然选择。党的二十大报告指出，要完善网格化管理、精细化服务、信息化支撑的基层治理平台。[①] 2024 年 4 月，习近平总书记在重庆调研时强调，加快智慧城市建设步伐，构建城市运行和治理智能中枢，建立健全“大综合一体化”城市综合治理体制机制，让城市治理更智能、更高效、更精准。[②] 重庆市深入贯彻落实习近平总书记视察重庆重要讲话重要指示精神，深入实施“党建扎桩·治理结网”改革，全市域构建“一中心四板块一网格”基层智治体系，推动基层治理由自上而下向上下联动、单打独斗向协同共治、传统治理向智能治理转变。

一　“一中心四板块一网格”基层智治体系的构建过程

（一）重塑党建统领工作体系，形成统揽有力的领导体制

坚持把理顺基层治理领导体制机制作为关键一招，强化党建统领作用，切实把党的领导贯穿于基层治理全过程、各方面。一是健全组织体系。党的领导、党的全部工作要靠党的坚强组织体系去实现。市级层面，设立党建引领基层治理协调机制，协同解决跨领域、跨部门、跨地域、跨业务重点事项；区县层面，同步建立协调机制，加强工作协同，形成整体合力；镇街层面，推动街道社区党建、单位党建、行业党建互联互动，统筹协调辖区资源、增强整体效应；社区层面，完善“兼职委员”制，发挥兼职委员及其

① 习近平：《高举中国特色社会主义伟大旗帜为全面建设社会主义现代化国家而团结奋斗——在中国共产党第二十次全国代表大会上的报告》，《求是》2022 年第 21 期。

② 《习近平在重庆市考察时强调 进一步全面深化改革开放 不断谱写中国式现代化重庆篇章》，《人民日报》2024 年 4 月 25 日。

所在单位作用，共同解决群众身边的“关键小事”；网格层面，采取单建或联建方式全覆盖建立网格党组织，把党的全面领导有效覆盖至基层治理“神经末梢”。二是聚合各方力量。充分发挥党组织领导作用，形成党建“同心圆”、治理“一盘棋”。对在职党员干部，推动到社区进小区报到服务，广泛开展法官、检察官、社区民警、党员律师和家庭医生进网格活动，推动水、电、气、讯等公共服务力量下沉网格。对新就业群体，成立互联网、出租车、快递等行业党委，设立暖“新”驿站，积极引导快递员、外卖送餐员、网约车司机等参与代办跑腿、文明劝导、爱心接送等志愿服务。对社会组织，积极培育扶持基层公益性、服务性、互助性社会组织，引导社会组织救助困难群众、调解矛盾纠纷，形成共建共治强大合力。

（二）重塑“141”基层智治体系，建成扁平高效的治理格局

针对镇街职能交叉、力量分散的问题，建立健全“一中心四板块一网格”基层智治体系，做到综合集成、扁平一体。一是做强“一中心”。镇街全覆盖建立基层治理指挥中心，作为镇街平时运行中枢、急时前沿指挥部，在党（工）委统一领导下行使指挥权、督导权、考核权，承担任务分办、协同流转、运行监测、分析研判、应急指挥等职责。二是做优“四板块”。按照扁平化管理、矩阵式协同原则，整合优化镇街综合办事机构和事业站所、派驻机构，构建党的建设、经济发展、民生服务、平安法治“四板块”，在板块下设立若干岗位、明确岗位职责，加强跨板块沟通协调。三是做实“一网格”。聚焦打通基层治理“末梢”，深入实施党建引领网格治理提升行动，考虑属地性、整体性、适度性，行政村一般以自然村、村民小组为单元，社区一般以居民小区、住宅小区、若干楼院为单元划分网格；对商务楼宇、各类园区、商圈市场、学校医院等特定区域，结合实际设立专属网格。每个社区按照“1+3+N”模式配备网格力量，注重网格员能力建设，提升专业能力、实战能力。建立网格常态联系走访、“网格吹哨、部门报到”、平急一体快速响应等机制，网格在除险固安、为民服务等方面的作用有效发挥。

（三）重塑三级清单责任体系，打造边界清晰的职责链条

针对基层治理“小马拉大车”问题，依据党章党规、法律法规，在充分调研的基础上，制定镇街、村（社区）、网格三级事项清单，做到越往下越简单，切实减轻基层负担。一是镇街职责边界清。在2023年“一乡一策”制定镇街法定职责事项、协同配合事项责任“两张清单”基础上，按照中央部署进行迭代。强化清单事项刚性约束，对未列入清单的工作，严禁区县部门以评比验收等方式，把工作责任和任务随意派交镇街承担。二是村（社区）任务事项清。在2023年制定村（社区）“四清单一目录”的基础上，对现有法律法规等进行再梳理再核对，迭代《涉村（社区）事项“四清单一目录”（2024年版）》，明确村（社区）依法履职事项、村（社区）依法协助配合事项、负面事项、依法出具证明事项、不应出具证明事项、挂牌指导目录。同时，制定落实村（社区）工作准入事项管理办法，健全事前准入、动态管理机制。三是网格员闭环任务清。按照量化、具体化的要求，制发网格员任务清单，明确日常巡查走访、协处突发事件、主动服务群众、正面宣传引导等“6+1”重点任务，实行照单履职。

（四）构建赋权扩能支撑体系，健全条块协同的运行机制

推动权力下放、资源下沉、保障下倾，释放基层治理新动能。一是健全统筹调度机制。推动相关行业管理部门细化具体措施、融入工作流程，确保镇街规划听取意见权等落地落实，有效增强镇街党（工）委统筹协调能力。二是健全综合执法机制。开展“大综合一体化”镇街综合行政执法改革，健全“法定执法+赋权执法+委托执法”的镇街综合行政执法新模式，梳理镇街法定执法事项、区县级赋权执法事项，规范农业农村、卫生健康等领域委托事项，确保基层接得住、用得好。三是健全平急转换机制。聚焦平时管用、急时顶用，分级制定工作预案，开展村（社区）干部、专兼职网格员等应急演练培训，通过部门结对联系等方式推动市、区县党员干部下沉，把辖区力量迅速集结起来开展应急工作。

（五）构建一体化智治平台，赋予数字化为基础的治理能力

根据数字重庆统一架构，坚持最快部署、最小投入、最佳实战、最大共享，全市统一开发、一体部署镇街基层智治平台，让基层治理更智能。一是镇街情况“一图统揽”。构建镇街、村（社区）、网格 L2 实景地图，重点场所、网格力量等定位落图，每个镇街“四板块”需办理事项、每个网格情况一屏总览，便于基层“看图作战”。二是任务事件“一办到底”。依托市、区县、镇街三级贯通的数字化城市运行和治理中心，将“网格吹哨、部门报到”数字化，一般事项由网格及时就地解决，不能解决的通过基层智治平台逐级流转到村（社区）、镇街、区县、市级办理，及时有效解决群众的急难愁盼问题。三是除险固安“一键调度”。开发统计分析、AI 预警等功能模块，接入烟雾火灾预警等智能算法，实时了解情况，若发现问题镇街会依托平台跨板块、跨社区、跨层级调度，采取“一对一”“一对多”方式进行在线指挥，及时应急处突。四是数据归集“一池聚合”。推动市级部门向镇街下沉市场主体等数据，网格核采基础数据，平台动态监测、自动分析流转事件和体征数据，适时预警、及时处置民生高频事项等，基层由“凭经验办事”逐步转向“看数据决策”。五是多个系统“一端整合”。改变以往各个应用系统“垂直降落”基层的局面，逐步将其整合到基层智治平台，有效解决基层 App 过多的问题。全面推广应用“一表通”，做到数据智能抓取、自动填充、统一存放，减少报表数量和处理报表时间。

通过推进“141”基层智治体系建设，积累了党建引领基层治理方面的经验。一是党的领导是基层治理的根本保证，必须坚持党建统领、整体推进，始终把加强党的全面领导贯穿基层治理全过程、各方面，切实把党的政治优势、组织优势转化为治理效能。二是人民至上是基层治理的价值导向，必须坚持服务群众、造福群众，持续提升基层服务水平和治理能力，让群众的获得感成色更足、幸福感更可持续、安全感更有保障、认同感更加强烈。三是大城善治是基层治理的时代课题，必须坚持多元共治、多跨协同，充分

发扬民主、广泛汇聚民智、最大激发民力，建设人人有责、人人尽责、人人享有的基层治理共同体。四是先立后破是基层治理的重要方法，必须坚持稳中求进、迭代完善，正确处理好立与破、稳与进的关系，把握好“时、度、效”，稳妥推进基层治理体制机制重塑再造、迭代升级，以立与破的方法论推动基层治理迈上新台阶。五是数字赋能是基层治理的关键变量，必须坚持数实结合、双轮驱动，主动适应数字化、网络化、智能化融合发展的大趋势，树立数字化思维、现代化思维，更加注重机制创新，更加注重数字赋能，以整体智治新路径开启基层治理新局面。

二　江北区寸滩街道的典型实践与经验成效

1993 年 3 月，寸滩街道由寸滩乡和溉澜溪街道合并组建而成。街道地处江北区中段，是承接和激活上段地区经济集聚辐射功能的关键节点，辖区面积 20.3 平方公里，常住人口 8.3 万人，辖 10 个社区。街道党工委下辖 11 个基层党委、91 个党支部，共计 1467 名党员、110 个网格。作为重庆市基层智治体系建设首批试点镇街，始终坚持数字赋能、减负增效，着眼全链条重构、全周期管理、全领域提升，实现事件精准发布、高效流转、及时处置，扎实推进“一中心四板块一网格”基层智治体系落地见效。

（一）党建工作情况

一是强化政治建设，感悟思想伟力。坚持把学习贯彻习近平新时代中国特色社会主义思想作为首要政治任务抓紧抓牢，全面贯彻落实党的二十大精神，深入学习贯彻习近平总书记视察重庆重要讲话重要指示精神，做实“学、讲、看、做”四篇文章。二是优化组织建设，凝聚体系合力。实行“社区党委—网格党支部—微网格党小组”模式，优化党组织设置，实现党的基层组织“横到边、纵到底、全覆盖”，每年举办专题培训班，加强基层党组织带头人和党员队伍建设。三是深化党建引领，提升实战能力。聚焦

“联勤联动”，围绕服务和平安两大实战方向，推动“141”基层智治体系向下扎根，实现日常工作规范化、数智化、协同化，集中精力抓发展、优服务、惠民生。

（二）形成的工作法

通过抓实“343”工作法，基层智治不断取得实战实效，中央组织部、中央社会工作部、中央统战部等领导同志先后莅临调研，与北京、浙江、江苏、海南等30多个省区市开展交流座谈，相关做法获焦点访谈、《中国组织人事报》、《重庆日报》等央媒市媒专题报道。

1. 突出“三个聚焦”，推进全链条重构

一是聚焦扁平指挥，推进体系重构。指挥中心设置综合协调、信息汇总、流转督办、值班调度4个专岗，所有科室站所纳入“四板块”，设置17个业务岗位，建立指挥长每月复盘、跨板块专题研判等工作机制，构建“指挥中心—板块—岗位”指挥体系。二是聚焦高效协同，推进业务重塑。按照“V模型”方法将28项核心业务层层拆解为125个业务事项，排查优化冗、堵、漏环节23个，重构重精监管等工作流程13项，梳理形成“小区业委会监管”“违章建筑整治”需求清单。三是聚焦资源下沉，推进力量重组。街道12名班子成员直接包联网格，57名机关干部担任网格指导员，通过推动社区干部下沉、兼职网格员转任以及公开招录方式，配齐专职网格员110名，联动水、电、气、讯、消防、物业、金融网格员、志愿者等8类力量共同参与网格服务，凝聚小网格大治理的多元力量。

2. 建立“四项机制”，实现全周期管理

一是建立职责清单机制。细化三级权责清单，街道形成64项板块事项清单，社区建立42项高频服务清单，网格员明确“开门七件事”，推行“快办、商办、报办、核办”4办处置办法，既明确责任分工、避免推诿扯皮，又督促对单履职、打勾销号。二是建立数据收集机制。组建数据专班，建立“归集—预审—核对—入库”流程，治理市级下沉数据22类10.6万

条，通过“一表通”归集本级数据 42 万余条，组织网格员核采“一标三实”等数据 14 万余条，建成街道数据仓。三是建立闭环管理机制。构建“一纵两横三闭环”体系，纵向“区—街道—社区—网格”贯通，横向“区中心—部门”“街道中心—四板块”协同，96.8%的网格事件在社区网格自办结，坚持“日报告、周调度、月复盘”，基本实现“小事不出社区、大事不出街道”。四是建立赛马比拼机制。构建“1+2”考核评价体系，修订专职网格员管理办法，将一体化治理智治平台信息完整度、活跃度、事件办结率作为重要评价指标，分四档对网格员进行月度晾晒比拼。建立志愿力量作用发挥“先锋指数”，通过积分兑换落实兼职网格员、微网格长待遇，做到以考促干、奖优汰劣。

3. 抓实“三个结合”，提升全领域效能

一是注重线上线下结合。推进“脚板网格”与“指尖网络”协同，充分发挥网格员作用和基层智治平台高效协同作用，做到问题隐患早发现、早处置。2024 年中秋节前夕，专职网格员巡查上报，有游摊在兰溪社区低价销售过期月饼，吸引大量群众围观购买，指挥中心赓即调度综合执法岗、优化营商岗等现场执法，仅 10 分钟即妥善处置，获得社区居民一致好评。二是注重有形有效结合。充分整合利用业委会办公室、市政岗亭、劳动者港湾等建立网格驿站，开展防范电信诈骗宣讲活动 263 次，协调解决网格急难愁盼问题 319 个，并为群众提供热饭接水、休息充电等便利，推进治理与服务深度融合。三是注重平时战时结合。构建平时条块运行、战时统筹指挥机制，及时发现问题、实时感知情况、平战快速转换。在一次极端暴雨天气应对中，街道充分发挥基层智治平台“一屏统揽”“一键直达”优势，统筹在线调度四板块，应急处置从至少半天缩短至 20 分钟，未发生一起因暴雨造成的伤亡事件，该案例被纳入市级首批基层创新案例。

B.3
重庆市破解基层治理“小马拉大车”突出问题的实践探索

蔡康鑫*

摘　要： 基层治理“小马拉大车”突出问题不仅会降低治理效能和公共服务质量，还会加重基层干部负担，降低政府公信力。针对这一问题，重庆市在2024年以党建引领带动破解基层治理“小马拉大车”突出问题，实施了一系列改革措施，包括创新“三张清单”制度、优化基层力量配置、强化基层队伍建设和数字化赋能等，一方面，通过减轻基层负担、增强基层力量、提升数字化治理水平来提升治理效能；另一方面，通过优化整合资源、补齐基层服务设施、强化群众需求导向的治理创新来推动基层治理的质量提升。这些改革措施为破解基层治理“小马拉大车”突出问题提供了可行的路径，形成了有利于基层持续发展的治理模式。

关键词： 数字赋能　“小马拉大车”　减负增能　重庆

一　基层治理“小马拉大车”突出问题的结构性难题

基层治理是国家治理体系的重要组成部分，承担着政策执行、公共服务供给、社会矛盾化解等多重职能。然而，在当前治理体系下，乡镇（街道）和村（社区）面临基层治理中“小马拉大车”状况，基层治理能力与治理需求之间的矛盾日益凸显。习近平总书记强调，要持续为基层减负，让基层

---

* 蔡康鑫，社会学博士，重庆大学公共管理学院讲师，主要研究方向为社会工作、社会政策。

干部能够用更多时间和精力来服务群众。[①] 这一重要论述更体现了破解基层治理“小马拉大车”突出问题的重要性与必要性。

（一）基层治理“小马拉大车”突出问题的形成原因

一是事权扩张，责任层层加码。乡镇（街道）和村（社区）不仅要执行日常的社会治理任务、提供常规的公共服务职能，还要落实上级部门布置的专项工作，如行政执法、环境整治、招商引资、拆迁拆违、协税护税、生产安全管理等。而政策导向的“指令型”特征，往往相应的配套支持不足，乡镇（街道）和村（社区）作为政策落地的“最后一公里”，缺乏充分的资源保障。

二是机构庞杂，权责交叉不清。随着治理事务的增加，基层的机构设置也变得复杂。由于许多功能职能交叉，治理体系碎片化。乡镇（街道）、村（社区）和上级职能部门派驻的基层站所之间往往存在职能重叠、职责不清现象。而“属地管理”责任的加重，更使得乡镇（街道）和村（社区）承担越来越多本应由上级职能部门直接负责的事务。

三是人员配置紧，干部负担重。基层治理事务烦杂且工作强度大，而人员编制有限，许多基层干部需要身兼数职，长期超负荷工作。同时，由于基层发展空间相对有限，社区工作人员队伍稳定性较低，基层治理队伍的可持续性发展受到影响。

四是基层治理数字化能力不足。近年来数字化治理手段得到推广，但在部分基层地区信息化系统仍不完善，跨部门的数据共享和业务协同亟待加强。此外，基层干部的数字治理能力有待提升，强化对新技术的适应和运用。

（二）基层治理“小马拉大车”突出问题的影响

一是公共服务质量受影响。由于资源配置不足，乡镇（街道）和村

① 《基层负担减轻 干部干劲更足（干部状态新观察・为基层减负赋能）》，人民网，2024 年 11 月 11 日。

（社区）在开展基层治理时存在服务供给不足、服务水平不均的问题，难以满足居民日益增长的需求，影响居民的获得感和幸福度。

二是基层治理效能下降。由于责权不清、配套不足等现实因素，基层治理出现责任推诿、响应不足、疲于应对等问题，基层治理中的各类日常工作、专项任务、突发事件处置都存在效率降低的问题。

三是凝聚群众弱化。形式主义、官僚主义等问题导致基层超负荷运转，工作人员联系群众不够经常，回应群众不够及时，易造成公信力的削弱，降低群众参与基层治理的主动性，对群众的引导流于形式，难以形成治理合力。

二　重庆市破解基层治理“小马拉大车”的主要做法

（一）各级高度重视，顶层设计引领改革

2024年重庆市破解基层治理“小马拉大车”突出问题取得了显著的成效，得益于市委、市政府的高度重视和高位部署。从市委到区县，统筹协调的工作机制不断完善，确保政策落实到位并取得实效。

一是高位部署，增强政策执行力。市委将破解基层治理“小马拉大车”问题纳入整治形式主义、为基层减负的重点工作，明确提出要通过减负增能、提升基层治理效能的多项措施来应对这一突出问题。市委领导的亲自部署和参与，形成了强有力的推动力，在市委常委会会议、市委社会工作会议、数字重庆建设推进会等多个场合作出安排，并多次深入镇街、村社区调研指导，就破解基层治理“小马拉大车”突出问题作出指示批示，召开了2次全市党建统领基层治理协调机制全体会议听取进展汇报、部署下步工作。市委乡镇（街道）履职事项清单工作协调小组召开了3次协调小组会研究、督促、推动相关工作。

二是部门协同，强化督查落实。市委组织部、市委社会工作部通过结合实际情况，协调全市重点工作，定期调度进展，确保政策落实不走样。组织

开展2024年基层治理工作成效专项督查，累计向上报送基层减负赋能有关经验做法10条，获中央5家主流媒体报道6篇。

三是区县联动，形成齐抓共管格局。各区县党委也将此项工作纳入重点任务，全部成立由区县委书记担任召集人的党建引领基层治理协调机制，确保全市上下高度统一，形成齐抓共管、合力推进的良好局面。基层治理从一开始就得到全市各级党组织的关注和重视，形成了“全市一盘棋”的工作局面。

（二）创新“三张清单”制度，精准减负松绑

重庆市在破解“小马拉大车”问题时，注重摸清基层的实际负担，集中力量进行减负。通过“明责减负”机制，将乡镇（街道）和村（社区）的工作任务进行科学梳理，确保基层工作能够聚焦重点、减少不必要的负担。

一是启动乡镇（街道）和村（社区）履职事项“三张清单”编制工作。重庆市扎实做好乡镇（街道）履职事项清单工作，印发《全面建立乡镇（街道）履职事项清单实施方案》，建立健全市、区、乡镇三级工作机制，组建指导组全覆盖下沉开展蹲点指导，首批38个乡镇（街道）和村（社区）履职事项单编制工作如期顺利完成，并全部正式公布。

二是细化村（社区）准入事项。重庆市出台了《重庆市村（社区）工作准入事项管理办法》《涉村（社区）事项“四清单一目录”（2024年版）》，明确村依法履职事项46项、社区依法履职事项37项，村依法协助配合事项38项、社区依法协助配合事项38项，负面事项8项，依法出具证明事项5项、不应出具证明事项32项，挂牌指导目录7项。同时，大力整治村（社区）“滥挂牌”问题，累计清理撤销村社区各类挂牌16.8万块。

三是明确网格员职责边界。为了进一步减轻网格员的工作压力，重庆市还对网格员的“6+1”任务进行了优化调整，结合工作实际，制定了《网格员任务清单（2024年版）》。通过平台常态化派发任务，确保任务按清单逐项落实，并通过严格的考核机制，促进基层工作更加高效精准。

（三）强化基层力量“壮马赋能”，提升治理能力

重庆市在破解基层治理“小马拉大车”问题时，不仅注重减轻基层负担，更通过增强基层队伍的力量和能力，提升整体治理效能。为了增强基层治理的能力，通过多方面的举措，增强了基层力量，尤其是基层的人员配置和职业发展路径。

一是增强乡镇（街道）工作力量。重庆市通过“减上补下”的方式，推动编制资源向基层和一线下沉。这一措施有效缓解了基层干部短缺的现状，使得更多的工作能够落到实处。同时，还对借调到乡镇（街道）的工作人员进行了集中清理。

二是增强村（社区）工作力量。研究制定了《重庆市社区工作者管理办法（试行）》，为社区工作人员提供了明确的职业规范，指导区县稳妥做好优化补员工作，全市每万城镇常住人口拥有社区工作人员达 18.4 人（含专职网格员）。此外，重庆市通过公开招录（聘）公务员、事业单位工作人员的方式，拓宽了村（社区）工作人员的职业发展路径。

三是强化基层执法队伍力量。出台《重庆市乡镇（街道）“一支队伍管执法”办法（试行）》，推动执法力量下沉到乡镇（街道），进一步提高了基层执法队伍的工作能力和应对复杂问题的能力。

四是提升基层队伍工作能力。重庆市建立了分级培训制度，对全市 1031 个乡镇（街道）的党政主要负责人进行了培训，同时还组织了 28 万人次的社区工作者培训，确保基层人员具备必要的工作能力和知识储备。

（四）数字赋能基层治理，打造智能化治理新模式

在信息化和智能化发展方面，重庆市致力于通过数字技术提升基层治理效能，强化数字化赋能，推动智慧治理模式建设。

一是迭代优化“141”基层智治体系。1031 个乡镇（街道）的 L2 实景图实现全覆盖，推动镇街核心业务实现数字化管理，并且推动市级应用系统实现贯通运行。通过数字化技术，重庆市基层治理的各项工作实现了更高效

的协同和资源共享。

二是增强基层风险感知和快速响应能力。乡镇（街道）编制数字化应急预案，网格员通过线上“进圈入群”上报事件，排查矛盾纠纷，基层矛盾化解率达99.8%。这些数字化手段有效提升了基层治理的反应速度和处理效率。

三是强化助企惠民能力。网格员落实对“一老一小”等人员的常态化服务，下沉市场主体、信用评级等数据，全覆盖落实企服专员制度，走访企业、帮助解决生产经营难题。

四是大力整治“指尖上的形式主义”。建立国家部委、市级部门延伸到乡镇（街道）和村（社区）的政务App清单，关停清理涉党政机关、企事业单位、重点行业领域主管主办的公众号、小程序，减轻了基层工作人员因形式主义而增加的工作负担，确保基层真正能将精力集中在服务群众和推动发展的核心工作上。

三　破解“小马拉大车”突出问题的典型探索

（一）沙坪坝区“滥挂牌”问题整治案例

1. 规范化与标准化管理

规范化与标准化管理是破解基层治理“小马拉大车”突出问题中“滥挂牌”问题的核心手段之一。沙坪坝区通过建立统一标准和执行流程，确保村（社区）服务设施的整齐、有序和规范。这种管理方式不仅有效遏制了“滥挂牌”问题，还提升了基层治理的整体质量。沙坪坝区在《关于开展村（社区）“滥挂牌”问题整治的通知》中提出，在全区村（社区）综合服务设施显著位置，按照全区统一的要求悬挂或喷装“一横四竖一标识”，具体标准按照《重庆市沙坪坝区党建统领基层治理工作联席会议印发〈关于规范村（社区）工作事务、机制牌子和证明事项的实施方案〉的通知》执行。这一规定通过细化标准，确保了村（社区）公共服务标识的一致性和规范性。无论是区级、乡镇（街道）级还是村（社区）级的标识，都必须遵循统一的样式和标准。这种做法有效避免了“多头管理”及标识风格不统一的情况，从而为基层治理提供了清晰的框架和执行标准。

在新增挂牌的机制流程上，沙坪坝区进行了严格的把控，做到一事一议，实行区委组织部和区委社会工作部联合核准机制。这一机制进一步强化了“滥挂牌”问题的审核约束，避免了基层村（社区）自行或在其他部门要求下设立不符合规范的标识或机制牌。通过加强审批流程，确保了所有新增标识和机制牌的合理性和合法性。这种集中管理模式在防止随意性、提高治理透明度方面起到了积极作用，充分体现了规范化管理在基层治理中的重要性。

2. 精简实用与功能整合

精简实用与功能整合是提升基层治理效率的另一关键举措。沙坪坝区在“滥挂牌”问题整治中强调避免标识和功能设施的重复与冗余，通过简洁、实用的设计提升管理效能。同时还提倡“一室多用”，实现阵地、资源充分共享。为避免重复挂牌，将功能相近的指引牌进行统筹整合，有效避免了资源浪费和无效工作，提升了基层服务设施的空间利用效率。

指引牌设计上，沙坪坝区要求各村（社区）在设置功能指引牌时，必须根据实际情况进行合理整合，尽量避免重复设置相同的标识牌。这种做法不仅能减少视觉上的杂乱，还能避免基层公共服务场所的资源浪费，确保每个标识、每个设施都能发挥其应有的作用。此外，沙坪坝区还明确村（社区）工作场所的各个功能室指引牌是否保留，应由各村（社区）根据实际情况提出，再交由各乡镇（街道）审定。通过赋予基层部分权限，确保每个村（社区）能够根据具体情况灵活调整标识和指引设施，避免过度统一的弊端，使得每个村（社区）能够根据居民的实际需求和服务场景进行个性化调整。

这一整合与精简的策略，体现了基层治理在管理上追求实效和高效的原则，减轻不必要的管理负担，使得资源得到最大化利用，最终推动基层服务的高效运转。

3. 以群众需求为导向的治理创新

基于群众需求进行基层治理创新，是沙坪坝区“滥挂牌”问题整治中的另一重要特点。在实践中，沙坪坝区根据实际需求调整功能室设置和标识展示方式，从而最大程度地提高社区服务的便利性和响应速度。例如，在部分直接面对群众、服务群众的窗口部门，如警务室、养老服务中心、卫生服务站（卫生室）、社区食堂等，此类有独立进出口且常态化运行的功能室，可以根据市级部门相关要求单独挂牌。这一做法将有独立进出口且常态化运行的功能室与其实际服务属性相结合，针对性地设置专门的标识，确保居民可以更容易地找到相关服务点。

沙坪坝区还针对功能指引牌设计进行了一定的限制，要求被保留的功能指引牌可采用插牌形式，以村（社区）为单位做到风格统一、简洁大方、精简实用，能直接体现相应内容或功能。这一规定强调了标识牌设计的简洁性和实用性，同时考虑到居民的便利性与需求，使得每个服务点的标识都能够准确反映其功能，避免信息过载和指引不清等问题。通过这种方式，标识牌不仅有助于提高服务设施的可见度，还能确保信息的精准传达，避免因设计不当而增加居民的困惑。

此外，沙坪坝区提出功能室指引牌的保留由各村（社区）根据实际情况提出，由各乡镇（街道）审定，给予村（社区）一定的自主权，体现了治理中对灵活性和村（社区）特色的尊重。在实际操作过程中，乡镇（街道）和村（社区）可以根据基层治理的需求和实际情况，调整和优化各项设施的设计和布局，提升服务的高效性和群众的满意度。

（二）忠县“减负、赋能、增效”组合拳式工作模式①

在基层治理中“小马拉大车”问题长期制约着乡镇（街道）和村（社区）的高效运作。忠县通过深入贯彻落实习近平总书记关于社会工作的重要论述，结合中央和市委的工作要求，采取了“减负、赋能、增效”组合

① 根据忠县县委社会工作部供稿资料整理。

拳式工作模式，有效应对基层治理中出现的种种难题。这一系列措施不仅是对当前基层治理体系的有效补充，更是通过实践不断完善的创新路径。

1. 强化党建引领，推动协同共治

忠县注重以党建引领作为基层治理抓手，促进社会力量和资源的有效整合，建立共建共治的基层治理机制，提升基层治理的内生动力。具体实践中，忠县通过构建“县领导—县级部门—镇街—社区”四级党建“共同体”，联合城市社区“大党委”、区域党建联盟和社会组织等多方力量，共同解决基层治理中的资金、物资等缺乏问题。截至2024年，忠县通过“三联三带”工作机制成立了46个区域党建联盟，细化了资源、需求和服务“三张清单”，实现了资源共享、活动共办、问题共解。

2. 明晰权责，精简行政事务

忠县聚焦基层组织的权责不明和事务负担过重问题。通过深入梳理并厘清基层组织职责，特别是在县级部门、乡镇（街道）和村（社区）之间明确了工作边界和权责划分。这一措施极大地避免了基层单位承担超出职能范围的任务。具体来看，忠县通过建立《履职事项清单》，进一步梳理了137项基本履职事项、248项配合事项及81项可收回事项，并逐步通过试点乡镇递进式更新“两张清单”，有效避免了对无关事项的过度干预。这种责任边界的厘清不仅提升了基层单位的工作效率，也减轻了基层干部的工作负担。

进一步地，忠县在机构改革中，推动乡镇（街道）整合设立五办五中心，确保每个机构能够对应多个职能部门。这一措施使得基层单位在处理多项事务时能够更加集中、高效，避免信息沟通和工作协调的重复性和低效性。此外，忠县还通过整治村（社区）“滥挂牌”现象，清理了5657块各类挂牌，平均每个村（社区）减少15块以上的牌子，从而有效减轻了基层干部的工作负担，使他们能够更加专注于核心事务。

3. 数字赋能，提升治理效率

在数字赋能方面，忠县大力推动数字治理平台建设，利用智能化手段提升治理效率。通过“一表通”和“141”基层智治平台的搭建，忠县实现了数据共享，显著降低了基层工作中的重复性和低效性。比如，“141”基层智治平台引入了10类智能算法（如防溺水、违规垂钓等），以帮助乡镇（街道）精准识别并高效处理问题。这一平台的建立，使得基层干部能够通过一键启动、迅速反应的方式，更加高效地处理应急情况。

4. 强化队伍建设，激发干事热情

为了进一步提高基层治理效能，忠县在干部队伍建设上做出了重要调整和创新。忠县通过打破编制资源壁垒和优化人力资源配置，使县级事业编制人员下沉到乡镇（街道），根据不同类型的乡镇（街道）需求合理配置行政编制和事业编制人员。通过这些举措，基层工作人员的数量和质量得到了有效提升。

此外，忠县还通过吸纳社会力量和专业力量，进一步强化基层治理。比如，忠县共吸纳了4000余名来自水电气讯、在职党员、外卖骑手、网约车司机等各行业的人员加入基层治理的行列，显著提升了基层治理的灵活性和执行力。同时，忠县加强村（社区）干部的全周期管理和培训，实施“导师帮带”制度，确保基层干部的能力提升。此外，忠县还特别注重村（社区）干部的专业化发展，制定了具有针对性的奖励政策，如“持证社工”一次性奖励等，以激励基层干部提升专业能力。

为了激发基层干部的工作热情，忠县还推出“固定补贴+绩效考核+职业津贴”的薪酬保障体系，确保基层干部的待遇和职业保障，调动其工作积极性。2024年，忠县针对乡镇（街道）的事业单位工作人员进行定向招考，进一步优化基层人才储备机制，推动干部队伍的良性循环。

四　破解基层治理“小马拉大车”突出问题的推进方向

（一）工作成效还需持续巩固

“大综合一体化”乡镇（街道）综合行政执法改革、三级职责事项清单、基层力量配置、基层队伍建设和数字化赋能等工作取得了初步成效，但这些改革的持续推进仍然面临诸多挑战。尤其是在中办督查反馈问题整改、村

（社区）“滥挂牌”问题整治等方面，虽然已取得一定进展，但部分地区仍存在整改不到位的情况，部分措施未能在全市范围内得到推广和落实。要确保这些改革取得长效，必须加强后续跟踪检查，强化监督问责，确保各项政策和制度得到实质性落实。此外，随着社会经济形势的变化，新就业群体的融合问题日益凸显，这一群体对基层治理的参与度和贡献度仍需进一步提升，将这一群体有效纳入治理体系，推动其在基层治理中的作用从个别化向全面化、系统化转变。

（二）攻坚突破还需持续加力

少数行业部门未能充分认识到破解基层治理“小马拉大车”突出问题的复杂性和长期性，普遍存在将其视为日常性工作予以处理的现象，缺乏有效的攻坚决心和持续推进的动力，尤其是自上而下的指导和推动力度仍显不足，部分单位等仍要求群众到村（社区）开具亲属关系等烦琐的证明材料，给基层群众带来不必要的负担，影响了基层治理的效率和公信力。此外，一些政策的精准性和针对性依然不强，尤其是在政府购买服务、社会力量参与等领域，相关的制度建设和政策保障还不完善，针对很多具体的操作细则尚未形成有效的机制。要在短期内实现突破，仍需加大在政策制定和实施过程中的调研和反馈力度，确保政策能够切实贴合基层实际需求，推动政策的精准落地和长效运行。

（三）保障支撑还需持续加强

基层工作人员的待遇无法得到保障进而会影响其工作积极性。一些区县在统筹支持基层项目的资源上存在分散、不集中问题，资金支持往往不够精准，无法有效地对基层治理进行有力支撑。更为重要的是，社会资本在基层治理中的引导和投入机制尚未完全建立，导致社会力量难以充分发挥其应有的作用。因此，要想突破这一瓶颈，不仅需要进一步加大财政支持力度，还需通过建立健全激励机制，吸引社会资本参与基层治理，提升基层治理的整体效能和可持续性。

（四）基层队伍还需持续建强

基层队伍建设不断推进，但在一些地区，特别是偏远乡镇，基层干部的数字化能力仍不足，尚未充分利用现代信息技术工具来提升治理效率。随着数字化转型的深入，基层干部对新技术的掌握能力亟待提升，尤其是对数字化治理平台、数据分析工具等的应用能力相对较弱。此外，还有部分尚未达到“每万城镇常住人口拥有社区工作者 18 人”的要求，部分社区工作者、网格员的专业能力和服务群众的水平仍需进一步提高。要解决这一问题，必须加强基层干部的培训与提升，特别是在数字技能和专业素养方面，要通过系统地培训和实践提升其适应现代社会治理的能力。

五　破解基层治理“小马拉大车”突出问题的经验启示

（一）强化党建引领抓统筹

党建引领是破解基层治理“小马拉大车”突出问题的关键支撑。要充分发挥党组织在基层治理中的核心作用，增强基层党组织对各项治理工作的统筹能力。首先，健全党建引领基层治理的协调机制，建立纵向贯通、横向协同的党建引领体系，确保党的领导在基层治理各环节全覆盖。其次，发挥基层党组织战斗堡垒作用，推动党组织向网格、楼栋、社会组织等基层单元延伸，实现党建与基层治理深度融合。最后，优化基层党组织领导基层治理方式，充分发挥村（社区）党组织的组织动员能力，积极引导驻区单位、新就业群体、社会组织等多元主体参与基层治理，形成共建共治共享的治理格局。

（二）坚持条块联动抓指导

破解基层治理“小马拉大车”突出问题，必须在全市范围内形成条块联动的强大合力。需将此项工作同整治形式主义、为基层减负等任务紧密衔接，确保各项工作在思路上高度统一、行动上紧密配合。要加强对基层工作的统筹调度与政策集成，避免各部门单兵作战，形成重复和低效的局面。每季度进行工作盘点和进度通报，定期组织督查，及时发现问题，特别是苗头性和倾向性问题，确保各项任务落实到位。建立健全基层减负观察联络制度，细化各级政府和部门的职责，确保基层工作不被层层加压。要特别关注基层反映的具体问题，做到“解剖麻雀、追根溯源”，对基层的困难和需求快速响应，并迅速整改。通过这些措施，增强基层的获得感和满意度，避免基层干部因形式主义和不必要的负担而影响工作效率。

（三）对标重点任务抓落实

基层治理的关键任务，特别是在推动基层治理体制改革方面，需要通过明确的政策和措施加速落实。应抓紧编制乡镇（街道）履职事项清单，明确各级领导和工作者的职责和任务分工，确保职责清晰，落实有序。与此同时，必须及时开展“三上三下”工作，促进信息传递和政策落实的双向流动，加强基层与上级政府之间的互动和沟通。对于社区工作者的管理，需要尽快落实《社区工作者管理办法》，建立更加规范化的管理机制，加快补齐社区工作者缺口。特别是在基层党组织书记后备力量的培养上，建议实施为期三年的集中培育计划，为基层提供充足的领导人才支持。此外，必须进一步推进“大综合一体化”乡镇（街道）综合行政执法改革，推动基层“一支队伍管执法”模式的落实，为基层治理提供更加统一和高效的执法支持。

（四）聚焦难点问题抓攻坚

当前基层治理中的一个显著问题是经费和政策支持不足，特别是在基层干部的福利和保障上。因此，需要加大对基层经费的保障力度，加大政策支持力度，确保各项新出台的政策能够落地落实，如政府购买服务、乡镇干部工资倾斜等政策，确保基层工作人员的基本经济待遇得到有效保障，从而激发他们的工作积极性和责任感。同时，基层的考核体系亟待优化，需要精简不必要的考核项目和层级，严格控制面向基层的督查、检查、考核总量，避免基层被过度干扰。特别是对于村（社区）的考核制度，应进一步规范和完善，确保考核更加科学、公正，避免形式化考核给基层工作带来不必要的负担，切实发挥考核在激励基层干部积极性、提升服务质量方面的作用。

（五）巩固拓展成果抓提升

要巩固和提升已有改革成果，特别是村（社区）“滥挂牌”问题的整治成果。一方面，应继续深化清理整治工作，完善制度保障，建立长效机制，确保村（社区）管理的规范性和高效性。另一方面，需要进一步深化“指尖上的形式主义”整治，解决一些看似微小但影响深远的形式主义问题，提高工作实效。要大力实施党建统领社会力量参与社区治理改革，推动群团组织、社会组织、企业商户、新就业群体等各类社会力量积极参与基层治理。这些多元主体的参与，不仅能够缓解基层治理中资源不足的问题，还能在推动社会资本投入基层治理、提升治理效能等方面发挥重要作用。与此同时，应坚持“边实践边总结”的原则，通过对不同地区和领域的实践进行总结和经验提炼，宣传推广一批具有重庆辨识度的基层实践经验，形成可复制、可推广的治理模式，进一步提升全市基层治理的整体水平。

参考文献

中共中央党史和文献研究院：《习近平关于力戒形式主义官僚主义重要论述选编》，中央文献出版社，2020。

《中共中央办公厅印发关于解决形式主义突出问题为基层减负的通知》，《人民日报》2019 年 3 月 12 日。

仲音：《持续深化整治形式主义为基层减负》，《人民日报》2024 年 3 月 23 日。

本报评论员：《以钉钉子精神持续做好为基层减负工作》，《重庆日报》2020 年 6 月

5 日。

吴建南、王亚星、陈子韬:《从“增负减能”到“减负增能”:基层治理数字化转型的优化路径》,《南京社会科学》2023 年第 7 期。

周振超、黄洪凯:《条块关系从合作共治到协作互嵌:基层政府负担的生成及破解》,《公共管理与政策评论》2022 年第 1 期。

B.4

重庆市“大综合一体化”乡镇（街道）综合行政执法改革实践探索

蔡康鑫*

摘　要：　传统行政执法模式中，乡镇（街道）面临多头执法、职能交叉、执行效能低等问题。“大综合一体化”乡镇（街道）综合行政执法改革以职能整合、权责下放、执法协同为核心，旨在提升基层执法效能。本报告系统梳理了重庆市“大综合一体化”乡镇（街道）综合行政执法改革的背景、主要模式与实践路径，重点分析了机构调整、执法流程优化、数字化手段应用等关键举措，并结合典型案例总结经验与成效，在此基础上，提出推进执法标准化、完善绩效考核机制、强化基层执法队伍建设等对策建议，以进一步优化基层行政执法体系。

关键词：　行政执法　基层治理　数智赋能

习近平总书记在重庆考察时指出，加快智慧城市建设步伐，构建城市运行和治理智能中枢，建立健全“大综合一体化”城市综合治理体制机制，让城市治理更智能、更高效、更精准。[①]“大综合一体化”乡镇（街道）综合行政执法改革是探索推进超大城市现代化治理的核心突破口之一，旨在解决乡镇（街道）一级政府权责不对等、多头执法、协同不足等问题。通过向乡镇（街道）下放部分执法权限、建设统一的乡镇（街道）行政执法队伍来实施“一支队伍管执法”、推动执法监管“一件事”场景运用、开发

* 蔡康鑫，社会学博士，重庆大学公共管理学院讲师，主要研究方向为社会工作、社会政策。

① 《习近平在重庆市考察时强调 进一步全面深化改革开放 不断谱写中国式现代化重庆篇章》，《人民日报》2024年4月25日。

“执法+监督”一体化数字集成应用、推广“综合查一次”执法模式，实现执法流程规范化、执法监管数智化的目标。

一 “大综合一体化”乡镇（街道）综合行政执法改革基本情况

乡镇（街道）综合行政执法是基层治理的重要环节，涉及城市管理、消防安全、生态环境、应急安全等多个领域。在传统执法体系下，乡镇（街道）面临多头执法、职责交叉、协同不足等问题，影响了执法效能和基层治理的整体水平。为破解这些难题，重庆市积极推进“大综合一体化”乡镇（街道）综合行政执法改革，通过整合执法队伍、优化权责配置、提升执法协同能力、数智赋能执法，探索符合基层治理需求的新型执法模式。

（一）基层综合行政执法体系的现实困境

长期以来，乡镇（街道）的行政执法体系呈现碎片化、条块分割严重的特点，具体表现在以下几个方面。

一是多头执法，职责交叉，治理效率不高。传统执法体系中，城市管理、生态环境、应急管理等执法职能分别由不同部门负责，形成“条块分割”局面。由于执法队伍分散，执法权限界定不清，多个部门在同一领域重复执法或相互推诿的现象时有发生，影响执法效率和行政管理效果。

二是权责不匹配，基层执法权限受限。乡镇（街道）政府承担了大量基层治理任务，但被赋予的执法权有限，难以有效应对突发事件或复杂治理问题。例如在城市管理等领域，部分执法权限属于高频率、高综合、高需求、易发现、易处置的执法事项，但由于镇街无执法权限，只能进行初步处理，无法独立完成执法闭环。

三是执法资源分散，协同机制缺乏。不同部门独立设置执法队伍，基层执法力量过度分散，导致人力资源浪费。各执法部门的信息系统相互独立，缺乏数据共享和业务协同，影响综合治理能力。

四是执法能力不足，基层队伍建设亟待加强。由于执法权分散，基层执法队伍的专业化水平参差不齐，部分乡镇（街道）的执法人员缺乏专业培训，难以应对复杂执法任务。执法设备、科技支撑手段相对落后，制约了执法的精准性和高效性。

（二）重庆市“大综合一体化”乡镇（街道）综合行政执法改革的目标

面对上述问题，重庆市提出“大综合一体化”乡镇（街道）综合行政执法改革，核心目标是实现基层执法的整合、优化和高效协同。具体而言，改革的主要目标包括以下几个方面。

一是整合执法资源，形成“一支队伍管执法”。通过改革，将城市管理、生态环境、应急管理等领域的执法职能整合，组建乡镇（街道）综合行政执法队伍，避免重复执法和职责交叉。统筹执法队伍调配，提高基层执法力量的整体效能。

二是优化执法权责，提升属地治理能力。赋予乡镇（街道）更大的综合执法权限，使其能够独立开展执法工作，减少对上级部门的依赖。明确各级政府的权责边界，确保乡镇（街道）能够依法依规开展执法活动，形成职责清晰、分工合理的执法体系。

三是建立高效协同机制，提升执法合力。推动部门间信息共享，打破数据壁垒，形成全方位、智能化的执法体系。构建跨部门协同执法机制，确保执法过程顺畅、处置高效。

四是提升执法能力，推动科技赋能执法。加强基层执法人员培训，提升专业素养和执法规范化水平。运用数字化治理手段，如执法信息系统、智能监控等，提高执法的精准度和响应速度。

（三）重庆市“大综合一体化”乡镇（街道）综合行政执法改革的路径

为贯彻落实党中央、国务院关于加强基层治理体系和治理能力现代化建设、推进基层整合审批服务执法力量的决策部署，进一步深化乡镇（街道）综合行政执法改革，2023年重庆市发布《重庆市人民政府办公厅关于深化乡镇（街道）综合行政执法改革的实施意见》，提出了坚持党建统领、便民利民、综合集成、数字赋能，推动乡镇（街道）执法事项综合、执法力量综合、执法方式综合，加快形成职责清晰、协同高效、机制健全、行为规范、监督有力的乡镇（街道）行政执法新格局的综合行政执法改革要求。在改革规划上，进行了4年期的总体规划部署。计划用4年时间逐步调整优化赋权执法事项，厘清乡镇（街道）执法领域，实行“多跨协同、整体高效”的行政执法体制机制，“执法+监督”的一体化数字集成应用升级迭代，推动执法监管“一件事”场景应用，实现一支队伍管执法的目标，使重庆市的综合行政执法能力达到全国领先。基于此，制定了以下五项主要改革任务。

一是明晰执法任务，构建“法定执法+赋权执法+委托执法”的乡镇（街道）综合行政执法新模式，梳理现行法律法规中乡镇（街道）法定行政执法事项和基层执法行为与场景，对应当下放的行政执法事项进行梳理，明确赋予乡镇（街道）的执法清单。赋权事项分为通用事项和自选事项，通用事项为统一梳理后1031个乡镇（街道）全面承接的执法项目，自选事项则根据乡镇（街道）的区位、人口、产业、经济社会发展水平等因素选择。

二是统筹执法力量，根据“一支队伍管执法”的要求，建立负责乡镇（街道）行政权限范围内的综合行政执法大队，并探索区县执法部门下沉人员和乡镇（街道）综合行政执法大队统筹运行的“综合执法+专业执法”模式。

三是创新制度机制，建设多跨协同的执法监管“一件事”场景应用，实施“综合查一次”，推广服务型执法和柔性执法。强化数智引领，建设全市统一的“执法+监督”一体化数字集成应用，开发乡镇（街道）执法办案模块，实现统一调度、智能关联、文书生成功能，推进数据的跨层级、跨地域、跨系统、跨部门、跨业务的全面共享。充分利用数智平台，推广“无感执法”“无感体检”。

四是强化数智引领，打造全市统一的“执法+监督”一体化数字集成应用，开发建设乡镇（街道）执法办案核心模块，智能匹配执法主体、执法事项、执法依据、执法程序和裁量基准，实现统一执法指挥调度、执法要素智能关联、执法文书自动生成，并全面汇聚执法全过程数据，推动跨层级、跨地域、跨部门的执法数据共享。创新智慧执法监管方式，强化数字赋能增效，挖掘数据价值，动态评估行政执法效能。探索推广非现场执法、“无感执法”和企业合规“无感体检”方式。

五是加强协调监督，全面落实行政执法公示制度、执法全过程记录制度和重大执法决定法制审核制度“三项制度”，提升行政执法的透明度和规范性，确保执法过程的合法性与公正性。建立健全事件问题上升机制和同级协调机制，确保行政执法中的复杂、疑难事项能够及时被反馈到上级部门和相关职能部门并予以处理。强化司法行政部门对乡镇（街道）综合行政执法工作的指导、协调。

二　重庆市“大综合一体化”乡镇（街道）综合行政执法改革成效

重庆市自 2023 年启动“大综合一体化”乡镇（街道）综合行政执法改革以来，按照既定任务和目标方向全面推进改革，取得了显著的成效。进入 2024 年，“大综合一体化”乡镇（街道）综合行政执法改革进入新阶段，不仅强化了基层行政执法的效能，推动了资源的合理配置，还促进了多部门协同工作，推动了社会治理体系的现代化建设。

（一）“一张清单”定权责：理顺执法边界，确保权责清晰

在行政执法领域，重庆市采取清单化管理的改革路径，通过梳理行政执法事项，明确了乡镇（街道）的行政执法职责。按照“三高两易”的标准，明确了乡镇（街道）的法定行政执法事项清单，包括安全应急、城乡规划、交通、禁毒、供水供电等共计 27 个行政检查、行政处罚、行政强制类型的乡镇（街道）法定行政执法事项清单项目。对区县政府和部门赋予乡镇（街道）的行政执法权限进行细化梳理，整理由区县政府和部门赋予乡镇

（街道）行政执法权限的行政执法事项指导清单，内容涵盖水利、农业农村、文旅、消防应急、城市管理、经济信息、市场监管、民政、规划自然资源、生态环境、住建、交通、卫健、林业等部门赋予乡镇（街道）的 15 个通用赋权事项和 84 个自选赋权事项。通过上述清单梳理，重庆市明确了乡镇（街道）的执法职责与权限边界，使得基层行政执法的范围和权限更加透明、规范。到 2024 年底，全市所有乡镇（街道）都公布了法定执法事项、赋权执法事项和委托执法事项清单，平均承接赋权自选事项 34 项，平均接受委托执法事项 37 项。其中赋权事项使用率为 74.88%，超过法定执法事项和委托执法事项使用率约 60 个百分点，改革赋予基层的职能在实际工作中实现有效运作。

（二）“一支队伍管执法”：深化队伍整合，提升执法效能

重庆市“大综合一体化”乡镇（街道）综合行政执法改革的另一关键举措是通过建立和完善“一支队伍管执法”模式，进一步加强基层行政执法队伍建设。为推动此项改革，重庆市司法局、市委组织部、市委社会工作部等部门在全国率先出台省级层面规范乡镇（街道）综合行政执法队伍文件——《重庆市乡镇（街道）“一支队伍管执法”办法（试行）》，不仅明确了基层执法队伍的建设目标，还为执法人员的配置、培训和管理提供了详细指引。改革推动了 4700 多名原归属于区县一级综合行政执法力量以派驻或包片的形式下沉至乡镇（街道），使基层下沉行政执法队伍人员数量提高 112.46%。这一变化显著增强了基层执法力量的活跃度，执法人员的活跃率高达 92%。根据《全市乡镇（街道）综合行政执法规范化建设试点工作方案》，全市乡镇（街道）综合行政执法大队新增编制，平均每个乡镇（街道）配备 7.4 个执法编制，新增执法经费 3648.7 万元，统一制式装备配备率超过 90%。在执法人员培训方面，积极开展专题培训和演练，截至 2024 年已累计完成 1100 次专题培训，9800 余名乡镇（街道）执法人员完成了轮训。这些措施有效提高了基层执法队伍的专业水平，确保了执法工作能够顺利进行。

（三）“一个应用”提效能：数字赋能，提升办案效率

重庆市在乡镇（街道）综合行政执法改革中高度重视数字化建设，利用信息技术提升执法效率和透明度，开发并推广全市统一的“执法+监督”应用，使得行政执法工作进一步数字化、智能化。2024 年初，全市所有乡镇（街道）执法人员完成系统上线，并与“141”基层智治体系对接，构建了全市统一的信息化执法平台。这一数字化工具的引入，大大简化行政执法流程。在行政处罚普通程序案件的处理中，案件办理流程从原来的 20 多个缩短到 12 个以内，时间由平均 2 天缩短至平均 4 个小时，简易程序案件办理时间由平均 30 分钟缩短至 10 分钟。同时，应用程序在全国率先实现乡镇（街道）执法事项裁量基准智能匹配，对 110 个执法事项的违则与罚则进行智能匹配，解决执法过程中常见的同案不同罚问题，提高执法的规范性和公正性。通过引入数字化手段，重庆市乡镇（街道）综合行政执法的效率和透明度得到极大的提升，不仅加快了案件的处理速度，也降低了人工操作的误差，保障了公民的合法权益。

（四）“一套机制”强联动：强化跨部门协作，提升治理效能

为了进一步提升乡镇（街道）综合行政执法的效能，重庆市创新“综合查一次”组团式执法机制。这一机制的核心是通过多部门的协同合作，整合不同领域的监管资源，避免执法过程中的重复检查和多头管理问题。在改革实施过程中，重庆市共打造 15 个“综合查一次”组团式执法的样板，涉及 85 个行政检查事项和 18 个联合执法部门。在 15 个试点乡镇（街道）开展“执法监管一件事”试点工作，进一步整合跨部门、跨层级的监管资源，将 344 个监管事项整合到一个监管平台，形成跨部门协作的工作场景。通过这一机制显著减少了行政执法检查频次，2024 年在全市乡镇（街道）共有 6599 次执法活动采取了“综合查一次”的执法模式，减少了 20%以上的重复检查。此外，重庆市还针对柔性执法梳理了 365 项“一免两轻”执法事项，市民和基层的满意度提高 10%。为了保障改革的持续推进，编写

并发布了《乡镇（街道）综合行政执法改革工作指引》，为基层执法人员提供系统化、规范化的操作指南。到 2024 年底，该指引已进行了多次迭代，已升级至 5.0 版本，并在全市范围内推广，帮助基层执法人员提升实操能力。

三　“执法监管一件事”应用场景的实践经验

“执法监管一件事”应用场景是“大综合一体化”乡镇（街道）综合行政执法改革的重要手段之一，是一种集成化的执法监管情境，包含多种行政执法事项，涉及多个行政管理部门，将其进行整合后形成整体的“一件事”场景。该应用场景简化了执法监管场景的复杂性，整合了具有相似性或针对同一类社会活动的执法事项，并形成了一揽子的执法监管规范化流程。到 2024 年底，重庆市已形成了景区执法监管一件事、民宿执法监管一件事、人行道违停执法监管一件事、新型文化娱乐场所执法监管一件事、临街商铺执法监管一件事、扬尘综合治理执法监管一件事、歌舞文体场馆执法监管一件事、网吧执法监管一件事、噪声执法监管一件事、小餐饮执法监管一件事、建筑工地执法监管一件事、中小幼校园安全执法监管一件事、废品收购站执法监管一件事、农家乐执法监管一件事、夜市执法监管一件事 15 个“一件事”场景。

（一）执法协同机制得到有效构建，跨部门合作不断加强

“执法监管一件事”场景应用，通过有效整合部门职能、明确各部门的权责，解决了基层治理中的职能重叠与监管缺失问题。执法和监管体制实现了从传统“单打独斗”到“多跨协同”的模式转变，提升了执法效率和基层治理的透明度。权责明晰后，问题解决速度更快，执法过程更加规范，行政效率和工作质量都有了显著提升。例如，江北区通过“民宿执法监管一件事”，理顺各部门之间的职责分工、整合多部门的监管力量，通过数字化系统实行“乡镇（街道）吹哨、部门报到”的模式，解决了过去乡镇（街

道）和部门间的监管职责重叠或缺失问题。沙坪坝区在“景区执法监管一件事”中，整合181项执法事项，推动跨部门联合执法，提升景区管理的协同效应。通过联合执法，平均办件时长缩短4小时，执法人员出动减少50%。

（二）数字化赋能提升执法效能

数字化监管成为“大综合一体化”乡镇（街道）综合行政执法改革中的重要抓手。多个区县通过引入数字平台、数据共享和信息联动机制，提升了监管的及时性、准确性，也加强了部门间的合作与信息共享，大大减少了冗余工作，提高了执法响应速度和治理效果。例如，九龙坡区“新型文化娱乐场所监管一件事”采用数字化平台，将执法信息与大数据、人工智能结合，建立集数据分析、实时监控、问题反馈于一体的综合治理系统。平台能够实时获取娱乐场所的运营数据，如营业时间、客流量、投诉记录等，并对违法违规行为进行精准识别。自该系统上线以来，九龙坡区新型文化娱乐场所的违规率降低28%，执法处理的效率提高35%。两江新区的“网吧执法监管一件事”依托“执法+监督”数字应用切实助力监管，实现由纸质到数字、由单一到协同、由粗放到精准的转变，通过数据共享、流程再造，实现跨部门的协同监管高效运行。

（三）营商环境优化与服务升级

通过“大综合一体化”乡镇（街道）综合行政执法改革来优化营商环境，有效改善商户与政府之间的关系，减少商户对复杂执法流程的不满，商户运营更有保障，政府执法更为透明和高效，从而创造良好的营商环境。这不仅有助于小微企业的生存和发展，也促使地方经济逐步向现代化、精细化方向迈进。例如，武隆区的“小餐饮执法监管一件事”场景，通过统一的表单检查、系统录入和评估，降低了对小餐饮经营户的干扰，保障了企业的正常运营。12315平台数据显示，投诉量同比下降26%，小餐饮经营户的安全意识和环保理念增强。綦江区将各执法部门高频检查事项全部纳入“扬尘综合治理执法监管一件事”场景，通过统一发起开展“综合查一次”组团式执法检查，压缩执法频次28%，改变此前多头执法、重复执法的状况，减少对企业正常生产经营活动的干扰，节约企业时间成本和提升经营效率，进一步优化营商环境。

（四）基层治理和群众满意度提升

在基层治理中，群众的满意度直接反映了改革成效，通过推动“执法监管一件事”场景运用，基层治理的效率和透明度大幅提高，群众切实感受到改革带来的便捷和安全，基层治理的水平和民众的获得感整体提升。合川区在实施“噪声执法监管一件事”时，集中解决了长期困扰居民的噪声问题。通过加强公安、环保和城市管理等部门的协作，确保噪声治理工作无死角、全覆盖。通过联动执法和清晰的工作机制，居民反映的噪声问题得到了及时处置，群众满意度达到98%。石柱县在实施“人行道违停执法监管一件事”时，借助数字平台，精准打击违停行为。通过快速响应和智能化执法，成功遏制了违停现象，主要路口的通行率提升5%左右，市民停车守法率提升近20%。这不仅优化了城市交通秩序，也改善了市民的出行体验，市民的满意度及其对政府工作的支持度进一步提高。

（五）精准化与闭环式治理

精准化和闭环式治理理念在重庆市的“执法监管一件事”模式中得到了很好地践行，确保了问题从发现到解决的全过程都在掌控之中，避免了以往执法过程中出现的问题滞后或失控情况。通过数据驱动的管理方式，治理效能显著提升，相关问题得到有效遏制，市民的生活环境有了较大改善。例如，江津区的“临街商铺执法监管一件事”应用场景，通过数字化平台对临街商铺的执法事项进行统一管理，执法人员能够实时掌握商铺的违规情况并直接反馈给相关部门。在该区域，通过建立问题发现、处置、回访的闭环机制，商铺的违规行为得到及时纠正。每一次违规处理后，平台会自动生成反馈报告，确保商铺完成整改，并经过回访验证确保执法措施不流于形式。这不仅提升了治理的效率，也增加了执法的透明度，群众满意度也显著提高。云阳县的“网吧执法监管一件事”通过精准化数据和闭环式治理相结合，实现了问题的精准定位和全过程监控。通过数据平台的精准分析，网吧的经营状况、违法行为能够被第一时间识别并处理，而通过建立闭环管理体系，执法部门能确保所有整改措施落实到位，并通过复查机制确认问题是否得到彻底解决。网吧的经营合规率从整改前的65%提升到90%以上。

四　优化“大综合一体化”乡镇（街道）综合行政执法改革的建议

（一）健全跨部门协同机制，提升综合执法联动效能

重庆市在推进乡镇（街道）综合行政执法改革的过程中，跨部门协同机制取得了一定的成效，特别是一些地方已经开始实行横向协同、纵向联动的工作模式，然而，仍然存在不同部门之间信息共享和工作联动不够紧密的问题，影响了行政执法的整体效能。例如，在一些涉及多部门职能交叉的领域，信息流通和资源整合还不够顺畅，导致执法过程中存在重复执法、资源浪费和低效监管的现象。为了进一步深化跨部门协同机制，重庆市应加快推动行政执法信息共享平台建设，整合各部门的数据和信息资源，实现跨部门、跨行业、跨层级的协同执法机制常态化。通过建立统一的信息平台，各执法部门可以实时共享案件信息，联合开展执法行动，从而提升执法效能，减少重复检查和资源浪费。同时，建议在市级层面加强跨部门的工作协调，建立更为高效的任务调度与督办机制，确保各级执法部门能够及时响应、协同作战，提高工作效率。

（二）加强数字平台建设，推动智能化执法与管理

数字化建设已成为提升行政执法效率的关键路径，重庆市已经在行政执

法中引入“执法+监督”数字应用，初步实现数字化赋能。然而，在数字化应用的普及度和智能化水平方面仍有较大提升空间。部分基层地区由于技术设施和人员素质的差异，数字平台的应用效果不尽如人意，影响了改革的整体效果。因此，建议重庆市进一步加强数字平台建设，推动“执法+监督”数字应用的智能化升级，增强平台的功能性和易用性。特别是在案件管理、数据分析、风险预警等方面，利用人工智能、大数据等技术实现执法的智能化、精准化。例如，通过智能化系统对不同类型案件进行自动分类，推送给相应的执法部门，确保资源高效配置。同时，要注重数字平台与基层执法人员的结合，确保平台的应用能够深入到基层，解决基层执法人员在实际操作中遇到的困难。通过智能化的支持，提高基层执法人员的执法精准度和工作效率。

（三）推动源头治理与精准执法并行，增强柔性管理能力

源头治理是实现长效治理的核心，精准执法和柔性管理则是提升执法效果和社会治理水平的重要手段。重庆市在“大综合一体化”乡镇（街道）综合行政执法改革中，加强了执法协同和数字化建设，但在源头治理和精准执法方面仍面临一定的挑战。例如，一些公共区域的噪声污染、市场秩序等问题，往往需要依靠事前预警和源头管理，而不仅仅依赖事后执法。为此，建议重庆市在全面推进源头治理的同时，加强精准执法和柔性管理。首先，应进一步完善基层网格化管理体系，将执法力量延伸到社区、村镇等基层单位，确保问题能够及时被发现并处置。通过完善网格员巡查、群众举报和智能预警机制，预防和解决潜在的社会治理问题。其次，精准执法应根据违法行为的性质、危害程度和情节，采取灵活多样的执法手段。对于轻微违法行为，建议采取教育、劝导、警告等柔性管理手段，避免过度执法，减少社会成本，同时提升群众的满意度和法治认同感。

（四）强化制度建设，推动执法监管体系的长效运行

制度建设是行政执法改革的基础，重庆市在推动行政执法体制改革过程

中，已建立了一些基础性的制度框架，但在一些领域的细化上仍存在不足。尤其是在执法程序、执法标准、案件处理等方面，部分基层单位在执行能力上尚显薄弱，影响了执法的公正性和规范性。因此，建议重庆市进一步完善行政执法的制度体系，尤其是在细化执法标准、优化执法程序和完善基层执法的操作细则方面，通过制定更加详细的执法规范，确保每一项执法行为都能有法可依、可操作。同时，建议加强对执法人员的培训和考核，确保他们能够熟练掌握相关法律法规和执法流程，提高执法工作的规范性和公正性。此外，要完善对执法人员的监督机制，确保各级执法部门能够严格按照制度执行，杜绝执法过程中的随意性和不公正现象。

（五）完善社会监督机制，提升群众参与感与满意度

社会监督是提升行政执法透明度和公正性的必要手段，重庆市在推动“大综合一体化”乡镇（街道）综合行政执法改革过程中，逐步增强了社会监督的作用。然而，在一些领域，公众的参与度和监督力度仍然不足，影响了改革的效果和社会认同感。例如，部分群众对于行政执法过程缺乏了解和参与，导致对执法结果不信任。因此，建议重庆市进一步推动公众参与，强化社会监督。首先，应通过数字平台、服务热线、社区听证会等多种途径，让群众能够更便捷地参与行政执法过程，增强公众的法治意识和参与感。其次，要通过定期的民意调查、满意度评估等方式，评估行政执法工作的效果，确保能够及时调整和优化执法活动，回应群众的关切。通过提升社会监督的参与度和透明度，增强政府执法的合法性和公信力。

参考文献

习近平：《坚定不移走中国特色社会主义法治道路　为全面建设社会主义现代化国家提供有力法治保障》，《求是》2021 年第 5 期。

习近平：《全面深化改革开放，为中国式现代化持续注入强劲动力》，《求是》2024年第10期。

肖捷：《扎实推进依法行政》，《人民日报》2022年11月17日。

丁煌、李雪松：《整体性治理视角下综合行政执法改革的深化之道》，《南京社会科学》2020年第12期。

高小平、沈荣华：《推进综合执法体制改革：成效、问题与对策》，《中国行政管理》2012年第5期。

B.5

重庆市加强新兴领域党建体制机制建设的实践

曾巧　温丙存*

摘　要： 加强新兴领域党建是加强党的建设面临的重要课题，是顺应经济社会发展的大势所趋。重庆市准确把握加强新兴领域党建的任务要求，厘清新兴领域“新”在哪里、“难”在哪里、“落”在哪里，积极适应新兴领域党建新变化新挑战，明确新兴领域党建难点，找准新兴领域党建落点，持续推进新兴领域党建工作体制机制更加完善，党的组织覆盖和工作覆盖更加有效，党组织政治功能和组织功能更加彰显，党建引领新就业群体服务管理体系更加健全，网上网下阵地更加稳固，不断扩大党在新兴领域的号召力、凝聚力、影响力。

关键词： 新兴领域　党的建设　基层社会治理　重庆市

伴随新兴领域迅速发展，新经济组织、新社会组织、新就业群体成为经济社会发展的重要主体，也是基层党建的重要阵地。党的十八大以来，习近平总书记多次就新兴领域党的建设工作作出重要指示批示，提出明确要求。党的二十届三中全会明确提出：“探索加强新经济组织、新社会组织、新就业群体党的建设有效途径。”2024 年，习近平总书记对社会工作作出重要指示，强调突出抓好新经济组织、新社会组织、新就业群体党的

* 曾巧，中共重庆市沙坪坝区委党校副教授，主要研究方向为基层治理；温丙存，社会学博士，中共重庆市委党校（重庆行政学院）社会和生态文明教研部主任、教授，主要研究方向为社会治理。

建设，不断增强党在新兴领域的号召力凝聚力影响力，① 把新兴领域党建提到新的战略高度。加强新兴领域党建是政党适应社会更迭的客观要求，也是夯实长期执政根基、完善基层治理体系的题中之义。重庆作为我国重要的中心城市，新兴领域发展迅猛，新经济组织、新社会组织及新就业群体规模持续扩大。截至 2024 年底，重庆市有新经济组织 344 万户、新社会组织 1.75 万户、新就业群体 279 万人。新兴领域在促进经济发展、繁荣社会事业、创新社会治理、提供公共服务等方面发挥着日益重要的作用。重庆市深入学习贯彻习近平总书记关于党的建设的重要思想特别是新兴领域党的建设的重要论述，坚持把新兴领域党建作为社会工作的重中之重，紧扣助力谱写中国式现代化重庆篇章，不断扩大党在新兴领域的号召力、凝聚力、影响力。

一　重庆市加强新兴领域党建的经验及成效

重庆市将新兴领域党建作为打造新时代市域党建新高地的重要内容之一，积极探索与新兴领域组织形态、发展模式、运行方式等相适应、相融合的党建新理念新思路新举措。加强统筹协调，坚持分类指导，突出抓好新经济组织、新社会组织、新就业群体党建工作，其中新经济组织党建突出服务发展、新社会组织党建突出规范管理、新就业群体党建突出关爱凝聚。通过构建“体系化”推进机制，强化“穿透式”组织覆盖，引导“实质性”作用发挥，抓实“场景化”服务管理，健全“规范化”运行保障，管理体制逐步完善，“两个覆盖”稳步提升，“两个功能”有效发挥，新就业群体“友好镇街”建设扎实推进，新兴领域管党治党更加严实，各项工作取得积极成效。

---

① 《习近平对社会工作作出重要指示强调 坚定不移走中国特色社会主义社会治理之路 推动新时代社会工作高质量发展》，《人民日报》2024 年 11 月 7 日。

（一）聚力体制优化，构建“体系化”推进机制

新兴领域量大面广、情况相对复杂，工作基础相对薄弱，必须重视整合各方资源，构建形成齐抓共管的工作格局。重庆市把体制机制牵引作为新兴领域党建工作的基础支撑，扣紧压实责任，健全工作机制，强化改革创新，优化工作保障，筑牢“硬支撑”、划清“责任田”、用好“指挥棒”，确保统得起、管得好、兜得住。

一是筑牢“硬支撑”，理顺党建工作机制。实施新兴领域党建工作体制机制集成式改革，推动构建条块结合、上下联动、有效协同的党建工作体系，健全投入、人员、阵地、培训等全方位支持体系，凝聚齐抓共管强大合力。

二是划清“责任田”，健全归口管理机制。设立22个市级行业（综合）党委，理顺23项职责交叉事项，压实“管行业也要管党建”责任，推动行业部门认真抓好行业系统党建工作，切实扛起主责、聚焦主业、当好主角。建强行业党委，党委书记均由部门党组成员担任，其中16个管理对象较多的行业（综合）党委增设1名正处级专职副书记职数。将脱钩后行业协会商会党建工作纳入归口管理，确保“脱钩不脱管”。出台《市级行业（综合）党委设立、撤销、变更及选举工作指引》，推动党建工作制度化规范化。

三是用好“指挥棒”，健全考核评估机制。锚定建设新时代市域党建新高地目标，将新兴领域党建纳入市委“党建报表”。健全市级行业（综合）党委书记抓基层党建工作述职评议制度，组织召开市级行业（综合）党委书记抓基层党建工作述职会、市级行业（综合）党委工作专题会议，压实市级行业（综合）党委抓党建责任。健全地方党委抓新兴领域党建工作机制，建立专题部署、目标管理、晾晒比拼等制度，将新兴领域党建工作纳入各级党委书记抓基层党建工作述职评议考核的“必答题”。

（二）聚力夯基固本，强化“穿透式”组织覆盖

党的力量来自组织，党的领导、党的全部工作要靠党的坚强组织体系去实现。[①] 重庆市新兴领域党建强化“穿透式”组织覆盖，突出抓总部带全网、抓龙头带全链、抓国企带民企、抓协会带会员、抓党建带群建“五抓五带”，聚焦重点企业、园区、商圈、楼宇，坚持常态化摸排、动态化组建、规范化提升，推动党组织应建尽建、应建快建，探索开展党组织星级评价，互联网、“三师”等行业党组织覆盖率显著提升，带动“两个覆盖”有形有效。

一是常态动态抓覆盖。坚持把找党员、建组织作为基础性、经常性工作来抓，统筹选派 1.1 万名党建工作指导员定期走访排查新兴领域党组织，引导党员亮明身份，发展新党员，指导新建党组织。从 64 万名“两司”、41 万名网约配送员中摸排出党员 8384 名；对 370 户全国重点网约出行、网约配送平台企业在渝合作企业和重点快递企业在渝加盟企业开展走访核实，摸排党组织和党员信息。依托平台企业及其分支机构、合作企业和街道社区、商圈楼宇组建党组织，同步落实党员管理工作。

二是区域统筹抓覆盖。对非公企业和社会组织相对集中的各类园区，依托管委会或管理服务机构组建 100 个区域性党组织，管好用好 91 个党群服务中心，整合相关职能部门和群团组织力量，对区域内的基层党组织、党员进行集中管理和服务。

三是党群共建抓覆盖。市委社会工作部、市总工会、团市委、市妇联联合制发《关于统筹推进全市新兴领域党群组织覆盖的通知》，聚焦发挥群团组织联系服务优势，以党建带群建、群建促党建，进一步织密党和工会、共青团、妇联在基层的组织体系，新建群团组织 1385 个。

（三）聚力服务发展，引导“实质性”作用发挥

牢固树立“围绕发展抓党建、抓好党建促发展”的理念，坚持抓党建

① 本书编写组编著《党的二十届三中全会〈决定〉学习辅导百问》，党建读物出版社、学习出版社，2024，第 115 页。

与抓发展相互促进、相得益彰，组织动员基层党组织和党员积极发挥作用，把党的组织资源转化为发展资源，把党的组织优势转化为发展优势。

一是主动作为，积极融入国家战略和区域发展。主动融入成渝地区双城经济圈建设，深化川渝新兴领域党建工作协作，组织川渝高新区、商圈资源对接活动，评选首批“党建强、发展强”典型案例，开展两地“司机之家”联动服务货车司机群体工作。聚焦共建“一带一路”，探索成立西部陆海新通道商会协会联盟。探索实施“渝会有为”创新引领工程，组织开展“渝会强企、渝会兴业、渝会惠民、渝会促治、渝会固安”系列活动，引导全市2000多家行业协会商会在推动行业发展、促进社会治理、服务中心大局中积极作为。

二是助企强链，助力培育现代化产业体系。围绕打造“33618”现代制造业集群体系，实施“党建联建·助企强链”专项行动，指导区县建立产业链党委122个，链接民企、国企、机关、园区等各类型党组织2300余个，辐射各类企业5100余家，创新党建促增信、带项目、破难题等方法，带动链上企业合作共赢、推动产业转型升级。推行党支部和党小组建在车间、班组、项目团队上，建立党员先锋岗、党员责任区，引导激励党员争当先锋模范。

三是带动参与，助力超大城市现代化治理。基层是超大城市现代化治理的重心所在、基础所在、支撑所在。习近平总书记指出，“基层社区事务很多很繁，单靠政府是干不了、也干不好的，必须充分发挥社会各方面作用”，[①] 新就业群体来源广泛、流动性强、联系面广，参与基层治理具有独特优势。重庆市创新“渝新融治”专项行动，制定推动新就业群体融入基层治理、打造一批典型示范的具体措施，助力超大城市现代化治理实践。引导快递员、外卖配送员等新就业群体积极到社区报到，加入志愿服务队，融入“141”基层智治体系，担任兼职网格员、流动信息员，通过顺手公益、沿途服务、就近志愿等灵活便捷的方式，参与隐患排查、应急救助、平安创

① 中共中央党史和文献研究院编《习近平关于基层治理论述摘编》，中央文献出版社，2023，第49页。

建、文明宣传等基层治理事务，发挥“流动探头”“民情前哨”“宣传喇叭”“公益使者”作用，助力加快建设超大城市现代化治理示范区。

（四）聚力关爱凝聚，抓实“场景化”服务管理

新就业群体稳定性和组织化较弱，工作场景和权益保障差异较大，在管理服务上亟须尽快形成闭环，加强党建引领人文关怀。重庆市聚焦破解新就业群体“八难”，以镇街为单元、社区为场域，全市域推进“友好镇街”建设，推动新就业群体服务管理由阵地式向场景式转变，不断增强新就业群体的政治认同、思想认同和情感认同，扩大党在新兴领域的号召力凝聚力影响力。

一是多跨协同部署推动。深入落实中组部、中社部专题部署，市委组织部、市委社会工作部等10部门联合印发《贯彻落实〈关于加强新业态、新就业群体党的建设工作的意见〉任务分工》，对涉及的14个市级部门及各区县分解派送任务53项，推出政策工具29项、典型案例50个，并先后召开全市新业态新就业群体党建工作座谈会、工作推进会、现场观摩会部署推动。

二是多元友好提供服务。市委社会工作部、市交通运输委等16部门出台《重庆市打造新就业群体“友好城市”十五条措施》，着眼场景友好、人际友好、治理友好和未来友好等多元友好，打造“友好镇街”。沙坪坝区建成“全国首个骑手友好街区”。针对新就业群体“进门难”“找路难”“停车难”“充换电难”等末端配送难题，系统打造友好场景，做细友好单元，做实友好举措，形成全域友好态势；针对新就业群体“休息难”“就餐难”等问题，构建友好服务体系，归集暖“新”服务资源，推出暖“新”服务套餐，形成暖“新”服务联盟。通过多跨协同联动、畅通高效协商和全民友好支持助力新就业群体“友好城市”建设。

三是多措并举保障权益。重庆市将67万新就业群体纳入住房保障、60.3万新就业群体纳入职业伤害保障，并持续扩大保障范围、提高保障水平。相关经验做法2次入选全国新业态、新就业群体党建工作典型案例。同

时，建立新兴领域信访办理、风险防范化解机制，传递可感可及的城市温度，增强党在新兴领域的号召力凝聚力影响力。

（五）聚力破题见效，健全“规范化”运行保障

针对社会组织管理分散、职责不清等问题，以行业协会商会脱钩改革为契机，推动社会组织党组织管理从分散到集中、党组织覆盖由窄变宽、党组织功能由弱变强。按照行业相近、业务相关原则，依托市级行业管理部门组建行业（综合）党委，对社会组织党建工作进行归口管理，将抓社会组织党建职责写入相关市级部门“三定”规定，确保有专门机构管、专门力量抓。

一是建机制、出政策，搭建“四梁八柱”。建立全市性行业协会商会改革发展协调机制，明确 32 个成员单位工作责任，统筹推进全市性行业协会商会党的工作、改革发展、综合监管 3 个方面重点任务。建立全市性行业协会商会“一本账”管理机制，市委社会工作部、市民政局印发《全市性行业协会商会名单》，对 544 家全市性行业协会商会实现全覆盖归口管理，定期“对账”更新数据，做到“账本”共建共享。印发《加强党建引领治“会”强“会”十项措施》，提出政治引领“三项机制”、赋能增效“三项工程”、规范管理“四项制度”，夯实行业协会商会工作基础。

二是立规矩、抓落实，强化“从严治会”。行业协会商会从严推动全市党建和意识形态工作责任落地，认真落实《关于进一步加强全市社会组织意识形态工作的通知》《加强社会组织党建工作重点措施》，压实业务主管单位（行业管理部门）党组（党委）主体责任、行业（综合）党组织直接责任、社会组织党组织具体责任。制发《全市性行业协会商会党组织重大事项请示报告工作规定（试行）》，明确请示报告的具体事项、程序要求等。探索开展全市性行业协会商会负责人审核工作，制定审核办法，建立行业（综合）党委初审、部门联审、重点人选面谈等工作机制，强化任前政治审核和日常监督。加强对“一讲两坛三会”的清理规范，坚决维护意识形态安全。

二　重庆市加强新兴领域党建的现实挑战

新兴领域分布范围广、流动速度快、群体规模庞大、人员结构复杂，加上新兴领域党建工作开展时间不长，经验积累不够丰富，全市新兴领域党建在实践层面仍面临一些现实困难和挑战。

（一）覆盖质效需进一步提升

一是组织覆盖不够稳。一方面，受市场激烈竞争、产业结构调整等因素影响较大，新经济组织、新社会组织生命周期长短不一，动态调整频繁，导致一些党组织存在建而不稳、边建边撤现象，甚至出现无党员的“空壳”党组织。另一方面，新兴领域党员比例普遍较低，各领域党组织覆盖不均衡，党组织组建方式中联合党组织、党员挂靠管理等占比高，容易出现党员管理不到位等情况。

二是工作覆盖不够准。新兴领域运行发展方式灵活化、内部结构扁平化网络化，对党的传统组织工作方式产生重要影响。从业人员思想观念多元，人员结构复杂，稳定性和组织化较弱，工作场景和权益保障差异较大，对分类施策开展党建工作提出更高要求，对管理服务尽快形成闭环提出更大挑战，对加强党建引领人文关怀更为迫切。

（二）作用发挥需进一步引导

一是党组织政治引领功能不够有力。调研发现，有近一半的“两企三新”党组织书记由中层管理人员和普通党员担任，党组织书记总体上所处管理层级较低，话语权较小，部分书记无法参与决策管理，难以有效发挥引导监督作用。一些党组织书记与企业（单位）是雇佣关系，不掌握人财物资源，开展党建工作受制于人。有的党组织忽视意识形态能力建设，个别出资人（负责人）对意识形态工作的重要性认识不充分。

二是党员示范带头作用有待增强。非公企业中高层管理人员中党员数量较少，在优化经营管理、推动科技创新、开展项目攻坚等方面发挥带头作用比较有限。新就业群体中不仅党员数量少、分布不均，而且多数是流动党员，有的党员身份意识不强，不愿主动亮身份、做表率，不及时转接组织关系。

三是融入基层治理的程度不够深。一方面，激励机制不健全，参与积极性受影响。新就业群体参与基层治理并非岗位职责要求，在激励措施有限的情况下，参与基层治理的主观意愿不强。全市新就业群体成为兼职网格员的占比偏低。另一方面，参与方式较单一，治理效能发挥不充分。基层治理情况复杂、事务繁多、利益交错，需要新就业群体以更加丰富多样的方式参与基层治理事项、融入基层治理网络，仅靠活动作载体吸纳其参与治理，活跃程度不理想。

（三）保障力度需进一步加大

一是专职党建工作指导员队伍较弱。一方面，专职党建指导员总量偏小且分布不均。全市 1.1 万名党建工作指导员中，专职人员仅 437 名，占 3.97%，且大多分布在主城都市区，部分区县尚未覆盖。另一方面，专职党建指导员面临专职不专、待遇偏低、队伍不稳、成长空间受限等情况。专职党建指导员仍需从事其他事务，在新兴领域党建方面投入精力有限，薪资待遇一般低于当地社区工作者，对优秀人才缺乏吸引力，队伍稳定性差、离职率高。就成长空间而言，江北区、渝北区打通指导员与社区工作者之间的交流渠道，渝中区、九龙坡区明确“指导员干满 6 年定向招录为事业编制干部”，但大多数区县指导员晋升通道狭窄，对指导员的职业发展缺乏明确规划。

二是经费保障力度不够。现有党组织经费保障只能原则上保基本、保运转，离充分发挥作用尚有距离。随着党组织数量增加，市级财政补贴难同步增长，区县财政相应配套压力增大。市级行业（综合）党委管理党组织数量较多，但经费主要靠市级部门支持。信息化保障不足，管理手段滞后，数据的及时性、准确性难保障。

三是党群服务阵地效能不佳。服务阵地存在重复建设现象，有的区县工业园区管委会既设有企业服务中心又设有党群服务中心，功能交叉重叠，导致党群服务中心的利用率不高。服务阵地设施功能与需求不匹配，一些党群服务中心占地面积较大、装修较好、功能丰富，但在运行过程中实际利用率不高。

（四）攻坚破难需进一步加力

一是党建助推产业发展还需持续加力。全市产业链条线较多、涉及面广，但总体来看党建与产业链联结不够紧密、融合不够深入，在为企业赋能方面还需进一步加力。

二是社会组织服务发展动能不足。法律法规对行业协会商会的性质地位、职能定位等规定不明确，在示范创建、评比表彰及会员收费等方面的边界范围不易把握，在深化行业协会商会改革发展、提升其造血能力等方面还需探索有效的办法。

三是新就业群体党建工作较为薄弱。新就业群体的工作具有较高的自主性和灵活性，平台企业管事不管人，彻底摸清底数难度大，容易“月月摸排月月变、年年摸排年年变”。平台企业异地分支机构无决策权，党组织向下延伸容易出现“空白点”，属地管理落实不到位。由于缺乏相关法律法规依据，新就业群体急难愁盼的问题还未得到根本解决。

三　重庆市加强新兴领域党建未来展望

加强新兴领域党建是中国共产党敏锐把握社会生产力发展趋势和要求、确保党始终站在时代前列和永葆先进性的重大战略部署。[①] 新兴领域党建有效必须组织设置有载体、组织覆盖有形、组织功能发挥有效，实质上是实现

① 王冠中、代文姣：《“三新”党建的生成背景、现实挑战及优化路径》，《新视野》2024年第4期。

党委政府追求空间秩序与厚植执政基础的政治逻辑、市场主体追求利润与发展的资本逻辑，以及新就业群体追求职业空间与宜居生活的权利逻辑等多重逻辑的动态平衡。① 推动新兴领域高质量发展，坚持党的领导是根本遵循，建强战斗堡垒是基础前提，党建发展融合是有效路径，高效协同联动是关键支撑。重庆市坚持以改革创新为根本动力，以数智赋能为关键抓手，持续探索与新兴领域组织形态、发展模式、运行方式等相适应、相融合的党建新理念新路径新举措，不断开创全市新兴领域党建工作新局面。

（一）持续提升覆盖质效

坚持组织覆盖、工作覆盖同步推进，有形覆盖、有效覆盖同向发力，按照“哪里有群众哪里就要有党的工作，哪里有党员哪里就要有党组织”要求，把党员组织起来、组织建起来、行业统起来，不断推进党的组织和党的工作有形有效覆盖，引领新兴领域坚定不移地听党话跟党走。

一是集中攻坚抓覆盖。巩固提升非公有制企业党建，分类推进混合所有制企业党建，扩面提效互联网平台企业和科技创新型企业党建。针对不同业态特点，综合运用单独组建、联合组建、行业统建、区域联建等方式，抓实常态攻坚、抓细规范建设、抓深重点管理。坚持党建带群建、群建促党建，通过先行建立工会、共青团等方式，进一步扩大组织覆盖面和工作覆盖面。优化组织设置形式，强化横向协同，创新党的组织设置方式。进一步延伸平台企业组织链条，抓住重点互联网平台企业，抓总部带全网，抓龙头带全链，推动组织覆盖和工作覆盖向重点业务板块、在渝总部、二级公司和合作企业、网点站点延伸。进一步理顺新社会组织党建工作管理体制，深入推进“党建入章”和“双向进入、交叉任职”，促进社会组织健康高质量发展。在新就业群体集中区域，依托街道社区、商圈楼宇、专业市场等建立一批流动党员党组织，将零散分布的党员就近纳入教育管理。

① 王锐：《把空间带回党建：新兴领域党建有效的实践机制》，《社会主义研究》2024 年第 4 期。

二是数智提升强覆盖。积极融入数字重庆建设，依托并放大“红岩先锋智慧党务”系统功能，实现“两企三新”党建全量信息集成，建立“两企三新”党建“一表通”动态台账，集成建设智慧党建大脑，探索开发具备组织生活网上开展、党务网上公开等功能的应用场景，优化完善统计指标，实现“一键精准查询、一图全面感知、一体运行联动”，推动“市—区县—镇街—村社—网格”信息五级共享、数据一网互通。

三是星级评定优覆盖。聚焦强化党组织政治功能和组织功能，以评星定级为抓手，围绕实现“双强六好”目标（党建强、发展强，生产经营好、企业文化好、劳动关系好、党组织班子好、党员队伍好、社会评价好），推动党组织对标提升、晋位升级。市级培育选树示范区县、示范街镇、示范园区、示范商圈（楼宇）、示范市场和示范单位。

（二）深化推进党建赋能

围绕党的中心工作加强党的建设是党的优良传统，新兴领域党建要与新兴领域业务工作实现思想、目标、内容和路径的深度融合，服务于新兴领域高质量发展。① 坚持党建与发展两手抓、两手硬，把党的政治优势、组织优势转化为发展胜势，深化推进党建赋能，有力推动党建和业务深度融合、相互促进。

一是深化党建联建，助企强链。构建组织部门统筹指导、社会工作部门协同推动、相关部门联动配合、链上企业积极参与的运行机制，明确各自分工，强化链上统筹。健全产业链党建联建工作机制，充分发挥统筹协调功能，搭建政治引领平台、问题联解平台、交流合作平台，建立需求、资源、服务“三张清单”，推动政产学研多跨联动，形成协作支撑互动效应。

二是优化升级服务，纾困解难。建立以党组织为重要渠道的问题反馈机

① 刘炳香：《增强党在新兴领域的号召力凝聚力影响力》，《中国党政干部论坛》2024 年第 12 期。

制，针对企业提出需要多跨协同的问题，整合相关部门进行“联合会诊”协调解决困难。深化党建强企助企试点工作，探索发挥党组织作用的有效途径，广泛设置党员先锋岗、党员示范生产线、党员项目攻坚组等，推动广大党员在优化经营管理、推动科技创新、开展项目攻坚等急难险重任务中成为中坚力量，把党建工作融入企业生产经营，促进企业健康发展。推动选育一批社会组织，为有需求的企业提供低偿性、专业化服务，动员社会组织党员积极参与企业技术创新、涉法涉税等方面的志愿服务。

三是开展除险清患，和谐关系。党组织引导非公企业、社会组织完善法人治理结构，建立健全现代企业制度，打造无不良信用记录社会组织，推动非公企业、社会组织规范用工关系，实现高质量充分就业。全面促进非公企业、社会组织与从业人员的良性互动，将党的组织建设贯穿于劳动关系治理工作全过程，将和谐劳动关系作为非公企业、社会组织社会责任评价体系的重要内容。建立从业人员思想动态报告制度，推行党员思想政治工作责任区、“书记谈心”、“职工说事”等做法，群众有困难找组织、有问题找组织、有诉求找组织，党群组织成为群众的主心骨、贴心人。实现劳动争议调解工作全覆盖，支持有条件的非公企业、社会组织单独成立劳动争议调解委员会，暂不具备条件的可引入社区调解委员会。

（三）抓深做实关爱凝聚

将新经济组织、新社会组织和新就业群体作为助力城市建设和经济发展的重要单元，主动联系服务、保障合法权益，促进经济健康发展，维护社会和谐稳定。

一是建立相关群体利益问题研究机制。发挥重庆市基层治理研究中心作用，加大政府购买力度，联合“两代表一委员”、专家学者及相关专业人士等，推动相关社会组织利用扎根行业、贴近企业和专业资源优势，立项研究新兴领域出现的新型劳动关系认定、权益保障、矛盾纠纷协商等方面的问题，推动相关领域加快顶层设计，完善立法、出台政策。健全总部平台企业协商协调机制，推动算法优化、职业发展、关心关爱等涉及相关群体切身利益的事项。

二是加强对新就业群体的关爱凝聚。深入落实《重庆市打造新就业群体“友好城市”十五条措施》，着力打造场景友好、人际友好、治理友好和未来友好等多元友好、“双向奔赴”的“友好镇街”，制定新就业群体“友好街区”“友好社区”“友好校园”“暖‘新’食堂”“暖‘新’商户”“暖‘新’驿站”等评选标准及退出机制；统一开发运用渝“新”码、“友好地图”等数字化应用工具；强化统筹调度，建立新就业群体服务管理会商机制等，加快推进新就业群体“友好镇街”建设。

（四）汇聚合力融入治理

激发和增强社会活力是党领导人民深化社会体制改革、推进党的社会工作事业发展的总体要求。① 充分动员与凝聚新兴领域这一数量庞大的治理主体力量，协同推进超大城市治理体系和治理能力现代化，加快形成人人有责、人人尽责、人人享有的社会治理共同体。

一是建立新兴领域意见表达机制。将新兴领域代表意见纳入人民建议征集工作重点内容，发动思想先进、责任感强、影响力大的新兴领域优秀代表，以党组织为重要渠道，积极表达本领域本群体诉求、提出探索超大城市现代化治理等方面的意见，充分发挥“两代表一委员”及相关从业人员专业优势，积极构建征集、办理、转化、反馈的工作闭环，不断提升新兴领域代表建议征集工作质量。定期评选发布“金点子”并给予表彰激励。

二是推动新就业群体融入基层治理。全面践行人民城市理念，发动新兴领域党组织、党员带头参与，积极融入超大城市现代化治理实践，助力加快建设超大城市现代化治理示范区。开展“万企联万村”活动，通过签订合作项目，倡导非公企业、社会组织积极履行社会责任，做到平时环境同治、安全共护、信息互通，急时行动同步、人员合用、资源共享。结合工作实际

① 柳拯：《扎实推进新时代社会工作高质量发展》，《红旗文摘》2024年第24期。

设置新就业群体“红岩先锋”示范岗，组建以党员为骨干的志愿服务队，带动新就业群体参与做好平安创建、文明宣传、社区服务等工作。探索建立志愿服务积分兑换、星级评分等方式，推荐新就业群体中的先进分子参与评选表彰，健全完善新就业群体参与基层治理的激励机制。

三是协力打造“大城智治”新样板。依托“两企三新”党建信息系统开通“网格云码”，引导新就业群体积极融入“141”基层智治体系，主动向社区党组织报到，积极担任社区兼职网格员、流动信息员，开展基层治理问题线索直报，力所能及地帮助群众解决实际问题。

（五）迭代优化支撑保障

一是优化协同推动的体制机制。针对新兴领域党建跨行业、跨领域、跨地域情况较普遍，完善新兴领域党建引领顶层设计，健全地方党委抓新兴领域党建工作机制、相关部门多跨协同工作机制、乡镇街道（园区）齐抓共管工作机制，迭代优化“两新”工委运行机制，加快构建协同联动工作格局。

二是构建支撑有力的人才队伍体系。突出高标准‘选”，注重高效能“育”，坚持高要求“管”，壮大党建工作指导员队伍，大力实施“双向培养”、推行“双向进入”，探索建立新兴领域党务工作者专业化、职业化体系，建立优秀党务工作者人才库和服务平台。完善激励机制，通过以奖代补，将党务工作者履职情况与补助额度挂钩。

三是健全新兴领域党建资源保障机制。完善新兴领域党建工作保障措施，优化新兴领域党建工作经费稳定投入机制，提升党群服务阵地效能，确保新兴领域党组织经费有保障、活动有阵地。

参考文献

郑琦、陶周颖：《“三新”党建的生成逻辑和面临的问题》，《理论视野》2023 年第

8 期。

本书编写组编著《党的二十届三中全会〈决定〉学习辅导百问》，党建读物出版社、学习出版社，2024。

中共中央党史和文献研究院编《习近平关于基层治理论述摘编》，中央文献出版社，2023。

王冠中、代文姣：《“三新”党建的生成背景、现实挑战及优化路径》，《新视野》2024 年第 4 期。

王锐：《把空间带回党建：新兴领域党建有效的实践机制》，《社会主义研究》2024 年第 4 期。

刘炳香：《增强党在新兴领域的号召力凝聚力影响力》，《中国党政干部论坛》2024 年第 12 期。

柳拯：《扎实推进新时代社会工作高质量发展》，《红旗文摘》2024 年第 24 期。

基层民主篇

B.6
重庆市人大基层立法联系点建设的创新实践与优化路径

张 欣　张贵群*

摘　要： 基层立法联系点作为民主立法的关键创新举措，对发展全过程人民民主、加强人民当家作主制度建设、提升国家治理效能具有重要意义。重庆市人大常委会在充分学习借鉴全国人大以及其他省市人大常委会建点经验的基础上，立足自身实际，坚持务实管用的原则，依照“规范化”建设、“实效化”运行、“特色化”打造的工作思路，积极推进基层立法联系点建设，取得了显著成效，但与此同时，重庆基层立法联系点建设也面临着社会知晓度有待进一步提高、制度机制有待进一步完善、队伍建设有待进一步加强、功能作用有待进一步拓展等问题，需秉持目标导向与效果导向的基本原则，精准识别并填补现存短板，充分发挥并强化既有优势，进而推动基层立

* 张欣，重庆工商大学公共管理学院讲师，主要研究方向为基层治理、公共管理；张贵群，中共重庆市委党校（重庆行政学院）公共管理学教研部教授，主要研究方向为社会治理、公共政策与管理。

法联系点在新时代背景下实现高质量发展。

关键词： 基层立法联系点　社会治理　重庆市

基层立法联系点作为民主立法的关键创新举措，有效搭建起立法机关与基层群众沟通的桥梁，使立法工作能充分汲取基层智慧进而提高立法的科学性和民主性，在我国立法体系中占据重要地位，对于发展全过程人民民主、加强人民当家作主制度建设、提升国家治理效能具有重要意义。党的二十大报告明确指出："健全吸纳民意、汇集民智工作机制，建设好基层立法联系点。"① 2023 年 3 月修订的《中华人民共和国立法法》将基层立法联系点正式纳入国家的基本法律之中，以法律形式固化这一民主立法的重要实践创新。② 在此背景下，深入研究重庆市人大基层立法联系点建设的现状、问题和对策，不仅有助于完善重庆本地的立法工作，也能为其他地区提供有益的参考借鉴，推动我国基层立法联系点制度的整体发展。

一　我国基层立法联系点制度的由来及发展历程

基层立法联系点制度从萌芽到发展，是我国民主法治建设不断推进的生动体现。其发展历程经历了自下而上的地方探索、自上而下的中央试点、自上而下与自下而上相结合的深化拓展三个阶段，呈现从局部尝试到全面推广、功能不断拓展深化的特点，每个阶段都为下一阶段的发展奠定了坚实的基础，有力地推动了基层民主法治建设进程。

① 习近平：《高举中国特色社会主义伟大旗帜为全面建设社会主义现代化国家而团结奋斗——在中国共产党第二十次全国代表大会上的报告》，《求是》2022 年第 21 期。

② 孙龙、秦博文：《基层立法联系点制度的起源与历史演进》，《甘肃政法大学学报》2021 年第 1 期。

（一）自下而上的地方探索阶段（2002~2014年）

随着社会经济发展和民众法律意识增强，传统立法模式难以充分反映基层民意，一些地方人大常委会开始自发探索建立与基层沟通的渠道与途径。2002 年，甘肃省人大常委会率先行动，针对部分市（州）、县立法情况进行调研后，将定西市临洮县等五个县区挂牌为“甘肃省人大常委会地方立法联系点”，此后立法联系点制度覆盖至市、县两级。2004 年，甘肃省第十届人大常委会正式通过相关工作制度，对联系点的宗旨、职责等进行明确规范。同期，哈尔滨市人大常委会在社区层面设立 24 个立法工作联系点，主要负责围绕立法项目提出建设性意见，并反馈基层群众对法规草案的建议。从 2005 年至 2013 年，这些联系点为地方立法工作提供了诸多宝贵的建议。在此阶段，各地的探索虽名称各异、形式多样且缺乏统一规范，但为该制度的后续发展积累了丰富的实践经验，激发了地方参与立法改革的积极性，为中央层面的试点和推广提供了实践蓝本，彰显了地方在推动民主立法进程中的创新精神和主动意识。

（二）自上而下的中央试点阶段（2014~2019年）

2014 年党的十八届四中全会通过的《中共中央关于全面推进依法治国若干重大问题的决定》要求，健全向下级人大征询立法意见机制，建立基层立法联系点制度，推进立法精细化。这意味着省一级向下级人大征询立法意见的机制探索上升至国家层面。2015 年 7 月，全国人大常委会法工委将上海市虹桥街道办事处、甘肃临洮县、江西景德镇市、湖北襄阳市等 4 个地方和单位，设立为首批基层立法联系点试点单位，标志着基层立法联系点制度由地方实践探索正式上升到全国布局。此后，上海市长宁区虹桥街道凭借其国际化程度高、居民构成丰富等优势，积极开展工作，建立起“一体两翼”的工作架构，以信息员为主体，顾问单位和专业人才库为两翼，通过多种方式广泛征集群众意见，并逐渐形成“一二三工作法”，为提高立法质量发挥了重要作用。湖北省襄阳市人大常委会将立法联系点向下延伸，确立 9 个下层立法联系点，出台相关工作规定，通过下层联系点和基层人大工作网点，将立法座谈会开到百姓家门口，有效收集基层声音。在这一阶段，各地试点单位在组织架构、工作方式等方面积极探索创新，形成了可复制、可推广的经验，为制度在全国范围内的铺开提供了实践依据和操作范例，标志着基层立法联系点制度从地方探索上升到国家层面的统一试点，进入规范化发展阶段。

（三）自上而下与自下而上相结合的深化拓展阶段（2019年至今）

2019 年 11 月，习近平总书记在考察上海市长宁区虹桥街道基层立法联系点时，提出“全过程人民民主”重要理念，① 为基层立法联系点制度发展注入新内涵、指明新方向。随后，本着“有基础、有特色、有意愿”的原则，全国人大常委会法工委先后于 2020 年 7 月增设江苏昆山等 5 个基层立法联系点，2021 年 7 月增设北京朝阳区等 12 个基层立法联系点，2022 年 7 月增设山西太原杏花岭区域党群服务中心等 10 个基层立法联系点。目前，“国字号”基层立法联系点已实现全国 31 个省、自治区、直辖市设点全覆盖。与此同时，各地人大常委会也纷纷加大建设力度，在数量上不断扩充，在功能上持续拓展。比如，上海市人大常委会在原有基础上进一步优化基层立法联系点布局，增加联系点数量，实现区和主要行业全覆盖。各联系点积极探索功能拓展，参与立法选题、监督执法、创新普法守法形式、促进民主协商和社会共治等工作。其他省区市也积极借鉴成功经验，结合本地实际情况推进基层立法联系点建设。这一阶段，基层立法联系点在全国范围内广泛铺开，成为地方立法工作的重要组成部分，功能从单纯参与立法向立法全过程延伸，深度融入社会治理，有力地推动了地方民主法治建设，丰富和发展了全过程人民民主的实践形式。

综上，基层立法联系点制度作为中国特色社会主义法治体系的重要组成部分，打通了国家立法机关直接联系基层人民群众的渠道，实现了两者在国家立法过程中民主参与、民主表达、民主决策的“声气相通”，彰显了人民

---

① 习近平：《坚持和完善人民代表大会制度 保障人民当家作主》，《求是》2024 年第 4 期。

民主的真实性、人民性和广泛性，[①]是发展全过程人民民主中立法机制的一项重要制度创新。基层立法联系点建设经历了从无到有、从小到大、从局部到全国的发展历程，正逐步形成一个立足于提高立法质量、发展全过程人民民主的涵盖“国家—省—市—县”四级的基层立法联系点体系。[②]在这一过程中，基层立法点以其上连人大、下接地气的独特优势，[③]改变了以往立法过程中民众参与度不高的局面，日益成为反映民情、倾听民意、汇聚民智，践行全过程人民民主的重要平台和载体，充分体现了“民主不是用来做摆设的，而是要用来解决人民需要解决的问题的”的要求。

二　重庆市人大基层立法联系点建设的实践探索及成效

重庆作为我国重要的直辖市，在经济、社会、文化等方面具有独特性，其基层立法联系点建设对于提升地方立法质量、促进社会治理现代化意义重大。一方面，重庆地域广阔，城乡差异较大，不同区域的利益诉求多样，通过设立基层立法联系点能够更全面地收集各方意见，使立法更贴合实际。另一方面，随着重庆在国家战略中的地位不断提升，如西部大开发、成渝地区双城经济圈建设等，对高质量立法的需求更为迫切。近年来，为深入贯彻落实党中央“加强基层立法联系点建设”的新部署新要求，重庆市人大常委会在充分学习借鉴全国人大以及其他省市人大常委会建点经验的基础上，立足自身实际，坚持务实管用的原则，按照“规范化”建设、“实效化”运行、“特色化”打造的工作思路，周密策划、科学选点、合理布局、有序推进，着力加强基层立法联系点建设，在诸多方面取得了显著成效，为地方法治建设和基层治理提供了有力支撑。

① 全国人大常委会法制工作委员会：《基层立法联系点是新时代中国发展全过程人民民主的生动实践》，《求是》2022 年第 5 期。

② 苏二威：《关于加强基层立法联系点建设的思考——基于重庆市首个社区型基层立法联系点中心湾社区的调研》，《人大研究》2023 年第 2 期。

③ 朱宁宁：《“小”基层立法联系点彰显全过程人民民主“大”理念》，《法治日报》2023 年 11 月 14 日。

（一）阵地建设稳步推进

为充分践行全过程人民民主理念，提高立法质量和效率，重庆市人大常委会根据“有基础、有特色、有意愿”的原则，综合考虑地域、行业、基层代表性等因素，分别于2020年5月、2022年3月、2024年9月分三批次共建立市人大常委会基层立法联系点40个。与此同时，重庆市人大常委会还积极向全国人大常委会申报在渝设立“国字号”基层立法联系点（包括西南政法大学立法联系点）。沙坪坝基层立法联系点和涪陵高新区管委会基层立法联系点先后于2021年9月和2024年12月获批成为国家级基层立法联系点。截至目前，重庆已基本形成符合自身功能定位、满足地方立法工作实际需要、具有鲜明地方特色的基层立法联系点体系，涵盖了乡镇（街道）、村（居）民委员会、科研院所、行业协会以及其他基层单位和组织，实现了市域范围全覆盖，使立法意见收集能够更广泛地触及基层各个角落，力争最大限度体现广泛性、专业性和代表性。例如，万州区人民检察院作为新增联系点，凭借在法律监督方面的专业优势，能够为涉及司法领域的立法提供专业意见；黔江区舟白街道武陵山社区则凭借贴近生活、密切联系群众的优势，充分反映基层社区居民的需求和意愿，为相关立法提供贴近民生的生活视角。

各基层立法联系点在加强自身阵地建设的过程中，也得到了各方的大力支持。以沙坪坝区石井坡街道中心湾社区联系点为例，在区财政相对紧张的情况下，沙坪坝区政府投入200万元，在中心湾社区打造了1000平方米的民意会客厅，集中展现该基层立法联系点的工作成效，集中开展立法征询工作。石井坡街道也大力支持，充分调动基层力量，将立法联系点建设与人大代表家站建设深度融合，与网格化管理有机融合，与党群服务站、红岩市民调解站、公共法律服务站等基层治理单元相融合，实现了阵地共建、功能共融、品牌共创、活动共推、信息共享。

（二）制度机制逐渐完善

为加强和改进基层立法联系点工作，拓宽立法联系基层人民群众形式，畅通社情民意反映渠道，发挥联系点接地气、聚民智的全过程人民民主优势，全国人大常委会和各地人大常委会在开展基层立法联系点设点工作时，普遍制定了工作规则，并以此为依据和框架开展选点及各项日常工作。重庆市人大常委会高度重视基层立法联系点的制度建设，强调从建章立制着手加强对基层立法联系点的规范管理。重庆人大常委会以《全国人大常委会法制工作委员会基层立法联系点工作规则》为指导，于2020年5月15日召开的重庆市五届人大常委会第三十四次主任会议审议通过了《重庆市人大常委会基层立法联系点工作办法（试行）》，并结合工作实际，于2022年3月18日召开的重庆市五届人大常委会第六十九次主任会议审议通过了对《重庆市人大常委会基层立法联系点工作办法》的修改。重庆市六届人大常委会第三十六次主任会议审议通过对《重庆市人大常委会基层立法联系点工作办法》的第二次修改，于2025年6月1日起施行。同时，法制委、法工委出台了《市人大常委会基层立法联系点建设指引》，于2025年6月1日起施行。修改的工作办法主要结合实际需要增加了“坚持和发展全过程人民民主”的规定，增加并细化了市人大各专工委借助基层立法联系点深入推进民主立法的内容，适当拓展了基层立法联系点的功能作用，并对支持将基层立法联系点作为对外展示窗口、推进基层立法联系点与“代表家站”融合建设等作出了规定，同时还增加了“可以申请安排干部到基层立法联系点所在单位和组织锻炼”的规定，进一步完善了对基层立法联系点的设立、退出、工作运行、激励保障、工作评价等机制，促使其指导性和可操作性得到显著提升。

除了市级层面外，区县也结合地方实际出台了一系列制度来规范和加强基层立法联系点的建设。比如，沙坪坝区以《全国人大常委会法制工作委员会基层立法联系点工作规则》和《重庆市人大常委会基层立法联系点工作办法》为指导，先后制定了《关于支持和保障重庆市人大常委会基层立法联系点工作的意见》《沙坪坝区人大常委会关于支持和保障市人大常委会基层立法联系点（中心湾社区居民委员会）工作的意见》。

（三）工作队伍持续壮大

在推进基层立法联系点建设的进程中，重庆市人大高度重视工作队伍的建设与发展，通过多维度、全方位的举措，不断充实和提升人才队伍，为基层立法工作的高效开展提供了坚实的人力保障。首先，在扩充队伍规模方面，各基层立法联系点广泛吸纳各类人才，不仅确定了负责人和工作人员，还大力招募立法联络员和信息采集员。这些新增人员来自不同的领域和行业，具有丰富的基层经验和广泛的群众基础，能够深入各个角落收集立法意见。其次，在提高人员素质方面，重庆市人大一方面注重对专业人才的吸纳，通过多种措施，积极吸引法律专业人士、人大代表、社区工作者等专业人才加入基层立法联系点工作队伍；另一方面注重教育培训，针对不同层次和专业背景的人员，开展了丰富多彩的培训活动，包括邀请法律专家、学者开展法律知识讲座，组织业务培训等，内容涵盖法律法规解读、立法程序讲解、意见收集与整理技巧等。此外，重庆市人大还积极推动基层立法联系点与重庆大学等高校合作，建立教学基地和学生实习基地，在为法学专业学生提供实践平台的同时，也为立法联系点注入了新鲜血液。

通过上述扎实有效的工作，重庆市人大基层立法联系点工作队伍规模逐渐扩大、人员构成更加多元、专业素养不断提升，为基层立法联系点的高效运行和立法工作的高质量发展奠定了坚实的基础。以首批基层立法联系点为例，建设之初每个联系点的工作人员和志愿者仅有十几人，现在每个联系点的人才队伍平均规模达到几十人甚至上百人，更为重要的是，相关人员的专业素养也得到了大幅提升，无论是对法律法规的理解，还是对立法程序的熟悉程度，抑或民意收集与反馈的能力，都有了明显的改进。

（四）功能作用不断彰显

各联系点自设立以来，按照规范化建设、实效化运行、特色化打造要求，守正创新、求真务实，充分发挥自身优势，积极拓展工作领域，开展了大量富有成效的工作。作为民主立法的前沿阵地、民意收集与反馈的高效通道、法治宣传的基层堡垒、基层治理与立法协同发展的桥梁，基层立法联系点在推动民主立法、提升立法科学性、促进社会治理等方面的功能作用日益显现。首先，在立法征求意见方面，通过立法联系点，重庆市人大能够更加全面、准确地了解基层实际情况和群众需求，使立法工作更加科学、民主，进而提高立法质量。截至 2025 年 3 月，3 个“国字号”基层立法联系点先后就 27 部法规草案提出修改意见 2510 条，已通过 16 部法律采纳意见 150 余条。市人大常委会基层立法联系点已就 69 部法规草案提出意见建议 3370 余条，已通过 62 部法规采纳意见 300 余条，较好地发挥了反映民情、倾听民意、汇聚民智的“直通车”作用。其次，在法治宣传教育方面，各联系点在收集立法意见的同时，通过举办法律讲座、法律咨询活动、法治文艺演出等形式，向群众宣传法律法规的制定背景、目的和意义，提高了群众的法律意识，增强了群众遵法守法用法的自觉性，营造了良好的法治氛围。例如，沙坪坝区石井坡街道中心湾社区居民委员会基层立法联系点在《民法典》宣传过程中，组织法律专业人士深入社区开展讲座，结合实际案例讲解《民法典》的相关内容。同时，利用社区宣传栏、微信公众号等平台发布《民法典》知识问答、解读文章等，吸引了众多居民参与学习。最后，在基层治理方面，各基层立法联系点通过居民议事会、党建联席会、代表接待日等活动，聚焦民生小切口，关注治理大问题，立足于解决基层治理中的痛点难点问题，广泛了解发现居民的急难愁盼问题，为立法征求意见的前期调研奠定良好的基础，推动立法联系点建设与民生改善、社会治理融会贯通，让老百姓成为法治建设的最终受益人，得到了基层群众的广泛认可和支持。例如，西南大学国家治理学院立法联系点推行“学院+社区”工作模式，在理论研究中探索社会治理新方式，在参与基层社会治理实践中总结有益经验；铜梁区社会治理创新中心立法联系点充分利用网格化服务管理，对辖区人、地、事、物、情等要素进行信息化识别，探索群众诉求“一键唤醒”，助推矛盾纠纷联动联调工作，联系点建设成效显著。

综上，随着重庆市基层立法联系点建设从探索起步、建章立制到规范发展，其在立法、执法、司法、普法、守法等多方面的功能也在工作中不断得到拓展，在充分听取人民群众的所思所想、所盼所求的同时，还广泛宣传了党的路线方针政策和法律知识。基层立法联系点正日益成为广纳民意、汇聚民智、凝聚民心，践行全过程人民民主的重要平台，为传播党的主张、体现人民当家作主、建设社会主义法治国家吹响了基层前哨。

三 重庆市人大基层立法联系点建设面临的问题

从重庆市人大基层立法联系点建设的实践中不难发现，基层立法联系点作为一项新生事物，可以有效发挥民意“直通车”和开门立法“最前线”的作用。[①] 但总体而言，基层立法联系点的建设和发展尚处于探索起步阶段，在实际运行过程中还面临着一些现实问题，在一定程度上影响了基层立法联系点的顺畅运行和作用发挥。

（一）社会知晓度有待进一步提高

重庆市基层立法联系点做了很多工作，也发挥了重要的作用，但从社会影响力来看，其辐射范围不够广、社会知晓度不够高的问题仍然较为突出。联系点的辐射范围大多局限于特定区域或行业，群众难以接触到相关信息和工作，因而对基层立法联系点的性质、功能和工作内容了解甚少甚至产生误解，联系点在收集意见阶段难以充分汇集社会各界的声音，影响了基层立法联系点作用的发挥。苏二威对重庆市沙坪坝区石井坡街道中心湾社区基层立法联系点的调查显示，沙坪坝区石井坡街道中心湾社区作为重庆市人大常委会设立的首批 5 个基层立法联系点之一，自设立以来两年多的时间内，仅有 500 余人参与该基层立法联系点的立法意见征询工作，只占该片区常住居民人数的 0.8%。[②] 究其原因，一方面，从基层立法联系点自身来说，由于工作力量有限，很多时候只能是寓宣传于工作之中，边工作边宣传的情况较多，

① 李宇昊：《政府基层立法联系点的价值内涵与优化进路》，《三晋基层治理》2023 年第 5 期。

② 苏二威：《关于加强基层立法联系点建设的思考——基于重庆市首个社区型基层立法联系点中心湾社区的调研》，《人大研究》2023 年第 2 期。

其社会认知度也只能随着工作的持续深入开展来慢慢积累，[①] 从这个意义上说，提高基层立法联系点的社会知晓度注定是一个渐进的过程，需要一定的时间；另一方面，基层立法联系点的宣传报道主要依赖传统媒体和人大的官方网站，形式较为单一、数量较为有限，相关报道以工作调研等信息为主，工作制度介绍、工作成效展示较少，且人大领域的新闻报道受众范围相对有限，基层立法联系点的新闻曝光率、社会知晓率相对较低。此外，当前全媒体时代带来了信息交流方式的全新转型，如何顺应信息时代的要求，通过现代科技手段加强联系点宣传，吸引更多群众参与立法联系点活动，也是进一步创新宣传方式，提高基层立法联系点知晓度的重要问题之一。

（二）制度机制有待进一步完善

重庆市人大常委会已出台了一系列关于基层立法联系点的制度，但部分制度规定仍较为宏观，缺乏具体的操作细则。其一，在考核评估办法中，对于考核指标的量化标准不够明确，导致在实际考核过程中存在主观性和随意性，难以准确评估联系点的工作成效。其二，在经费管理使用方面，虽然规定了对联系点给予经费支持，但对于经费的具体使用范围、审批流程等缺乏详细规定，影响了经费的使用效率和规范性。其三，对于结果反馈形式和时效的要求不够明确，只是原则性地规定了“对基层立法联系点反馈的立法意见建议或者提交的工作成果，视情况在有关法规草案立项论证报告、审查意见、审议意见、审议结果报告等材料中予以反映”，而在实践中结果反馈往往周期较长，导致联系点无法及时向参与群众进行信息反馈，无法及时告知意见是否采纳以及意见未被采纳的原因。此外，现有的奖励条款主要针对联系点和工作人员，对于参与群众的奖励条款相对较少且门槛较高，不利于群众参与积极性和主动性的调动。除了上述方面，基层立法联系点制度与现有的其他民主立法制度、人民代表大会制度以及公众参与政策制定机制之间

---

① 戴激涛：《基层立法联系点如何更好联系基层群众——基于 5442 份关于基层立法联系点建设情况调查问卷的思考》，《人大研究》2025 年第 1 期。

存在衔接不畅的问题。在与民主立法制度衔接方面，基层立法联系点收集意见的方式与传统的立法座谈会、论证会等在功能上存在一定重叠，导致资源浪费和工作效率低。在与人民代表大会制度衔接方面，部分人大代表在基层立法联系点工作中的参与度不高，联系点与人大代表之间的沟通协作机制不够完善，通常是依托每年统一组织的人大代表进“家”“站”活动，人大代表与选民的联系基本处于“触一下、动一下”的状态，[①] 未能充分发挥人大代表在联系群众、反映民意方面的优势。

（三）队伍建设有待进一步加强

基层立法联系点制度的有效运行和作用的充分发挥，关键在于人才队伍建设。实践证明，高素质的专业工作者队伍是立法征询工作专业性和立法严谨性的有效保障。当前，立法工作任务重、时间紧、难度大、要求高，必须有一定规模的具有法学背景和从事法律工作的人员作为支撑，发挥必要的引导和带动作用，才能不断满足新形势的需要。近年来重庆市基层立法联系点的队伍建设取得了长足进步，无论是队伍规模，还是人员素质，都有了较大提升，但是队伍不稳定、人员不专业的问题仍然较为突出。其一，在人员选配方面，各立法点的编制较少，难以做到专人专职，工作人员大多身兼数职，导致多项工作难以兼顾的局面；其二，在队伍结构方面，基层立法联系点的工作人员主要来自政府相关部门，或由社区工作人员抽调，人员构成相对单一，一定程度上存在代表性不强、覆盖面不广的问题，导致在收集立法意见时，难以全面涵盖不同群体的利益和诉求。其三，在专业素养方面，相关工作人员中具有法律专业技能及素养的占比较少，对立法工作的理解和把握不够准确，加上调研分析能力和沟通协调能力不足，在收集和整理群众意见时，难以从法律专业角度进行分析和提炼，可能导致一些有价值的意见和建议无法被准确地传达至立法机关。其四，在队伍稳定性方面，基层立法联系点的

① 沈予加：《新时代人大代表联系群众制度研究——基于各地代表“家”“站”建设的分析》，《人大理论与实践》2021 年第 3 期。

福利待遇相对较低而且晋升通道有限，影响了工作人员的积极性，使其容易产生懈怠情绪，人员的流动性较大，进而影响队伍的稳定性和工作的质量。

（四）功能作用有待进一步拓展

2020年全国人大常委会法工委修订的《基层立法联系点工作规则》中对基层立法联系点的功能予以明确界定，即立法调研、立法意见征询、立法宣传以及其他相关工作。目前，受人、财、物、经验欠缺等因素限制，重庆市人大基层立法联系点的功能作用聚焦立法意见征询，同时兼顾一些立法宣传、立法调研工作，这与全国人大对基层立法联系点的应然定位尚有差距，[①] 与上海等基层立法联系点功能发挥较为充分的地区相比，其功能作用的发挥还有较大的提升空间。其一，参与立法的深度和广度不足。基层立法联系点在参与立法方面发挥了一定作用，但在参与的深度和广度上仍有待提高。在立法规划和计划制定阶段，联系点的参与程度相对较低，对立法项目的前期调研和论证参与较少，难以充分表达基层的需求和意见。在法规草案的起草过程中，联系点的介入也不够深入，大多是在草案形成后征求意见，对草案的框架设计、条款内容的制定过程参与不足，无法从源头上影响立法。其二，监督执法和宣传普法作用有待加强。在监督执法方面，基层立法联系点虽然可以收集执法过程中的问题，但由于缺乏有效的监督机制和反馈渠道，难以将收集到的问题及时反馈给执法部门并跟踪整改情况，监督效果有限。在普法方面，部分联系点的普法活动形式较为单一，以发放宣传资料、举办讲座为主，缺乏创新性和针对性，难以满足不同群体的法治需求，导致群众参与度低、普法效果不佳。此外，当前各基层立法联系点在功能作用的发挥上呈现出明显的不均衡态势。有些基层立法联系点在民意收集、意见反馈以及推动立法进程等方面表现突出，工作开展得有序，充分彰显了其在民主立法中的重要价值，为地方立法工作提供了有力支撑；然而，仍有一

① 重庆市九龙坡区人大常委会：《基层立法联系点制度的运行现状与完善路径——以我市10个立法联系点为分析样本》，https：//www.cqrd.gov.cn/web/article/1331934758498983936/web/content_1331934758498983936.html，2025年1月23日。

些基层立法联系点未能充分释放潜能，工作推进缓慢，在参与立法活动、汇聚群众智慧等关键环节上存在诸多不足，作用发挥较为有限。

四　重庆市人大基层立法联系点建设的对策建议

面对基层立法联系点建设进程中存在的问题，需秉持目标导向与效果导向的基本原则，紧密结合重庆的实际情况，对标实现全过程人民民主的具体要求，精准识别并填补现存短板，充分发挥并强化既有优势，进而推动基层立法联系点在新时代背景下实现高质量发展，深度挖掘其在民主法治建设中的潜在价值。

（一）加大宣传力度，提高基层立法联系点的社会知晓度和群众参与度

一是创新宣传方式，增强立法宣传的吸引力和感染力。其一，要积极开展线下宣传活动。结合“法律三进”、以案释法等日常普法宣传活动，举办基层立法联系点专题宣传活动，通过现场讲解、案例分析、互动问答等方式，向群众普及基层立法联系点的功能与作用，让更多群众近距离了解基层立法联系点的工作内容。其二，要善于利用新媒体矩阵。在加大电视、广播、报纸等传统媒体宣传报道力度的同时，充分发挥新媒体平台的优势，通过微信公众号、微博、抖音等平台，多渠道、高密度、广覆盖发布联系点的工作动态、立法成果、参与方式等信息，切实增强内容的吸引力、感染力和传播力，提高基层群众对于立法联系点的知晓度。

二是营造良好氛围，激发群众参与的积极性和主动性。其一，要增强基层群众民主立法意识。借助多元化的宣传教育形式，举办法律知识讲座、剖析典型法律案例、开展民主立法实践活动（如模拟立法听证会、立法意见征集座谈会等），让群众亲身参与立法流程，真切感受民主立法的内涵与价值；持续推进法治文化宣传教育，让法治文化在潜移默化中深入人心，不断强化基层群众的民主立法意识，使公众切实认识到基层立法联系点在保障自

身权益、参与社会治理方面的重要价值。其二，要创造群众参与的良好外部条件。在灵活布局基层立法联系点，科学合理地扩大基层立法联系点覆盖面，确保各个区域、各类群体都能便捷地与基层立法联系点对接的基础上，通过公开立法信息、简化参与流程、强化互动交流、丰富激励方式、加大奖励力度等方式，为广大群众及时了解立法动态、便捷参与立法过程、充分表达立法建议提供全方位的便利条件，充分激发广大群众参与基层立法联系点相关工作的积极性、主动性。

（二）完善制度机制，促进基层立法联系点的规范性建设和实效化运行

一是进一步完善基层立法联系点的各项制度。其一，完善考核激励机制。明确考核评估的具体量化指标，每年组织对基层立法联系点上一年工作情况进行绩效考评。考评主要内容可以包括组织管理、自身建设工作情况，工作开展频次情况，意见征集范围、意见征集数量和质量、建议采纳情况等。考评工作可以采取基层立法联系点自我评议与组织评议相结合、定性与定量相结合的方法进行，人大常委会负责部门综合基层立法联系点自我评议和各专门委员会、常委会工作机构评议意见，提出考评等次及意见，并以考评结果为依据对基层立法联系点进行动态调整。其二，完善经费管理制度。在加强专项经费保障的基础上，制定详细的经费使用指南，明确经费的使用范围、审批流程和监督机制，加强对经费使用的监管，提高经费使用效率。其三，建立健全信息收集、整理、反馈制度。规范意见建议的处理程序，明确处理时限与责任主体，提高建议反馈的时效性，对于积极参与基层立法联系点工作、提出有价值意见和建议的群众给予适当的物质奖励和精神表彰。

二是进一步加强基层立法联系点制度与其他相关制度的衔接与整合。其一，促进基层立法联系点制度与民主立法制度的有机整合。通过明确基层立法联系点与传统立法征求意见方式的功能定位与协同机制，构建分工明确、优势互补的立法意见征集体系，从而有效避免制度功能重叠导致的重复劳动和资源浪费。其二，强化基层立法联系点制度与人民代表大会制度的有效衔

接。推广人大代表联络站与基层立法联系点共建模式，完善代表密切联系群众的各项制度，发挥代表密切联系群众的优势，引导具有法律专业背景的代表参与基层立法联系点工作，促进站、点融合发展。其三，推进基层立法联系点制度和公众参与制度的深度融合。建立定期沟通协调会议制度，由人大常委会牵头，组织召开由基层立法联系点、传统立法征求意见机构、人大代表及相关专家学者参与的联席会议，就立法意见收集工作的分工协作、意见建议处理流程优化等议题进行专题研讨，形成制度化的问题解决机制，进一步推进立法工作向基层延伸，不断提高群众的参与度和获得感。

（三）加强队伍建设，提高基层立法联系点的队伍稳定性和人员专业性

一是进一步充实专兼结合的人才队伍。其一，进一步充实基层立法联系点工作队伍。从各级人大常委会抽调经验丰富、熟悉立法流程的工作人员，下沉至基层立法联系点进行日常办公，发挥其专业优势，提升工作的规范性与专业性。同时，在设立基层立法联系点的街道，选拔综合素质高、沟通能力强的人员，专职负责立法联系点建设工作，确保工作的高效开展。其二，积极推动社区兼职人员专职化转变。通过设置专门岗位，明确岗位职责与工作要求，加大经费保障力度，确保人员待遇合理，解除其后顾之忧，加强基层立法联系点专职工作人员队伍建设；大力推进基层减负工作，减少不必要的行政事务干扰，让工作人员能够全身心投入基层立法联系点工作。其三，建立人才培养、输送和储备制度。依托本地高校法学院系资源，构建法学专业学生赴基层立法联系点进行常态化实习实践的长效机制，让学生在真实立法场景中锻炼能力、积累经验，为基层立法联系点注入新鲜血液与专业智慧，实现人才培养与基层立法工作的双赢。

二是进一步提升工作人员的能力素质。其一，建立健全教育培训制度。坚持岗前培训和定期培训相结合、理论学习与业务培训两手抓，根据工作人员的不同岗位需求和知识短板，合理制定培训方案、科学设计培训内容，切实提高培训的针对性和覆盖率。在此基础上，通过常态化邀请基层立法联系点的工作

人员列席立法相关会议，加强联系点之间的工作交流和经验分享，不断提高相关工作人员的专业素质和综合能力。其二，加强履职情况的评价考核。基于政治素养、工作业绩、专业能力、服务态度等多个维度制定评价考核指标，采用领导评价、同事互评、群众评价、专业测试相结合的多元化考核方式，并将考核结果与工作人员的绩效奖金、晋升机会、表彰奖励等挂钩。对于考核不达标或存在问题的工作人员，进行针对性地辅导和培训，若仍无明显改进，则进行调整或劝退，以此激励工作人员不断提升自身能力素质。

（四）拓展功能作用，强化基层立法联系点的直通车作用和综合性功能

一是推动基层立法联系点功能向立法全过程延伸。可学习上海基层立法联系点功能拓展经验，推动基层立法联系点功能由“立法中”向“立法前”“立法后”两端延伸，进而拓展到立法全过程，使其逐渐成为服务于“参与立法、监督执法、普法守法、社会共治”的“立法民意直通车”和“全功能联系点”。一方面，要深化参与立法的深度和广度。在立法规划和计划制定阶段，基层立法联系点应提前介入，深入开展调研，广泛收集基层群众和相关利益群体的意见，为立法项目的确定提供参考依据。在法规草案起草过程中，应加强与起草部门的沟通协作，积极参与草案的讨论和修改，从基层实际出发，提出合理的建议和意见。另一方面，要强化宣传普法和监督执法功能。在积极开展普法活动、营造良好法治环境的同时，建立基层立法联系点与执法部门的信息共享和反馈机制，积极拓展监督执法和评估反馈职能，及时将收集到的执法问题反馈给执法部门，并跟踪整改情况、评估实施效果，促进普法宣传、法治评估、基层治理的相融相促。

二是推动基层立法联系点作用的发挥。其一，统筹工作任务，避免忙闲失衡。为避免出现不同基层立法联系点工作量差异过大的问题，可以借鉴上海的做法，建立使用意向制度，即由法工委在每年初向立法联系点征集参与年度工作计划的意向并向专委会征集使用意向之后，统筹平衡各基层立法联系点的使用频率和工作量，制定年度使用计划，确保基层立法联

系点高效合理运转。其二，强化业务指导，提高整体水平。为避免部分基层立法联系点因工作思路不清、工作方法不佳而导致作用发挥不足，可及时整理发布各基层立法联系点的优秀工作案例与示范经验，推广基层立法联系点建设中好的经验做法和举措办法，促进基层立法联系点工作水平的整体提高。

五　结语

推进基层立法联系点建设，是实现党的领导、人民当家作主和依法治国有机统一的实践载体；是坚持和完善人民代表大会制度，坚持中国特色社会主义民主政治发展道路，实现最广泛最真实最管用的“全过程人民民主”的有效形式；是贯彻党的群众路线，发挥联系点接地气、察民情、聚民智、惠民生“直通车”作用，推进科学立法、民主立法、依法立法的生动实践；是展示中国特色社会主义民主政治优势，讲好立法故事，坚定制度自信的重要窗口。[①] 重庆市人大基层立法联系点建设在推动民主立法、提升立法质量、促进社会治理等方面取得了一定成效，但也面临着宣传力度有待进一步加大、制度机制有待进一步完善、队伍建设有待进一步加强、功能作用有待进一步拓展等问题。通过加大宣传力度、加强队伍建设、完善制度机制、拓展功能作用等，有望进一步提升重庆市人大基层立法联系点建设水平，充分发挥其在立法过程中的重要作用，为重庆市的法治建设和社会发展提供有力支持。在未来的发展中，基层立法联系点应不断适应社会发展需求，持续创新和完善工作机制，更好地服务于人民群众，推动全过程人民民主在重庆的生动实践，为建设法治中国贡献重庆力量。同时，要加强对基层立法联系点建设的理论研究和实践总结，为全国范围内基层立法联系点建设提供有益的经验借鉴，共同推动我国基层立法联系点制度不断完善。

① 郑辉、张明君：《践行“全过程民主”的实践探索与理论思考——以上海市人大常委会基层立法联系点为视角》，《人大研究》2021年第4期。

B.7

重庆市推进政协协商与基层协商有效衔接的创新实践与经验启示

张贵群　谢　荧*

摘　要： 为贯彻落实习近平总书记“有事好商量，众人的事情由众人商量，是人民民主的真谛”重要指示精神，重庆市政协坚持改革思维、创新理念和务实举措，积极推动集协商、监督、参与、合作功能于一体的“渝事好商量”协商平台建设，牵引串联全市政协组织和政协委员的责任链、履职链，在践行全过程人民民主特别是推进政协协商与基层协商有效衔接方面做出了有益探索，为发挥中国式协商民主特色及制度优势、推进社会治理体系和治理能力现代化，提供了可资借鉴和推广的经验。

关键词： 政协协商　基层协商　“渝事好商量”　协商平台　重庆市

一　引言

党的十八大以来，以习近平同志为核心的党中央高度重视协商民主建设，提出完善社会主义协商民主制度体系，有效推进了协商民主广泛多层制度化发展。党的十九大报告提出，“有事好商量，众人的事情由众人商量，是人民民主的真谛”。党的二十大报告强调，坚持和完善中国共产党领导的多党合作和政治协商制度，坚持党的领导、统一战线、协商民主有机结合，

* 张贵群，中共重庆市委党校（重庆行政学院）公共管理学教研部教授，主要研究方向为社会治理、公共政策与管理；谢荧，中共重庆市委党校（重庆行政学院），主要研究方向为基层治理、政府管理。

坚持发扬民主和增进团结相互贯通、建言资政和凝聚共识双向发力，发挥人民政协作为专门协商机构作用，加强制度化、规范化、程序化等功能建设，提高深度协商互动、意见充分表达、广泛凝聚共识水平，完善人民政协民主监督和委员联系界别群众制度机制。习近平总书记在庆祝中国人民政治协商会议成立 75 周年大会上进一步强调，要健全人民政协工作制度机制，加强政协协商同其他协商形式的协同配合，健全深度协商互动、意见充分表达、广泛凝聚共识的机制，加强反映社情民意、联系群众、服务人民机制建设，多做知民情、解民忧、暖民心的工作。[①] 这些重大决策部署，有力推动了社会主义协商民主的建设发展，为地方协商民主的实践探索指明了方向。

二　重庆推进“渝事好商量”协商平台建设的具体做法

为深入学习贯彻习近平总书记关于“有事好商量，众人的事情由众人商量，是人民民主的真谛”的重大论断，认真贯彻落实中央和市委政协工作会议精神，走深做实党史学习教育、扎实开展“我为群众办实事”实践活动，2021 年以来，重庆市政协先后印发《推进区县政协全面开展“渝事好商量”协商平台建设工作方案》《关于在区县政协全面展开“渝事好商量”协商平台建设的指导意见》，指导区县政协建设用好“渝事好商量”协商平台，构建涵盖“联系服务—选题调研—协商议事—成果转化—评价反馈”等全流程的闭环运行机制，推动政协协商与基层协商有效衔接、促进政协协商与基层社会治理有机融合、深化政协协商民主与基层民主政治建设有序实践，探索政协协商与基层协商衔接的有效路径，在助力基层治理和广泛凝聚共识中展现新作为、干出新样子。[②]

---

① 习近平：《在庆祝中国人民政治协商会议成立 75 周年大会上的讲话》，《人民日报》2024 年 9 月 21 日。

② 凌云：《巴山渝水问难事——市政协聚力打造“渝事好商量”协商平台综述》，《重庆政协报》2022 年 1 月 11 日。

（一）突出问题导向，精准确定协商议题

立足“党政所需、群众所盼、政协所能”，建立“党政点题、网格筛题、委员荐题、群众出题”协商议题征集机制，围绕党政中心大事、改革发展要事、民生改善实事、社会治理难事，精选切口小、关联广、与群众切身利益密切相关的议题开展协商活动，让“渝事好商量”协商平台活起来、实起来，从制度上确保“基层党委谋什么、政府做什么、群众盼什么，政协就商什么”。

一是广泛征集议题线索。通过“党政点题、网格筛题、委员荐题、群众出题”等多元化渠道，广泛收集议题。积极关注党政工作重点、民生堵点、治理焦点，深入基层、深入群众，利用线上线下相结合的方式，广泛听取社会各界的意见和建议，确保议题来源广泛、贴近实际。

二是聚焦民生热点难点。着重筛选与群众切身利益紧密相关的议题，以“小切口”解决“大民生”。例如，针对老旧小区改造、社区环境整治、交通拥堵缓解等群众关心的热点问题，将其纳入协商议题范畴，使协商成果能够直接惠及广大民众。

三是严格筛选把关议题。建立了一套科学严谨的议题筛选机制。由政协组织相关专家、委员以及利益相关方代表，对收集到的议题线索进行深入分析和评估。从议题的重要性、紧迫性、可行性等多个维度进行考量，确保最终选定的协商议题具有现实意义和可操作性。

（二）突出便捷要求，合理设置协商场所

坚持融入、共享、开放理念，充分依托现有资源，因地制宜设立相对固定的、政协标识鲜明的嵌入式“渝事好商量”协商场所。同时鼓励采取“固定+移动”方式灵活设置协商点，运用“会场+现场”“线上+线下”等形式，推动协商进村社、进园区、进企业、进商圈等，尽可能把协商现场搬到群众家门口，与各界群众零距离互动、就近就地协商，方便群众“触手可及、抬腿即到、坐下就谈”。

一是依托现有资源搭建平台。充分利用镇街、社区的党群服务中心、新时代文明实践站、社区活动中心等现有公共服务设施，作为“渝事好商量”的固定协商场所。这些场所位置便利，群众熟悉，能够有效拓展平台建设的覆盖面，把政协履职触角和末梢延伸到基层群众中，让协商更接地气，进而提高群众参与的积极性、降低基层协商的成本。

二是灵活设置移动协商点。为了更加贴近群众，满足不同场景下的协商需求，采用“固定+移动”的方式设置协商点。根据具体议题和协商对象，将协商现场搬到居民小区、农家小院、企业园区、集市广场等群众身边的场所。同时，利用线上平台，如微信公众号、政务 App 等，开设线上协商专区，实现线上线下互动，让群众随时随地都能参与协商。

三是打造特色协商空间。部分地区结合当地文化特色和群众需求，打造了一批具有地方特色的协商空间，如“和顺茶馆”“邻里议事亭”等。这些场所不仅为协商提供了舒适的环境，还营造了浓厚的协商氛围，让群众在轻松愉悦的氛围中参与协商，促进了协商的顺利进行。

四是构建多跨场景应用。依托“重庆数字政协”建设，加快构建“渝事好商量”多跨场景应用，以重大需求、多跨场景、改革任务“三张清单”为抓手，设计多跨场景拆解集成图、数据共享模型图、流程再造对比图，以最佳应用为标尺，完善远程协商、联动协商、网络议政功能，把便捷、互动、开放的特性渗透到“渝事好商量”各个环节，切实增强政协工作的开放度、融合度、活跃度。

（三）坚持多元协同，科学确定协商主体

协商民主的有效性在很大程度上依赖于协商主体的广泛性和代表性。传统的协商模式往往呈现出单向延伸的特征，即由单一主体（如政府或政协）主导，其他主体被动参与，导致协商的广度和深度不足。为克服这一局限，重庆市政协积极推动协商主体从单向延伸走向多维嵌入，统筹组织政协委员、政府部门、社会组织、群众代表等多元协商主体参与，进而构建多层次、多维度的协商网络，确保协商参与人员的代表性与关联性、专业化与多

元化。

一是突出委员主体作用。按照委员的专业背景、行业领域和属地关系，将全国、市、区县三级政协委员合理分配到各个协商平台和具体议题中。积极引导政协委员深入基层一线，开展实地调研，广泛收集社情民意，认真履行职责，踊跃建言献策。充分发挥专家型委员的专业优势，组织其全程、有序参与协商过程，为高品质协商筑牢支撑。

二是鼓励多元主体参与。根据协商议题的性质和涉及范围，邀请相关党政部门负责人、利益相关方代表、专家学者、社会组织代表以及普通群众代表等共同参与协商，避免“无关主体参与”或“关键主体缺席”。与此同时，支持和鼓励各方主体从不同角度出发，充分表达自己的观点和诉求，形成多元互动的协商格局，提升协商的科学性、民主性和实效性。

（四）完善制度机制，严格规范协商流程

构建程序合理、环节完整的协商民主体系是推动协商民主广泛多层制度化发展的题中应有之义。[①]“渝事好商量”协商平台自 2021 年创建以来，市政协在建章立制上下功夫，设计统一标识，出台系列文件，完善操作规程，建立了党委、政府、政协三者内部协商议事规则，构建出链条完整、环环相扣、层层推进的工作闭环，推动形成了“党委领导、政府支持、政协搭台、多元协同、群众参与”的协商议事工作格局，协商议事制度化、规范化、程序化水平不断提高。

一是建立健全协商制度。出台了“渝事好商量”协商平台建设的指导意见、协商活动工作规则、工作方案等制度文件，明确了协商原则、内容、程序、参与主体等方面的规定。从议题提出、协商准备、协商开展到协商成果转化等各个环节，都有详细的操作流程和规范，使协商工作有章可循、有序开展。

---

① 黄林俊、王松磊：《整体性协商何以可能：实践路径及其基本逻辑——以 W 市“有事好商量”平台为例》，《社会科学动态》2022 年第 12 期。

二是扎实做好协商准备。坚持不调研则不选题、不沟通则不协商原则，在协商活动开展前，组织参与协商的各方主体进行充分的调研和准备。政协委员通过实地走访、民情恳谈、问卷调查、召开座谈会等方式，深入了解议题相关情况，广泛收集群众意见。相关部门提供政策解读和数据支持，为后续协商奠定基础。

三是规范民主协商流程。坚持发扬民主和增进团结相互贯通、建言资政和凝聚共识双向发力，以平等对话、互动交流的方式化解分歧、增进共识。协商过程中，注重营造平等、开放、包容的氛围，通过设置“问、答、辩”等互动环节，鼓励委员即席发言、现场提问，使各种意见充分表达，让群众全面深入了解问题情况，让党政部门更多倾听群众心声，促使党委、政府决策和工作更顺乎民意、合乎实际。同时，对协商过程进行记录，形成详细的协商纪要。

（五）注重成果转化，切实巩固协商成效

协商结果的落实及成效，不仅是对协商质量的体现，还会影响下一次协商的可信度和参与积极度。① 为让群众对协商有真正的获得感，政协组织通过组织委员视察调研、撰写提案、反映社情民意、民主评议等形式，对协商意见办理落实情况进行民主监督、长效跟踪，努力使议题协商成果落地见效，进而推动协商议事成果转化为党委政府决策，转化为改进社会治理和广泛凝聚共识的具体行动。

一是加强跟踪督办。建立协商现场反馈机制和多维交办机制，针对现场能解决的问题，“面对面”反馈办理意见，短平快解决问题；针对一时解决不了的问题，采取现场交办、函告交办、网络转办等方式，“点对点”交办给责任单位。在此基础上，建立健全跟踪督办机制，通过组织委员视察、专题调研、民主监督等方式，对协商成果的落实情况进行检查评估、跟踪督办，及时发现办理过程中出现的各类问题，进而采取强有力的应对措施，督

① 陈炜：《十年砥砺——新时代广州基层民主治理之路》，广州出版社，2022，第141页。

促相关方面进行整改，确保协商成果能够有效、高质量地得到落实。

二是推动协同落实。加强与相关党政部门的沟通协调，形成工作合力。对于涉及多个部门的协商成果，建立部门协同办理机制，明确各部门的职责分工，共同推动协商成果的落实。通过召开联席会议、联合督查等方式，加强部门之间的协作配合，确保协商成果得到全面落实。

三是加强成果转化。建立健全协商议事成果采纳、落实、反馈、问效机制，多层次、多途径拓展协商议事成果转化渠道，推动协商议事成果转化为党委、政府决策，转化为改进社会治理和广泛凝聚共识的具体行动，使政协协商民主向基层延伸、向群众靠拢，切实增强各界群众对中国共产党和中国特色社会主义的政治认同、思想认同、理论认同、情感认同。

四是及时反馈总结。通过公开栏、微信公众号、新闻媒体等渠道，将协商成果的落实情况及时反馈给参与协商的群众代表和社会各界，主动接受群众监督，同时，积极收集群众对协商成果落实情况的意见和建议，不断改进工作，提高群众满意度。在此基础上，定期对“渝事好商量”的工作进行评估总结，分析协商过程中存在的问题和不足，总结成功经验和做法。通过召开经验交流会、案例分析会等，推广优秀经验，不断完善工作机制，做到“一地创新、全域共享”，切实提升“渝事好商量”的工作水平和成效。

三　重庆推进“渝事好商量”协商平台建设取得的成效

“渝事好商量”协商平台建设始终紧扣团结和民主两大主题，牢牢把握协商为民的初心使命，以“协”聚力成事、以“商”凝聚共识、以“专”提质增效，生动诠释了全过程人民民主的深刻内涵，积极拓展了政协协商向基层延伸的新路径、新方法，[①] 让人民群众切实感受到“政协就在身边、委员就在眼前”，在推进基层治理体系和治理能力现代化建设中取得了丰硕的成果。

① 陈志恒：《“有事好商量”推进政协协商与基层协商有效衔接》，《协商论坛》2024 年第 7 期。

（一）促进群众有序政治参与，丰富协商民主实现形式

社会主义协商民主是中国共产党和中国人民的伟大创造，是中国社会主义民主政治的特有形式和独特优势，是党的群众路线在政治领域的重要体现。① 在我国，协商民主包括政党协商、人大协商、政府协商、政协协商、人民团体协商、基层协商和社会组织协商等多种形式。上述协商形式犹如构建民主大厦的基石，各自发挥着独特作用，共同推动着我国的民主进程。

每一种协商形式的有效落地，都离不开各地结合实际、因地制宜的实践探索。“渝事好商量”协商平台建设，正是重庆推进政协协商与基层协商有效衔接的成功探索。重庆市政协坚持“全覆盖、多层次、立体化”原则，在全市范围内建成协商议事场所 943 个，构建起了布局合理、运行顺畅的协商网络体系，并通过“会场+现场”“固定+流动”“线上+线下”等多种形式，打造了集民意收集、议题确定、协商议事、成果转化于一体的完整闭环，使“渝事好商量”平台成为基层协商民主建设的示范标杆和创新高地，有效拓展了广大基层群众直接政治参与的渠道和载体，促进了政协协商与基层协商之间的相互补充、相互赋能。

（二）畅通委员联系渠道，推动民生实事有效解决

将“渝事好商量”协商平台与委员会工作室建设有效结合，研究制定印发《关于委员会工作室建设方案（试行）》，明确建设条件、创建流程、统一标识和规范建设事项等，要求工作室做到有场地、有标牌、有制度、有活动、有台账、有总结，强调要精心打造形式多样、特色鲜明、有政协辨识度的委员工作室，锻造各级政协委员联系界别群众的工作链，让委员工作室及其委员更有效地运用“渝事好商量”平台开展协商建言。

① 包心鉴：《充分发挥协商民主在发展全过程人民民主中的重要作用》，《学习时报》2024 年 10 月 16 日。

与此同时，将“渝事好商量”作为各级政协委员的常态化履职载体，帮助三级政协委员深入基层服务群众。通过这一载体，委员们深入大街小巷、田间地头，与群众面对面交流，倾听群众心声，了解社情民意，助推解决了涵盖老旧小区改造、农村饮水安全、就业创业扶持政策落实和教育资源均衡配置等领域的诸多民生问题。这一过程中，武隆区沧沟乡污水治理难题得以解决，酉阳土家族苗族自治县兴隆镇最偏远的村落开通农村客运班车，九龙坡区民主村城市更新项目加速……截至2024年1月，已有10万余人次通过“渝事好商量”参与协商，各级政协委员参与超3万余人次，助推解决5000多个民生问题。[①] 各级政协委员在反映基层呼声、化解矛盾纠纷、优化营商环境、助推经济发展、助力乡村振兴等方面的积极作用得以进一步彰显，得到了群众的广泛认可。

（三）展示政协履职尽责作为，厚植协商民主氛围

“渝事好商量”平台的成功实践，带动各区县结合自身实际情况，相继推出了诸如“‘涪’务面对面”、“‘碚’有幸福感”等26个具有地方特色的子品牌，共同构成了一个协商工作生动有序、委员作用有效发挥、系统上下联动密切、社会各界广泛参与的立体协商履职矩阵，使民心浸润和美之美，“有事多商量、遇事多商量、做事多商量”的理念在基层深深扎根，逐渐形成一种文化自觉。

四　重庆推进“渝事好商量”协商平台建设的经验启示

要坚持有事多商量、有事好商量、有事会商量，通过协商凝聚共识、凝聚智慧、凝聚力量，共同把中国的事情办好。“渝事好商量”协商平台建设作为重庆推进政协协商与基层协商有效衔接的成功探索，入选了“奋进新

① 程颖：《“商量”迭代升级“幸福”持续更新——市政协扎实推动“渝事好商量”走深走实综述》，《重庆政协报》2024年1月9日。

时代”主题成就展，成为社会主义协商民主建设的特色品牌和社会治理现代化建设的创新举措，为发挥中国式协商民主的特色和制度优势、推进社会治理体系和治理能力现代化，提供了可资借鉴和推广的宝贵经验。①

（一）坚持党的领导，确保协商方向

协商民主是党的群众路线在政治领域的重要体现，是实现党的领导的重要方式。历史和现实充分证明，只有坚持党的领导，才能为协商民主提供政治制度保障，保证协商民主始终沿着正确的方向前行；才能将亿万人民群众有效组织起来，依法有序参与协商民主实践，凝聚人心、凝聚智慧、汇聚力量；才能体现人民意志、保障人民权益、激发人民创造活力，保证人民民主体现在国家治理的全过程；才能通过党内民主推动协商民主不断发展完善。② 习近平总书记在中央政协工作会议暨庆祝中国人民政治协商会议成立70周年大会上的讲话强调，要把坚持党的领导贯穿到政协全部工作之中，切实落实党中央对人民政协工作的各项要求。③ 结合重庆“渝事好商量”协商平台建设的总体情况不难发现，坚持党的领导是其发展进步的根本所在、关键所在。具体而言，坚持党的领导主要体现在以下两个方面：一方面，重庆市委始终坚持从“人民政协事业是党领导人民进行伟大社会革命的重要组成部分”的战略高度，将政协工作纳入全局统一谋划、部署和推进，对建设“渝事好商量”协商平台给予有力的指导和支持。另一方面，重庆政协党组着力发挥人民政协特色制度优势，突出党组领导核心和战斗堡垒作用，紧紧围绕中心工作，以协商平台建设为抓手，全力落实好党中央和市委的决策部署，认真把好协商平台的选题关、调研关、座谈关、协商关、落实关，确保工作不跑调、不偏颇、不越位。

---

① 韩莹莹、李宁宁：《搭建“有事好商量”民生实事协商平台 推动广州社会治理创新》，《中国行政管理》2021年第3期。

② 贾国哲、曲兆文、牛玉琰等：《坚持党的领导、统一战线、协商民主有机结合问题研究》，《民主与科学》2023年第6期。

③ 习近平：《在中央政协工作会议暨庆祝中国人民政治协商会议成立70周年大会上的讲话》，《求是》2022年第6期。

（二）坚持履职为民，推进协商民主

党的二十大报告体现了以人民为中心的发展思想，提出要实现好、维护好、发展好最广大人民根本利益，紧紧抓住人民最关心最直接最现实的利益问题，坚持尽力而为、量力而行，深入群众、深入基层，采取更多惠民生、暖民心举措，着力解决好人民群众急难愁盼问题。“渝事好商量”作为政协突出协商主业，发动委员深入基层、联系服务群众，知民情、解民忧的重要平台，在建设之初就特别强调要突出民生导向，践行人民政协履职为民的初心和使命。一是坚持协商为民。找准党政所需和群众所盼结合点，聚焦事关基层治理的难点问题、事关群众切身利益的共性问题。二是坚持协商于民。深入到群众中去，面对面倾听收集群众诉求；动员群众参与进来，共商共议解决问题的办法和路径，促进政协协商与基层协商有效衔接。三是坚持协商惠民。主动向党委政府汇报，主动与相关职能部门、有关单位沟通衔接，优化解决方案，跟踪办理工作流程，及时反馈协商结果，通过协商服务解决群众关心关切的实际问题，将人民民主真谛贯穿于政协协商全过程，让群众感受到实实在在的成效和获得感。

（三）坚持因地制宜，创新协商形式

社会主义协商民主是中国共产党和中国人民的伟大创造，是中国社会主义民主政治的特有形式和独特优势。我国地域辽阔，各地经济社会发展水平不尽相同，民风民俗民情各有特点，涉及的协商问题形态各异，可供利用的协商资源也相差甚远。因此，各地在推进政协协商与基层协商相衔接、推进协商平台建设时，要注意结合自身实际，因时、因地、因事制宜，不拘一格设置协商场所、采取协商方式、推进协商工作。重庆市在推进“渝事好商量”协商平台建设过程中，就特别注意结合自身实际，对场地设置、组织形式、协商方式和运行办法等进行积极创新探索，比如依据地理分布、人口密度以及社会发展需求，合理设置协商场所，并通过“线上+线下”“会场+现场”等多种协商方式，提升协商的便捷性和覆盖率。除此之外，还鼓励

各区县结合自身实际，挖掘本地独特的文化、产业及社会资源，打造具有地方特色的协商子品牌，如"'涪'务面对面""'碚'有幸福感"等。

（四）坚持多方参与，形成协商合力

协商的本质与基层治理的复杂性要求多元主体参与协商共议过程，集思广益、群策群力，最终凝练成切实可行、群众满意的协商成果。人民政协的政治属性和功能定位决定了自身可以在这个过程中发挥重要作用，即通过协商平台的建设和打造，拓展多元主体直接政治参与的渠道和载体。党的二十大报告明确要求，发挥人民政协作为专门协商机构作用，加强制度化、规范化、程序化等功能建设，提高深度协商互动、意见充分表达、广泛凝聚共识水平。需要注意的是，发挥人民政协作为专门协商机构的作用，并不是让政协单打独斗、唱"独角戏"，而是要发挥人民政协联系面广、包容性强的优势，进一步健全工作机制，形成行之有效的工作体系，通过政协协商广泛凝聚共识、调动各方面参与的积极性，不断提高协商共议与基层治理的法治化、科学化、专业化水平，助力共建共治共享的协商治理格局的形成和发展，在为民办好事、办实事中找出最大公约数、画出最大同心圆。

（五）坚持求同存异，营造协商氛围

商以求同，协以成事。协商民主要求协商主体通过有效沟通、充分交流、交换意见，寻求最大公约数，凝聚最大共识，形成更加合理、更加完善的解决方案。这个过程既是发扬民主、集思广益的过程，也是统一思想、凝聚共识的过程，更是科学决策、民主决策的过程，有利于化解矛盾冲突、促进社会和谐稳定。习近平总书记强调，坚持有事多商量，遇事多商量，做事多商量，商量得越多越深入越好，就是要通过商量出办法、出共识、出感情、出团结。① 因此，在借助"渝事好商量"协商平台开展协商工作时，应

① 《学习贯彻党的十八届四中全会精神 运用法治思维和法治方式推进改革》，《人民日报》2014 年 10 月 28 日。

坚持求同存异、和而不同的协商理念，在尊重个性、承认差异、包容分歧、平等协商的基础上，广开言路，集思广益，促进不同思想观点的充分表达和深入交流，做到相互尊重、平等协商而不强加于人，遵循规则、有序协商而不各说各话，体谅包容、真诚协商而不偏激偏执，形成既畅所欲言、各抒己见，又理性有度、合法依章的良好协商氛围，[①] 做到平等协商、真诚协商、民主协商、务实协商，[②] 全力促成合作与共识的形成。

（六）坚持迭代升级，打造协商品牌

作为推进政协协商与基层协商有效衔接的创新之举，“渝事好商量”协商平台建设注定无法一蹴而就，需要在实践中不断探索、迭代升级、持续改进。重庆市政协自 2021 年起创建了融协商、监督、参与、合作于一体的“渝事好商量”协商平台，先后在 14 个区县开展试点工作，并初步形成了一套“渝事好商量”协商工作机制。2022 年，重庆市政协印发《“渝事好商量”协商活动工作规则》，在全市逐步扩大该平台覆盖面，进一步推动协商活动制度化、规范化及常态化。2023 年以来，重庆市政协把迭代升级“渝事好商量”特色履职品牌作为主题教育推动发展的有形抓手和有效载体，推进相关工作更加规范精准、提质扩面、走深走实。至 2024 年，“渝事好商量”在各区县的积极实践中进一步迭代升级，逐步形成了党委领导、政府支持、政协搭台、多方参与、民主协商、群众受益的生动局面。可见，正是通过不断地探索和持续地改进，“渝事好商量”协商平台才得以不断提质扩面、迭代升级，逐渐成为具有鲜明辨识度和广泛影响力的重庆政协履职特色品牌。

---

① 邹翔：《“有事好商量”的中国智慧——全过程人民民主的显著优势》，《人民日报》2022 年 3 月 1 日。

② 韩金峰：《发挥好人民政协在社会治理中的作用》，《中国党政干部论坛》2019 年第 11 期。

五　结语

作为全面贯彻落实党的二十大精神，学习贯彻习近平总书记关于加强和改进人民政协工作的重要思想，落实中央和市委政协工作会议精神，推进社会主义协商民主广泛多层制度化发展的实践探索，“渝事好商量”协商平台的建设是加强和改进基层政协工作、破解“两个薄弱”问题（工作基础薄弱、人员力量薄弱）的有效之策；是引导委员制度化规范化常态化联系服务界别群众，实现政协工作建言咨政、凝聚共识双向发力的必然之途；是推动政协协商与基层协商有机融合，政协工作与基层治理有效衔接的重要之举。在新的历史条件下，社会结构和利益格局深刻变化、新的社会阶层不断涌现、思想观念日益多样，要完成好改革发展稳定各项任务，就要继续发展完善协商民主，构建程序合理、环节完整的协商民主体系，让这种有根、有源、有生命力的民主形式不断彰显巨大优势和旺盛生命力。①

① 孙存良：《协商民主：人类政治文明的中国智慧》，《人民日报》2019 年 9 月 20 日。

B.8

重庆市“渝里乡商”基层议事协商的改革探索

张贵群　张 欣*

摘　要：　协商民主是实践全过程人民民主的重要形式，基层民主是全过程人民民主的重要体现，融合两者的基层协商民主则构成全过程人民民主在基层的生动实践。为深入贯彻党的二十大及二十届三中全会决策部署，扎实落实市委六届六次全会关于“深化打造全过程人民民主基层单元”集成式标志性重大改革要求，重庆市通过实施议题征集、主体培育、阳光协商、规范程序、特色培育、数字赋能六项行动，推动了“渝里乡商”基层议事协商改革工作，取得了积极的成效。下一步需要进一步扩大试点范围、加强力量整合、做好迭代升级，扩大基层议事协商的覆盖面、协同性、美誉度，力争将“渝里乡商”基层议事协商品牌打造成为具有重庆辨识度、全国影响力的标志性改革成果。

关键词：　“渝里乡商”　全过程人民民主　协商民主　基层协商　基层治理

习近平总书记强调，涉及人民群众利益的大量决策和工作，主要发生在基层。要按照协商于民、协商为民的要求，大力发展基层协商民主，重点在

* 张贵群，中共重庆市委党校（重庆行政学院）公共管理学教研部教授，主要研究方向为社会治理、公共政策与管理；张欣，重庆工商大学公共管理学院讲师，主要研究方向为基层治理、公共管理。

基层群众中开展协商。[1] 基层协商作为基层群众自治的生动实践，是我国社会主义协商民主建设的重要组成部分和有效实现形式，在推进协商民主广泛多层次制度化发展以及基层治理体系和治理能力现代化建设方面发挥着不可替代的基础性作用。改革开放特别是党的十八大以来，各地基层坚持有事多协商、遇事多协商、做事多协商，有效维护了群众切身利益，促进了社会和谐与文明进步。当前，随着新型工业化、信息化、城镇化、农业现代化的深入推进，我国经济社会发生深刻变化，利益主体日益多元，利益诉求更加多样，亟须以改革创新精神，积极推进基层协商民主建设，构建基层协商治理新格局。

一　新形势下推进基层议事协商改革的重要意义

（一）坚持和加强党的领导、巩固党的执政基础的必然要求

基础不牢，地动山摇。习近平总书记深刻指出，“基层是党的执政之基、力量之源”，“基层是一切工作的落脚点”。基层议事协商是社会主义协商民主的重要形式，也是加强镇街基层政权治理能力建设的重要内容，是基层党组织主导的议事协商平台，对于厚植党的执政根基、加强党的全面领导具有重要作用。《中共中央　国务院关于加强基层治理体系和治理能力现代化建设的意见》明确要求，由乡镇（街道）党（工）委主导开展议事协商。

进入新时代，我国社会主要矛盾发生了变化，必须坚定不移走中国特色社会主义社会治理之路，始终把抓基层打基础作为长远之计和固本之策，充分发挥基层党组织的领导核心作用和党员干部的先锋模范作用，在加强基层基础工作、提高基层治理能力上下更大功夫；[2] 必须始终协商于民、协商为民，把服务群众、造福群众作为基层治理的出发点和落脚点，扎实推进以基层党组织为主导的基层议事协商改革，汇聚各方资源力量，充分激发和释放

① 《习近平：在庆祝中国人民政治协商会议成立 65 周年大会上的讲话（2014 年 9 月 21 日）》，《人民日报》2014 年 9 月 22 日。

② 吴汉圣：《基层强则国家强 基层安则国家安》，《求是》2024 年第 10 期。

人民群众参与基层治理的积极性和主动性，从人民群众关心的事情做起，从让人民群众满意的事情抓起，做到问需于民、问计于民、问效于民，不断满足人民群众日益增长的美好生活需要，持续巩固和扩大党的执政基础。

（二）完善社会主义协商民主体系、发展全过程人民民主的必然要求

社会主义协商民主是中国社会主义民主政治的特有形式和独特优势，是党领导人民有效治理国家、保证人民当家作主的重要制度设计，是实践全过程人民民主的重要形式。党的二十大报告提出，完善协商民主体系，统筹推进政党协商、人大协商、政府协商、政协协商、人民团体协商、基层协商以及社会组织协商，健全各种制度化协商平台，推进协商民主广泛多层制度化发展。[①] 党的二十届三中全会审议通过《中共中央关于进一步全面深化改革 推进中国式现代化的决定》，进一步提出“完善协商民主体系，丰富协商方式，健全政党协商、人大协商、政府协商、政协协商、人民团体协商、基层协商以及社会组织协商制度化平台，加强各种协商渠道协同配合”，从推进中国式现代化的高度明确了践行社会主义协商民主、发展全过程人民民主的改革任务。

基层历来是中国特色社会主义民主政治的发源地和试验田，在新时代新征程上承担着实践全过程人民民主的基础作用，也是协商民主实践形式创新的活跃区域。[②] 基层协商作为社会主义协商民主的重要形式，是协商民主在基层社会的具体实践形态。其核心和本质是指在中国共产党领导下，人民群众通过自由、平等、公开的形式，围绕基层社会的公共事务和涉及群众切身利益的实际问题，在决策之前和决策实施之中开展广泛协商，努力形成共识的过程和活动。[③] 针对当前基层协商实践中广泛存在的基层政府协商意愿不

---

① 习近平：《高举中国特色社会主义伟大旗帜为全面建设社会主义现代化国家而团结奋斗——在中国共产党第二十次全国代表大会上的报告》，《求是》2022 年第 21 期。

② 郭卫东：《巧搭议事协商桥梁 助力基层社会治理》，《人民政协报》2024 年 12 月 11 日。

③ 房宁：《我国社会主义民主政治的特有形式和独特优势》，《人民日报》2018 年 11 月 25 日。

强、涉事利益方协商启动权有限、协商制度规范不健全、协商平台不够普遍有效等现实问题,① 推进基层议事协商改革，积极探索与本地经济社会发展相匹配的基层协商民主实践机制，既是贯彻落实党中央关于发展全过程人民民主决策部署的重要举措，也是发挥基层协商效能、彰显“民主是要用来解决人民需要解决的问题的”这一作用的必然要求，对于完善协商民主体系、丰富协商方式无疑具有基础性作用。

（三）构建共建共治共享治理格局、提升基层治理效能的必然要求

基层是协商民主开展的重点领域。基层协商民主作为基层群众政治参与的重要途径，是落实党的群众路线的制度保障和推进基层群众自治实践的客观需要，也是推动协商民主制度优势不断向基层延伸、夯实国家治理根基的重要举措，在将我国人民民主优势转化为基层治理效能方面发挥着独特作用。基层协商民主强调对话与协商，不同主体基于基层协商平台可以就基层治理事项进行公开、平等的理性对话和友好协商，进而明确各自在基层治理中的角色和责任，避免各自为政或相互冲突，实现力量的协同和资源的整合，确保基层治理和公共事务的处理能够得到社会各方的支持，进而减少社会摩擦，降低社会运行成本，促进社会良性运转。概言之，基层治理离不开基层协商。有事好商量、大家的事大家商量，是实现基层治理共建共治共享的应有之义。②

近年来，我国各地纷纷进行基层民主议事协商的创新实践，积极回应基层治理难题，寻求基层治理共识和可行性解决方案，探索出多种多样的基层民主议事协商机制，组织发动群众主动参与公共事务治理，通过民事民管、民事民议、民事民办，激活了基层治理活力，大大提升了基层治理效能。③与此同时，也要看到，随着我国经济社会的发展和社会主要矛盾的变化，社会利益主体多元化、利益诉求多重化、利益冲突多样化特征日渐凸显，基层

① 刘文郡：《坚持以党建引领推动基层协商落地落实》，《党建研究》2024 年第 1 期。

② 余亚梅：《在推进基层治理中发展全过程人民民主》，《学习时报》2024 年 6 月 19 日。

③ 李礼：《民主协商“议进去”基层治理“活起来”》，《学习时报》2023 年 11 月 29 日。

治理和基层协商面临前所未有的挑战。上述难题的解决，不再是简单的政府管理或者单向的道德说教能够应对的，而是一项需要多方共识和长期投入的系统工程。[①] 对此，党的二十届三中全会强调要健全基层党组织领导的基层群众自治机制，完善基层民主制度体系和工作体系，拓宽基层各类组织和群众有序参与基层治理的渠道。因此，必须将基层协商与基层治理结合起来，持续优化基层协商民主治理多元主体结构，为多元主体提供更多参与基层治理的机会和平台，做到有事多商量、遇事多商量、做事多商量，通过扎实有效的协商民主实践进一步激发基层治理的活力、提升基层治理的效能。

（四）提高科学决策民主决策水平、提升政策执行效果的必然要求

习近平总书记在庆祝中国人民政治协商会议成立 65 周年大会上的讲话指出，协商就要真协商，真协商就要协商于决策之前和决策之中，根据各方面的意见和建议来决定和调整我们的决策和工作，从制度上保障协商成果落地，使我们的决策和工作更好顺乎民意、合乎实际。[②] 事实上，在人民内部各方面广泛商量的过程，就是发扬民主、集思广益的过程，就是统一思想、凝聚共识的过程，就是科学决策、民主决策的过程，就是实现人民当家作主的过程。

协商民主的优势就在于可以广泛达成决策和工作的最大共识，克服利益集团相互竞争倾轧的弊端；可以广泛畅通各种利益诉求进入决策程序的渠道，克服不同政治力量为维护利益而固执己见的弊端；可以广泛形成发现和改正错误的机制，克服决策中情况不明、自以为是的弊端；可以广泛形成人民群众参与各层次管理的机制，克服人民群众在国家政治生活中无法表达的弊端；可以广泛凝聚社会力量推进改革，克服各项工作共识不高、难以落实的弊端。[③] 围绕基层社会发展的重大问题特别是事关人民群众切身利益的核心问题，通过各种途径、各种渠道、各种方式进行广泛协商，能够畅通各种

① 闫加伟：《基层协商：在全过程人民民主中议出民心》，《中国社会工作》2024 年第 27 期。

② 习近平：《在庆祝中国人民政治协商会议成立 65 周年大会上的讲话（2014 年 9 月 21 日）》，《人民日报》2014 年 9 月 22 日。

③ 陈炜：《十年砥砺——新时代广州基层民主治理之路》，广州出版社，2022，第 15 页。

利益要求和诉求进入决策程序的渠道，促进利益相关方基于共同认知开展理性对话，使党和政府的决策以及相关工作更好顺乎民意、合乎实际，党的理论和路线方针政策贯彻得更加彻底、执行得更加有力。[①]

二　重庆市“渝里乡商”基层议事协商改革的具体举措

为深入贯彻党的二十大和二十届三中全会精神，扎实落实市委六届六次全会关于“深化打造全过程人民民主基层单元”集成式标志性重大改革要求，进一步提高基层民主协商能力，打造具有重庆辨识度的基层议事协商工作品牌，重庆市建立了由市委社会工作部牵头，市人大常委会办公厅、市政协办公厅、市委组织部、市人大社会委、市农业农村委、团市委等共同参与的工作专班，先后分两批在全市选取了159个街道、乡镇作为试点，按照协商于民、协商为民的要求，一体构建区县、镇街、村（社区）联动参与的工作格局，以扩大有序参与、推进信息公开、强化权力监督、健全制度规范为重点，实施议题征集、主体培育、阳光协商、规范程序、特色培育、数字赋能六项行动。

（一）坚持党建引领，实施“主体培育”行动

基层协商的目的是凝聚共识、汇聚力量、增进公共利益，需要党委、政府、群团组织、经济组织、社会组织、自治组织与公民等多元主体共同参与。概言之，党建引领和多元参与的格局是基层治理现代化的重要特征，也是基层民主协商的重要保障，构筑党领共治、多元参与的基层民主协商格局，有助于解决责任主体不明、组织不力和参与不足的问题。[②]

重庆市在推进基层议事协商改革的过程中强调坚持党建引领，实施“主体培育”行动：一是完善党组织领导下的议事协商机制。发挥乡镇（街道）

① 张庆黎：《全面发展协商民主》，《人民日报》2022年11月18日。

② 吴莹：《以镇街民主协商促进基层治理现代化》，《中国社会科学报》2024年11月26日。

党组织的政治功能和组织功能，完善在议事协商中坚持和加强党的领导有关制度。由乡镇（街道）党（工）委主导开展议事协商工作，强化对协商活动策划、组织、执行、公开等各环节的审核把关，充分发动党员参与。二是建立各类协商协同配合机制。统筹基层具有议事协商功能的各类机制，注重发挥人大代表、政协委员、街道议事代表等的作用，推动基层协商与人大协商、政协协商等各类协商协同联动，与政协“渝事好商量”“委员工作室”等平台协同配合。以“三事分流”为基础，推进乡镇（街道）协商与村（社区）协商上下联动，建立议事协商“三事清单”机制，把村（社区）协商无法解决或存在较大争议的问题或事项，移交乡镇（街道）协商。三是建立议事协商专业人才库。加强基层协商主体培育，由乡镇（街道）明确辖区内议事协商的主体，建立以乡镇（街道）为主导主体，村（居）民委员会、村（居）民代表、相关部门、有关专家、“两代表一委员”、企业、社会公众等为主要协商主体的专业人才库。四是建立议事协商专业人才库。加强基层协商主体培育，由乡镇（街道）明确辖区内议事协商的主体，建立以乡镇（街道）为主导主体，村（居）民委员会、村（居）民代表、相关部门、有关专家、“两代表一委员”、企业、社会公众等为主要协商主体的专业人才库。

（二）坚持民生导向，实施“议题征集”行动

协商议题既关系协商的方向，也影响协商活动的成效，科学的协商议题是保障基层协商民主取得成效的前提。做好基层公共服务，关键看实效。要提高针对性，老百姓需要什么，我们就做什么。基层协商民主不能是“空架子”，必须将人民群众的实际关切作为协商议题，切实解决困扰群众的现实问题。只有通过民主协商有效解决了群众关心的问题，才能得到他们的认同和支持，从而吸引更多群众参与协商。[①]

重庆市在推进基层议事协商改革的过程中强调坚持民生导向，实施

① 毛春合、杜樱爽：《基层协商民主的内生逻辑与机制优化研究》，《河北省社会主义学院学报》2024 年第 2 期。

“议题征集”行动：一是建立健全协商议题征集制度。构建定期收集社情民意工作机制，建立常规征集、专题征集等征集渠道，搭建线上征集渠道，广泛征集协商议题。探索人民建议转化为协商议题的程序路径，将人民建议中事关区域经济社会发展、群众反映强烈、社会风险较大、跨村（社区）及其他需要议事协商的事项纳入乡镇（街道）议事协商，做到协商于民、协商为民。二是建立完善议事协商目录。指导区县制定乡镇（街道）议事协商指导目录，明确议事协商重点议题并动态调整，重点包括：法律法规和政策明确要求协商的事项；区县经济社会发展规划和涉及人民群众切身利益的事项；本地城乡规划、工程项目、征地拆迁等年度工作重点事项；群众反映强烈的社会民生热点焦点问题；乡镇（街道）指导村（社区）协商活动和开展跨村（社区）协商活动。三是公开发布年度议事协商计划。由乡镇（街道）按照议事协商指导目录，结合辖区实际，每年初公开发布一批年度议事协商计划，明确议事协商时间、内容、活动形式、参与群体等，引导社会各界积极参与议事协商活动。

（三）坚持公开原则，实施“阳光协商”行动

在基层协商民主建设中，坚持公开原则、实施阳光协商是构筑现代民主政治的基石。公开协商意味着协商过程、参与主体、决策依据以及结果等关键要素均向公众公开。从理论上讲，这一原则与民主监督紧密相连，公众能够依据公开的信息，对协商流程进行监督，确保权力在协商中规范运行，防止少数人操纵协商结果，保障基层民众的民主权利。

重庆市在推进基层议事协商改革的过程中强调坚持公开原则，实施“阳光协商”行动：一是建立议事协商会议制度。指导乡镇（街道）建立议事协商议题内容公开机制、议题宣传机制、议题说明机制、议事协商规则，可采取“座谈会+民主决议”等形式开展议事协商活动。二是建立完善重大事项听证制度。乡镇（街道）、村（社区）在重大事项作出决定前，提前公开听证内容和听证会时间、地点、参加方式、参加人数等，邀请各方利益群体代表参与决策。三是建立完善重要会议旁听制度。探索建立社会公众列席乡镇（街道）有关会

议制度，明确列席的会议范围、社会公众范围，及时公开会议信息、决策事项、列席人员、落实情况等，接受社会各界监督。建立社会公众列席有关会议的闭环管理机制，强化决策事项落实和反馈评价，增强协商实效。

（四）坚持依法有序，实施“规范程序”行动

广泛凝聚共识是协商民主的必然要求，是衡量协商成果、检验协商成效的重要标准。面对人数众多、需求纷繁的情况，如何既能保障基层群众充分平等表达的机会，又能保证协商合理合法、有序高效，进而真正形成共识，这是基层协商面临的重要问题。通过制度机制建设将基层协商内容、协商程序等固定下来，是保障基层协商民主持久、长远发展的重要举措。[①]

重庆市在推进基层议事协商改革的过程中强调坚持依法有序，实施“规范程序”行动：一是强化议事协商工作规范。分类制定乡镇（街道）、村（社区）议事协商工作指引，明确民意征集、考察调研、确定协商议题、拟定协商方案、邀请协商主体、组织协商活动、公开协商结果、落实协商决议等程序的细化要求和责任主体。二是细化议事协商规则。坚持党的领导、群众自治、依法协商、民主集中制等原则，既尊重多数人的意愿，也兼顾少数人的诉求，在议事协商前，发布公告、邀请主体、广泛宣传；在议事协商时，作好议题说明、宣读协商规则、组织依序讨论、开展民主表决等，尊重利益群体和专家发言，引导主体实行末位发言；在议事协商结束后，及时公示结果、答复落实情况。三是建立议事协商成果执行机制。乡镇（街道）及时公示议事协商意见，公布议事协商成果、办理分工、落实时限，重要协商成果应报送区县党委。建立乡镇（街道）议事协商决策执行机制，重要议事协商成果按照规定程序形成协商决策，以书面形式向相关方反馈执行情况，重要协商决策需报区县党委。四是健全议事协商监督机制。把议事协商作为重大政策、重要规划、重点工程建设项目事项及重大民生事项的前置程序，强化工作监督，除涉密敏感事项外，应做到“应议尽议”，避免“选择性协商”。强化全

① 赵超：《推动基层协商民主更好运转》，《学习时报》2024 年 12 月 11 日。

过程监督、全流程公开，主动接受监督。五是完善激励评价制度。建立协商事项办理情况评价、主要协商主体协商能力评价“双向评价”制度，全面提升乡镇（街道）、村（社区）利益协调能力和群众工作能力。

（五）坚持因地制宜，实施“特色培育”行动

重庆在地理环境、历史文化、经济发展水平及社会结构等方面有着自身独有的特质。在推进基层协商民主建设的进程中，打造具有自身特色的基层协商品牌有助于提升基层协商与本地经济社会的适应性和融合度，增强协商的针对性和实效性，更好地满足人民群众日益增长的民主参与需求，使基层协商民主真正成为推动重庆经济社会发展的重要力量。

重庆市在推进基层议事协商改革的过程中强调坚持因地制宜，实施“特色培育”行动：一是建立评价指标体系。围绕议事协商主体参与、场所建设和场景打造、形式创新、成果应用、群众满意等方面，按照可获取、可量化、可比较和精简务实的原则，建立健全基层议事协商评价指标体系，指导议事协商工作。二是打造特色基层单元。分批确认“渝里乡商”议事协商改革试点单位，因地制宜打造议事协商场景，逐步构建以乡镇（街道）、村（社区）为基本单元的基层议事协商矩阵。融入打造全过程人民民主特色基层单元，推进基层民主协商平台融合共建。三是建立改革典型案例库。尊重基层首创精神，鼓励基层探索更多首创性、差别性的改革，建立发现培育、动态跟踪、总结提炼、推介宣传的全链条典型案例培育工作机制，及时总结工作经验，梳理形成典型案例在全市复制推广。

（六）坚持系统集成，实施“数字赋能”行动

随着互联网的普及和社交媒体的兴起，民众表达意愿、参与公共事务的热情日益高涨。然而，传统的基层协商方式往往受限于时间、空间等因素，难以高效、系统、广泛地收集社情民意、开展民主协商。因此，拥抱数字化建设新趋势、探索搭建集成式数字化议事协商平台日益成为基层协商改革的重要内容。数字化协商平台作为群众参与协商的重要途径和检验基层社会数

字化治理能力的重要标志，其建设质量和应用水平直接影响到基层协商民主的实践效果。

重庆市在推进基层议事协商改革的过程中强调坚持系统集成，实施"数字赋能"行动：依托"渝邻汇数智社区"应用，围绕协商内容、协商主体、协商程序、协商成果落实等重点，充分考虑外出务工人员、在外大学生群体、在外探亲人员等群体，打造"党建引领议事协商"一件事场景，开发线上协商、公开协商功能，搭建社会公众广泛参与议事协商的渠道。

三　重庆市"渝里乡商"基层议事协商改革的实践成效

通过实施上述六项行动，重庆市"渝里乡商"基层议事协商改革工作得以不断推进，基层议事协商范围和渠道进一步拓宽、协商内容和形式进一步丰富、协商能力和效果进一步提升，为建设人民当家作主市域新范例，形成协商主体广泛、内容丰富、形式多样、程序科学、制度健全、成效显著的基层协商新局面，做出了积极探索。有关做法和经验在全国党建引领基层治理和基层政权建设中西部片区会上得到交流分享，并得到中央社会工作部的充分肯定。

（一）基层党组织战斗堡垒作用明显提升

在推进基层议事协商改革过程中，重庆市始终把党的领导贯穿工作各方面、全过程，在保证议事协商始终沿着正确的方向进行的同时，进一步彰显了基层党组织的战斗堡垒作用。试点单位设立固定阵地 489 个、流动阵地 796 个，通过公开接访、院坝会等形式广泛收集协商议题，开发"渝里乡商"线上议事厅，基本实现基层党建与群众自治的有机衔接、良性互动。

（二）基层治理共同体意识明显提升

多元主体有序参与是基层协商民主的前提和基础。重庆通过构建基层党组织、政府、基层自治组织、居民等多元主体扁平式的协商治理主体结构，营造参与方式灵活、参与过程规范、参与秩序稳定以及舆论态度积极的基层协商氛围，有效促进了多元主体在基层协商中的有序参与、充分交流和友好协商。目前已初步建立“区县—镇街—社区”三级议事人才库，首批 70 个试点单位已储备议事人才 3600 余人，累计开展基层议事协商活动 569 场次，参与群众达 1.2 万余人，共建共治共享的治理理念日益深入人心，人人有责、人人尽责、人人享有的基层治理共同体初步形成。

（三）基层精神文明建设水平明显提升

基层协商既是促进交流、凝聚共识的过程，也是基层群众民主意识和文明素养提升的过程，有助于推动基层精神文明建设。试点单位普遍将村规民约、居民公约修订纳入议事协商，全市 659 个村（社区）“两委”组织村（居）民群众参与征集民意、拟定草案、提请审核、审议表决、备案公布等流程，对村规民约和居民公约进行了清理和规范，修改有“罚款”条款、侵犯少数人权益等违反法律法规的村规民约、居民公约 112 个，在此基础上，评选出“渝里乡约”优秀村规民约和居民公约 51 份。通过相关活动的开展，滥办酒席、厚葬薄养、盲目攀比等陈规陋习在部分地区持续蔓延的势头得到有效遏制，基层群众自我管理、自觉践行移风易俗的长效机制基本形成，中华优秀传统美德和社会主义核心价值观得到更好的弘扬。

（四）人民群众参与感获得感幸福感明显提升

通过基层协商，群众能够公开、平等地在协商中提出意见、反映诉求，并参与关乎自身生活质量的决策，促使决策更精准地满足人民群众的实际需求，进而提升基层群众的获得感、幸福感。自开展基层议事协商改革以来，试点单位公开发布年度议事协商计划 27 项，累计解决基础设施建设、社会环境治理、土地流转等民生实事 72 个，惠及群众 90 万人次。以忠县为例，为有效推进“渝里乡商”基层议事协商改革，忠县构建了百脑议事协商机制，全县常住居民议事协商参与覆盖率提高至 35%，居民满意度提升到 90%以上，矛盾纠纷事件明显下降。

四　重庆市“渝里乡商”基层议事协商改革的发展路向

“渝里乡商”基层议事协商改革，作为重庆市“深化打造全过程人民民主基层单元”集成式标志性改革内容，在推动基层协商走深走实、提升基层治理质量和效能方面发挥了重要作用，得到基层群众和社会各界的广泛认可。总体而言，相关改革工作还处于探索阶段，其在实际运行过程中还面临着协商范围覆盖不广、协商程序规范不力、协商力量整合不够等问题，亟须采取有针对性的举措予以解决，以助力“渝里乡商”基层议事协商改革迈向新高度，切实为基层治理注入更为强劲的民主活力。

（一）进一步扩大试点范围，拓宽基层议事协商覆盖面

一是持续加大宣传力度，提高群众的知晓率和参与度。坚持创新宣传方式和精选宣传内容相结合，通过线上和线下相结合的方式，广泛宣传协商民主政策和基层议事协商优秀典型，使基层群众在了解自身所拥有的协商权利的同时，也能明确自身所承担的义务，进而增强基层群众的协商意识，激发其参与协商的积极性和主动性。二是有序扩大试点范围，争取尽快实现协商全覆盖。重庆已经分两批在全市范围内选取了 159 个街道、乡镇作为“渝里乡商”基层议事协商改革试点单位，仅占全市街道、乡镇总数的 15%左右，距离全覆盖尚有较大差距。进一步扩大“渝里乡商”基层议事协商改革覆盖面，需要按照试点先行、以点带面、稳步推进的原则，在及时总结试点经验的基础上，充分发挥示范带动作用，逐步扩大试点范围，确保有序有效、稳步推进。

（二）进一步加强力量整合，提高基层议事协商协同性

一是优化多元主体参与基层协商的制度机制。积极探索多元主体参与基层协商的模式和运行方式，按照不同的议事协商内容，统筹考虑协商代表的民意基础和协商能力，积极邀请党代表、人大代表、政协委员、利益相关方代表、群众代表、相关党政领导和部门负责人、社会贤达、专家学者等多元

主体参与，最大限度整合基层协商力量、拓展基层协商参与面、提高基层协商专业性。二是促进基层协商与其他协商形式的协同配合。在充分认识和定位各协商形式的优势和特点的基础上，坚持党的集中统一领导，进一步加强基层协商与人大协商、政协协商等其他协商渠道的协同配合和衔接互动，提升协商民主整体效能。例如，在强化基层协商与政协协商的衔接方面，可以通过建立政协委员与基层群众的常态化长效化联系制度，包括政协委员联系群众制度、社情民意反映制度等，加强政协委员与基层群众之间的双向联系，将政协协商与基层协商贯通起来。

（三）进一步做好迭代升级，提高基层议事协商品牌力

一是进一步完善制度机制，提高基层议事协商的规范性。根据已制定的工作细则，构建覆盖议题选择、调查研究、协商座谈、成果汇集、反馈落实全过程，具备实用性、可操作性和灵活性的协商流程，并针对每个环节细化操作规范。进一步完善协商成果采纳、落实、反馈、评价机制，加强对协商结果的动态跟踪和闭环管理，保障协商结果的高效率转化和高质量落实。二是进一步加强数字建设，提高基层议事协商的便捷性。充分发挥数字手段的共享集成优势，以数字化改革进一步推动基层议事协商机制重塑、流程再造。依托现有的“渝邻汇数智社区”应用打造互联互通的“一站式”数字协商和便民服务平台，实现政策咨询、业务办理、网络协商、进度查询、评价反馈等服务事项一站办理，提升基层议事协商平台的智慧化、便捷化水平。三是进一步加强品牌建设，提高基层议事协商的美誉度。把实施“渝里乡商”基层议事协商改革作为抓好党建引领基层治理和基层政权建设的重要抓手，加快形成基层议事协商标志性改革成果，扩大示范带动效应，进一步推动全过程人民民主在基层落地见效，力争将“渝里乡商”基层议事协商平台打造成为具有重庆辨识度、全国影响力的标志性改革成果。

基层服务篇

B.9
重庆市推进“15分钟高品质生活服务圈”建设实践及展望

王正攀*

摘　要：　推进“15 分钟高品质生活服务圈”建设既是谱写中国式现代化重庆篇章的基本内容，又是积极探索超大城市现代化治理新路径的主要举措。近年来，特别是 2024 年以来，重庆市在推进“15 分钟高品质生活服务圈”建设方面取得了显著成效，形成了协调有力的组织体系、统一标准的制度体系、梯度培育的圈层体系、高效便捷的服务体系、特色鲜明的品牌体系。在实践中，生活服务圈建设仍然存在协同推进力度亟待加强、供需匹配以及资源投入水平亟待提高、市场化等力量参与机制亟待完善等问题。未来，需要聚焦生活服务圈的规划、建设、管理等环节，构建要素集成、功能复合、布局优化、供需匹配、多元参与的专业化治理体系。

* 王正攀，中共重庆市委党校（重庆行政学院）社会和生态文明教研部副主任、教授，主要研究方向为公共服务。

关键词： “15 分钟高品质生活服务圈” 城乡社区 重庆市

一 引言

“城市”，让生活更美好。“生活圈”概念的发展与城市生活品质提升有着紧密联系。1929 年美国学者克拉伦斯·佩里（Clarence Perry）提出让公共设施建在居民步行范围之内的“邻里单位”（neighborhood unit）概念，被认为是“生活圈”概念的雏形。20 世纪 60 年代日本为改善国民居住环境品质，在“全国综合开发计划”中提出“广域生活圈”“定住圈”等概念，并针对居民日常生活需要进行空间单元规划，被认为是“生活圈”概念付诸实践的较早行动。2016 年法国学者卡洛斯·莫雷诺（Carlos Moreno）将“就近原则”纳入城市规划，提出“15 分钟城市”概念，即在紧凑型可持续城市建设中，通过保障超近距离内的日常基本需求（从家里步行或骑自行车 15 分钟即可到达），提高城市生活质量。这一概念得到巴黎市的支持，该市通过改造街道、增设便民设施等方式，将居民纳入 15 分钟生活圈。随后，“15 分钟城市”的概念逐渐在全球流行并得到认可。

我国在“15 分钟生活圈”方面的研究和实践虽起步较晚但发展迅速。自 20 世纪 90 年代“生活圈”概念被引入国内后，相关学者围绕中国场景下的社区特点对生活圈进行了不同视角、不同方法、不同路径的研究。实践方面，2014 年中共中央、国务院印发的《国家新型城镇化规划（2014—2020 年）》提出，优化社区生活设施布局，健全社区养老服务体系，完善便民利民服务网络，打造包括物流配送、便民超市、平价菜店、家庭服务中心等在内的便捷生活服务圈。2014 年上海在首届世界城市日高峰论坛上，率先提出“15 分钟社区生活圈”理念；2016 年 8 月上海市规划和自然资源局颁布了全国首个“15 分钟社区生活圈规划导则”，并将其纳入城市总体规划。同一时期，北京、广州等城市也在城市规划中提出要打造“15 分钟生活圈”。2021 年 5 月商务部等 12 部门印发《关于推进城市一刻钟便民生活圈建设的意见》（商流通函〔2021 年〕176 号），明确一刻钟便民生活圈，是以社区居民为服务对象，服务半径为步行 15 分钟左右的范围内，以满足居民日常生活基本消费和品质消费等为目标，以多业态集聚形成的社区商圈。2021 年 6 月自然资源部发布《社区生活圈规划技术指南》行业标准，指出生活圈是在适宜的日常步行范围内，满足城乡居民全生命周期工作与生活等各类需求的基本单元，融合“宜居、宜业、宜游、宜学、宜养”多元功能，形成基础保障、品质提升、特色引导生活圈服务要素。2021 年 12 月住房和城乡建设部办公厅在《关于印发完整居住社区建设指南的通知》中明确了“15 分钟生活圈”的规模及建设要求。此后，全国各地掀起了“15 分钟生活圈”建设热潮。

作为地处西部地区的国家中心城市，重庆市委、市政府以“人民城市人民建、人民城市为人民”理念为指导，积极推动城市发展方式和市民生活方式转变，建设适应山地型超大城市发展的“15 分钟高品质生活服务圈”，取得显著成效。本文聚焦重庆市近年来特别是 2024 年以来在推动生活圈建设方面采取的举措、取得的成果以及开展的相关实践，通过梳理、总结并结合存在的主要问题，提出未来的发展建议，以期为重庆市高质量推进生活圈建设提供借鉴和参考。

二　重庆市推进“15分钟高品质生活服务圈”建设的主要做法及成效

推进“15 分钟高品质生活服务圈”建设既是谱写中国式现代化重庆篇章的基本内容，又是重庆积极探索超大城市现代化治理新路径的主要举措。重庆市借鉴上海等城市经验，根据山地型城市的地形特点，按照“典型引路、有序推进，多圈合一、一圈多能，尽力而为、量力而行”的原则，聚焦“宜居、宜业、宜游、宜学、宜养”的生活圈服务要素构成，全面推动“15 分钟高品质生活服务圈”建设工作走深走实，不断增强人民群众的获得感、幸福感、安全感和认同感。

（一）强化顶层设计，健全协调有力的组织体系

重庆市委六届六次全会在2024年9月召开通过的《中共重庆市委关于深入学习贯彻党的二十届三中全会精神，加快建设全面深化改革先行区、奋力谱写中国式现代化重庆篇章的实施意见》中将打造“15分钟高品质生活服务圈”改革纳入集成式标志性重大改革项目，重庆六届市委全面深化改革委员会第十一次会议对“15分钟高品质生活服务圈”改革进行专题研究和部署。同时，重庆市政府成立由重庆市发展和改革委员会、重庆市规划和自然资源局等单位组成的打造“15分钟高品质生活服务圈”工作专班，专班各成员单位深入一线、靠前服务，与重庆市区级部门协同联动，基本形成市带区、区带街镇、街镇带社区的工作格局。此外，重庆市强化国家部委要求与发展需求衔接，推动了一刻钟便民服务圈、15分钟品质文化生活圈、15分钟养老服务圈等专项圈叠加融合，专班成员单位、试点区将本行业、本区域重点任务落点落图，并结合人口发展、服务需求变化不断迭代升级，逐步完善分行业、分区域的建设标准、工作计划、实施方案等。

（二）加强规划引导，完善统一标准的制度体系

由重庆市民政局、市规划和自然资源局等相关部门和研究机构制定的《城市社区服务站设置规范》（DB50/T 586-2015）、《城市街道和社区综合服务中心规划导则》（DB50/T 1118-2021）、《农村社区及公共服务设施设置规范》（DB50/T 1425-2023）对社区服务站、城市街道和社区综合服务中心以及农村社区配套公共服务设施的服务半径的规定为社区生活圈建设提供了较早的行业标准。2024年以来，重庆市相关部门制定并出台了一系列有关15分钟生活服务圈建设的规划和标准，强化空间和功能复合利用，引导空间利用向节约集约、紧凑高效转变。一是由重庆市发展和改革委员会牵头，编制《重庆市打造“15分钟高品质生活服务圈”改革方案》、《重庆市城市社区嵌入式服务设施试点建设方案》以及《重庆市城市社区嵌入式服

务设施试点建设运营管理办法（试行）》以及建设指引等配套政策文件。二是重庆市规划委员会办公室印发《重庆市中心城区生活服务圈规划实施行动方案（2024—2027 年）》，提出要将 15 分钟生活圈的理念、规划原则及要求充分融入各级各类国土空间规划，以及城市更新、城中村、现代社区、巴渝和美乡村等各项工作中。三是由重庆市规划和自然资源局牵头制定并出台的地方标准《城乡公共服务设施规划规范》（DB50/T 543-2024）和《重庆市 15 分钟生活圈规划导则》，对 15 分钟生活圈服务要素进行分级组织，按照“宜居、宜业、宜游、宜养、宜学”五大功能进行服务要素归类，为全市 15 分钟高品质生活服务圈建设提供了坚实支撑。

（三）积极有序推进，构建梯度培育的圈层体系

一是以区县为主战场的专项服务圈建设。“十三五”时期，渝北、万州、垫江等区县分别开展了以“24 小时自助图书馆”、社区健身示范设施、乡镇全民健身中心等为基础的“15 分钟文化圈”“15 分钟健身圈”建设。“十四五”时期以来，北碚、渝北、九龙坡、大渡口、涪陵、长寿、巴南、丰都等区县结合实际相继推出和实施了“15 分钟便民服务圈”“15 分钟养老服务圈”“15 分钟社保服务圈”“15 分钟医保服务圈”“15 分钟健身圈”“15 分钟医养服务圈”等，南岸区甚至推出了“7×24”小时养老服务保障体系。二是市级相关部门主导实施的专项生活圈改革。如以重庆市卫生健康委主导的“农村 30 分钟、城市 15 分钟”医疗服务圈在“十三五”期间已全面建成，以重庆市体育局为主导的“15 分钟健身圈”预计到 2025 年底实现全覆盖。此外，重庆市相关部门统筹城市更新、老旧小区改造等工作，在推动现代社区规划建设试点的同时，推动商务、养老、医疗、就业、文化等生活圈建设齐头并进，建成 93 个优质便民生活圈。三是先行启动 3 个“15 分钟高品质生活服务圈”试点探索实践。选择渝中区石油路街道、江北区观音桥街道、九龙坡区谢家湾街道作为“15 分钟高品质生活服务圈”建设的示范样板。其中，江北区渝北社区结合老旧小区改造项目，将废弃厂房变为创意街区，吸引文创企业入驻，吸引社会投资

约 1.2 亿元、吸纳入驻商家 307 个、带动就业岗位 800 余个；九龙坡区民主村社区配建的社区食堂、会客厅、志愿服务驿站等公共设施，聚焦重点群体，提升惠及服务；渝中区民乐村社区建立“五色三级”守护机制，为特殊老人配备智能设备，助力居家养老。四是分层分类推进建设。重庆市规划和自然资源局编制《重庆市中心城区 15 分钟生活圈专项规划》，按照城镇生活圈一般规模 3~5 平方千米，乡村生活圈以行政村为单元，将中心城区 5467 平方千米划分为 915 个 15 分钟生活圈，包含 428 个城镇生活圈和 487 个乡村生活圈。

（四）加快数智赋能，打造高效便捷的服务体系

依托重庆三级数字化城市运行和治理中心，推进公共服务治理的“大综合一体化”改革。基于自然人库、法人库、信用库、电子证照库和自然资源及空间地理库等基础数据库融合的一体化数字资源系统（IRS）及实景三维等数据底座，推动实现生活服务圈基础数据的多跨融合。开发“15 分钟高品质生活服务圈”27 个应用，如“渝悦·云医”为居民提供家庭医生上门服务 1400 余万次，“渝畅停”接入中心城区 5.5 万个公共泊位动态数据，智慧化引导居民使用错时共享停车位超 2000 万小时。聚焦医疗、养老、育儿、教育、就业、社保等领域，构建 33 个“一件事”，针对“一老一小”、残疾人等服务场景上线 43 项“民生关键小事”极简办，基本实现了审批材料的“零跑动”，如忠州街道香怡社区依托智慧应用，构建起居民足不出“圈”、“近”享新生活的宜居宜业社区环境。持续推进新生儿出生、教育入学、准入准营、用工招聘等 81 个“一件事”服务，基本覆盖个人、企业全生命周期各个阶段。迭代形成“数字社会”基本能力架构 6.0 版，构建教育、就业、医疗等 14 条跑道，服务人的“成长线”需求。新上线“医检互认”“智慧医保”“就业”等 25 个应用，上线“渝你同行”等 8 个应用。依托“社会·生活服务圈空间治理”应用，迭代升级建设“15 分钟高品质生活服务圈”综合场景，为政府部门、街道社区、居民打造“一站式”服务平台。

（五）注重示范引领，形成特色鲜明的品牌体系

“15 分钟高品质生活服务圈”建设依托社区综合服务体的设施和服务，形成了一批集自治性、公益性、专业性和可持续性于一体的便民、利民、亲民的服务品牌，有效提升了社区居民的获得感，更增强了居民对社区的归属感和认同感。如渝中区社区综合服务体，取名“渝中怡家”寓意“渝中一家人”，拓展了健康、休闲、教育、创业、民生等应用场景，实现了功能更齐全、环境更亲民、服务更多元的“家门口一站式”高品质社区服务。璧山区打造的家政社区综合服务中心“城市生活馆”，助力建设“老有所养、壮有所用、幼有所长、难有所助”社区服务新格局。忠县建成集日间照料中心、幸福食堂、党员志愿服务站、百姓议事厅、童心课堂、知善书院等功能于一体的“橘城人家”社区综合服务体，解决了社区无居民活动场地问题。高新区打造了党群服务、青年创业、渝好空间、溪友一堂、全龄段服务等多功能合一的“溪畔会客厅”，通过“公益+低偿+有偿”服务模式，实现社区“自我输血+造血功能”，为社区居民提供了亲邻的会客场景，也为辖区优质社区组织提供了创业孵化“微载体”。綦江区整合辖区资源，打造了 3000 余平方米的超大型民生服务综合体，并以服务综合体为圆心、15 分钟步行距离为半径，建设了家庭生活“服务圈”、友好和睦“邻里圈”、社区治理“生态圈”、信息互联“智慧圈”以及服务妇女儿童的“渝好空间”、为居民提供健康餐的“老年食堂”、初创企业和农村电商孵化基地“创客空间”等 10 余个空间。南岸区建设了全新的党群服务中心“新同景”，吸引了众多社会资源入驻社区，“聚合”中医科普馆、益同护苗坊、邻里会客厅、无界邻里坊等特色品牌，为社区居民提供一站式集成服务。

三　重庆市推进“15分钟高品质生活服务圈”建设存在的主要问题

重庆市推进“15 分钟高品质生活服务圈”建设取得积极成效，形成了

协调有力的组织体系、统一标准的制度体系、梯度培育的圈层体系、高效便捷的服务体系、特色鲜明的品牌体系，但与超大城市现代化治理示范区相关要求相比，仍然存在以下三个方面的问题。

（一）跨部门、跨层级、跨区域协同推进的力度亟待加强

相关职能部门开展了“15分钟商业服务圈”“15分钟养老服务圈”“15分钟医疗服务圈”“15分钟品质文化生活圈”“15分钟健身圈”“15分钟婴幼儿照护服务圈”“15分钟就业服务圈”等建设，各“圈”概念、名称不一，分别以各自设施为原点、步行15分钟为半径划定，范围交叉重叠，相互之间缺乏协同。受山地城市自然地理因素、人口密度等影响，农村区域范围较大的区县与中心城区的区县相比，其生活服务圈服务范围在规划布局时应科学考量。部分区县城乡生活圈划定的范围沿用行政区域的管辖范围，跨区域、跨城乡统筹谋划力度亟待提升。

（二）供需两端匹配的精准度、资源投入的力度亟待提高

从供给端看，生活服务圈建设所配套的服务事项基本采用的是自上而下的政府供给主导模式，这一模式已难以适应居民需求多样性、多变性、追求高品质的新趋势。从需求看，由于居民身份的复杂性、职业的多样性及其所需服务囊括日常生活的“链条式、全过程”，其需求具有“全生命周期性”的特征，部分居民的需求甚至“无限”“无理”，致使供需层次不对位。从区域看，中心城区与其他区域之间的供需差异较大。在经济下行压力加大、地方财政收支面临阶段性困难的背景下，较多规划中的服务项目由于资金问题难以落地，一些创新举措工作难以有效推进。

（三）市场化、社会化、专业化力量参与的机制亟待完善

受利益分享机制不健全、责任划分不明确等因素影响，部分领域市场主体参与建设运营程度不高，缺乏成熟模式促进开办一站多能服务机构。全市22家社区社会企业中，仅2家为社区和市场资本共同出资，90.9%的社区

社会企业未引入市场主体，专业性、精细化程度不够。受财政收缩、社会慈善意愿降低等因素影响，社会组织培育和发展势头减弱，参与生活服务圈供给的力量有限。一些社会组织专业能力不高、后备人才储备不足，严格依照规范化、专业化方法开展社会服务工作的程度不高。虽然兼职的社会工作者数量较多，但其作用尚待发挥。

四　推进“15分钟高品质生活服务圈”建设的未来展望

建设“15 分钟高品质生活服务圈”是一项具有“全链条”“全过程”“全人群”“全社会”的系统工程。重庆市在推进“15 分钟高品质生活服务圈”建设方面虽初具规模和雏形，但与人民群众对高品质生活的向往相比，仍有一定差距。展望未来，需要以党的二十届三中全会提出的相关要求为指导，聚焦生活服务圈的规划、建设、管理等环节，构建要素集成、功能复合、布局优化、供需匹配、多元参与的专业化治理体系。

（一）锚定关键节点分阶段推进

按照市委六届六次全会及市城市治理委员会部署要求，2025 年需制定出台“15 分钟高品质生活服务圈”基本服务目录、建设指南等配套政策文件，“社会・生活服务圈空间治理”应用取得阶段性成果。2025 年 4 月，在中心城区创建 3 个以上具有重庆辨识度的“15 分钟高品质生活服务圈”。到 2025 年 12 月，重点在中心城区、渝西地区、渝东新城积极创建一批“15 分钟高品质生活服务圈”，形成各具特色、协同推进的格局。到 2027 年 12 月，“15 分钟高品质生活服务圈”创建数量相比 2025 年 12 月底翻倍，形成一批具有全国影响力的标志性成果。[①]

（二）进一步强化统筹谋划

一是明确功能定位。建设“15 分钟高品质生活服务圈”既是应对当前

① 根据重庆市发改委、重庆市民政局等部门供稿资料整理。

少子化、老龄化的因势利导举措，又是满足人民群众对美好生活需要的必然之举，更是促进人的全面发展和社会全面进步的基本制度安排。建立健全“15分钟高品质生活服务圈”是谱写中国式现代化重庆篇章的一项创新性、基础性、兜底性、保障性的民生举措。二是树立系统集成思维。做好通盘谋划，把居民“15分钟高品质生活服务圈”建设工作放在谱写中国式现代化重庆篇章的全局工作中协调推进，处理好创造高品质生活中多生命阶段、多发展领域、多政策要素、多行动主体之间的关系，增强工作的系统性和协同性。三是强调家庭基本单位。以家庭为单位，通过明确家庭中婴幼儿和少年、青壮年、老年等不同年龄段成员的需求，以及家庭成员之间、代际的互联互动，建立健全以家庭为基础的涵盖托育、教育、就业、住房养老等的“15分钟高品质生活服务圈”。四是做好规划衔接。统筹指导相关区域、区县等编制“15分钟高品质生活服务圈”规划“一张图”、服务要素配置“一张表”、年度实施项目“一张清单”，以点带面推进生活圈建设。将“15分钟高品质生活服务圈”建设与“十五五”规划等有机衔接，确定重大项目、明确重大政策，稳步推进建设进度。将“15分钟高品质生活服务圈”纳入国家发展大局，争取中央政策、项目或资金支持，在西部地区率先实现人的全生命周期公共服务优质共享。

（三）提升公共服务设施建设水平

一是市、区层面提高服务设施使用效率。在市、区级设施层面，对于市级社区全生命周期服务设施已覆盖的区域，减少区级设施的配置。尤其是主城都市区范围内的各区全生命周期服务设施与市级层面协同配置，避免资源重复投入和浪费。二是乡镇（街道）层次优化服务设施配置。在中心城区层面，按照生活圈层级，优化15分钟生活圈的公共服务设施配置。乡镇农村社区服务设施覆盖范围根据区位特点动态设置。三是结合城市更新、老旧小区改造，通过“改”“拆”“留”“增”，加快补齐配齐托育机构、幼儿园和社区医疗站、养老服务站、老年食堂、体育文化设施、“口袋公园”、充电设施等公共服务设施短板。四是聚焦重点服务事项。推进“就医健康、社区养老、文体活动”等所有年龄段群体需求率较高的服务事项均等化、可及性和全覆盖。根据经济社会发展水平和财政能力，动态调整并逐步提高服务的质量和标准。

（四）创新生活服务圈运营方式

一是国有控股公司负责运营。引入社会资本与国有资本形成合资公司，负责公共服务设施建设、运营、管理和维护等事务，政府负责制定建设要求、服务标准、监督评估机制及必要的政策。或国有资产注入独立国有公司，政府将现有社区服务设施用地及地面建筑物、规划社区服务设施用地全部划拨至国有控股公司名下，再分批次抵押给银行，以取得相应的资金进行设施的建设、运营和维护。二是对公益性设施经营开发。将城市公益性服务设施与受益区域的经营性项目捆绑，充分发挥公益性服务设施建设的溢出效应，划定区域开发建设与公益性服务设施捆绑区域，由经营性机构开发承担部分设施的非经营性成本，形成生活服务圈受益者负担机制。三是优化运营监管机制。引入社区规划师或其他团队，搭建市民、基层管理组织与政府、设计团队、建设主体之间的沟通桥梁，探索构建市场、非营利组织等非政府力量参与机制；建立生活服务圈运营管理系统，制定重要决策听证会制度、公开设施季度或年度报告、网站查询与信息反馈等，让居民及时了解生活服务圈运营动态，提升生活圈服务水平。

（五）发挥社区链接资源平台作用

一是发挥党建引领作用。发挥基层党组织的统领和引领作用，整合基层包括党委、政府、企业、社会等在内的相关资源，建立共建共治共享的社区。二是发展社区社会企业。围绕社区服务提升和社区经济发展的 2 条主线，健全体系、优化服务和资源利用 3 条关键路径，联合居民、社会组织、高校及各类经营主体等，有效整合与转化社区各类资源，学习借鉴成都等地经验，总结铜梁、璧山区社区社会企业发展经验，出台鼓励社区社会企业发展的支持意见，推动社区实现自我造血和可持续性发展。三是引导企业、社会组织、居民商户等参与生活圈建设。按照“政府补、社区担、企业让、居民付”共同分担原则，积极推行公建民营、民办公助等模式，采取政府购买服务等方式，培育发展社区社会企业，探索更多便民、利民、惠民的社区集体经济。推广渝北区紫薇路等专业化商业运营成功经验。

（六）深入挖掘人工智能潜力

一是建立“15 分钟高品质生活服务圈”需求数据库。借助数字重庆“1361”架构，搭建全市居民需求感知网络，构建坚实的社区全生命周期服务数据底座。二是开发“15 分钟高品质生活服务圈”人工智能 AI 应用平台。实现与居民“一对一”对话服务，构建完整、闭环的供需精准匹配机制和智能决策服务体系。三是建设人工智能 AI 评估平台。接入“141”基层智治体系，帮助政府及相关部门及时、动态、科学评估生活服务圈建设质量。

（七）着力营造良好社会氛围

依托城市治理专家委员会等市级智库平台做好政策解读、困惑解答、网民互动，在全市头部传播平台组建“15 分钟高品质生活服务圈”媒介宣传组，及时宣传全市系列建设成果。构建“大成集智”机制，组织专家跟踪研究“15 分钟高品质生活服务圈”进展，及时总结提炼“15 分钟高品质生活服务圈”在重庆的生动实践，凝练品牌、形成特色，将其打造成具有重庆辨识度、全国影响力的标志性成果。开发“渝享服务”应用网络民情渠道，提升民众参与感。

参考文献

习近平：《高举中国特色社会主义伟大旗帜 为全面建设社会主义现代化国家而团结奋斗——在中国共产党第二十次全国代表大会上的报告》，《人民日报》2022 年 10 月

26 日。

史晓丹、陈友华：《经济效率视角下的“十五分钟养老服务圈”分析》，《东南学术》2022 年第 4 期。

牛强、姜祎笑、陈树林、伍磊：《线上线下模式下郊区新城生活服务公平化的内在机制研究》，《规划师》2022 年第 12 期。

尹德挺、曹鸿宇、王小玺：《我国都市圈人口分布特征及圈层建设路径探析》，《上海行政学院学报》2024 年第 5 期。

何继新、邱佳美、刘怡辰：《“悬悬而望”还是“数米而炊”：城市老年人 15 分钟社区生活圈服务消费意愿及行为分析》，《江苏大学学报》（社会科学版）2025 年第 1 期。

B.10
重庆市“一老一小”服务体系建设实践及展望

王正攀　孙 婷*

摘　要：　党的十八大以来，重庆市人口发展态势均衡，总量持续平稳、结构持续调整，人口综合素质不断提升。同时，人口发展进入新形势新阶段，人口数量从“增长”趋势转型为“负增长”态势，老龄化程度逐步加深，出生率逐步降低，推动“一老一小”服务体系建设亟须新思维、新路径。近年来，重庆市加大政策供给力度、资源投入强度，老年人的获得感、幸福感、安全感和认同感不断提升。在育儿方面通过政策体系完善、服务供给优化和多方协同创新，逐步构建起覆盖婴幼儿照护、儿童友好城市建设的综合服务体系。从高质量发展角度看，重庆市在“一老一小”服务体系建设方面仍存在一些问题亟待解决。谱写中国式现代化重庆篇章，必须提档升级老年友好型社会和育儿友好型社会建设，进而助推人口高质量发展和全体人民共同富裕。

关键词：　“一老一小”　基本公共服务体系　重庆市

习近平总书记十分关心“一老一小”服务体系建设工作，多次强调要抓好“一老一小”这两个重点，不断提高服务水平。为贯彻落实习近平总书记关于“一老一小”工作的重要论述，2019 年中共中央、国务院印发

* 王正攀，中共重庆市委党校（重庆行政学院）社会和生态文明教研部副主任、教授，主要研究方向为公共服务；孙婷，博士，中共重庆市委党校（重庆行政学院）社会和生态文明教研部副教授，主要研究方向为政府治理与社会治理。

《国家积极应对人口老龄化中长期规划》，从夯实应对人口老龄化的社会财富储备、改善人口老龄化背景下的劳动力有效供给等方面部署了应对人口老龄化的具体工作任务。2020 年党的十九届五中全会明确提出实施积极应对人口老龄化的国家战略。2021 年国务院印发《中国儿童发展纲要（2021—2030 年）》，为儿童健康事业的发展擘画了蓝图、明确了方向、提出了系列工作举措。2024 年党的二十届三中全会进一步提出，以应对老龄化、少子化为重点完善人口发展战略，健全覆盖全人群、全生命周期的人口服务体系，促进人口高质量发展，为“一老一小”服务体系的建设与发展提供了顶层依据和政策指导。近年来，重庆市针对“一老一小”群体发展形势，加大政策供给力度、资源投入强度，不断推动老年友好型社会和育儿友好型社会建设。

一 重庆市“一老一小”人口发展特征

人口问题是关系民族复兴、国家兴亡的战略性、全局性、根本性问题。直辖以来特别是党的十八大以来，重庆市人口发展态势均衡，总量持续平稳、结构持续调整，人口综合素质不断提升。同时，人口发展进入新形势新阶段，人口数量从“增长”趋势转型为“负增长”态势，老龄化程度逐步加深，出生率逐步降低，这不仅给经济社会发展带来新的影响，而且将改变人口服务体系的政策制定思维和供给路径。

（一）进入中度老龄化阶段

截至 2023 年 12 月 31 日，重庆市 60 岁及以上常住人口有 765.94 万人，占常住总人口的 24.0%；65 岁及以上常住人口有 603.5 万人，占常住总人口的 18.9%。根据老龄化程度划分阶段的一般标准，中度老龄化为 60 岁及以上老年人口占总人口比例在 20%~29%、65 岁及以上人口占总人口比重超过 14%。因此，重庆市的老龄化已经进入人口发展的中度阶段。进入中度老龄化阶段，劳动年龄人口（15~64 岁）规模缩减、人口红利逐渐减弱，老年抚养比将快速上升（2022 年重庆市为 27.27%），家庭和社会的养老负担加重，养老保障、医疗保障等社会保障体系面临的压力增大。然而，老年人口的增多及其老龄化程度的加深虽然会带来上述一系列挑战，但也将带来发展的机遇，如带来“人才红利”的提升以及消费结构转变，医疗、养老等方面的需求激增，“银发经济”将逐步兴起。

（二）低龄人口变动进入新常态

2000~2022 年，重庆市 0~14 岁低龄人口数量变动趋势大致可以分为两个阶段：第一阶段是 2000~2009 年，呈先逐步下降后微增趋势；第二阶段是 2010~2022 年，呈先逐步微增后下降趋势（见图 1）。2022 年重庆市 0~14 岁低龄人口数量达 468.24 万人，占总人口的比重为 14.57%，均为 2000 年以来的最低值。低龄人口变动趋势进入“逐步降低”的新常态。

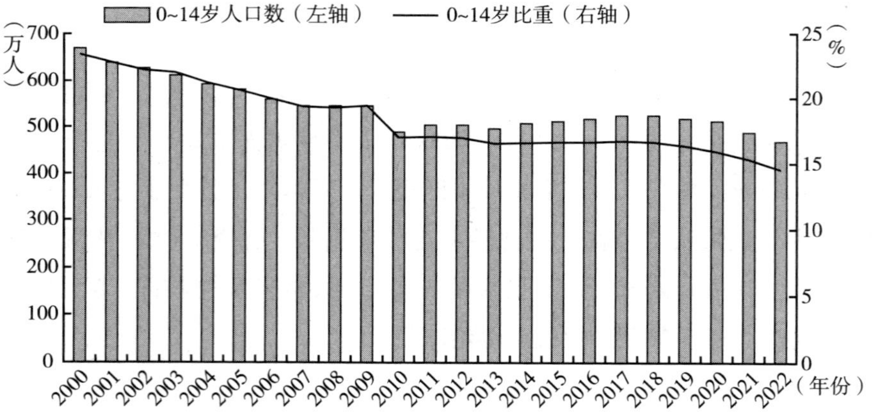

图 1　2000~2022 年重庆市 0~14 岁人口数量及其比重

资料来源：《重庆统计年鉴 2023》。

0~14 岁低龄人口数量变动趋势进入“逐步降低”新常态的背后，折射出的是出生人口减少。1997~2016 年重庆市出生人口数量呈先波动下降后增长趋势，2017~2022 年则呈先缓慢减少后快速下降趋势（见图 2）。2020 年重庆市人口出生率降至 10‰以下后，人口自然增长率进入“负增长”阶段，这一转折比全国平均水平早两年。根据重庆市卫生健康委公布的数据，重庆市 2023 年常住人口出生 17.88 万人，较 2022 年减少 1.32 万人。因而，一些学者认为重庆市“人口少子化形势严峻”，亟须打造婚育友好型社会。

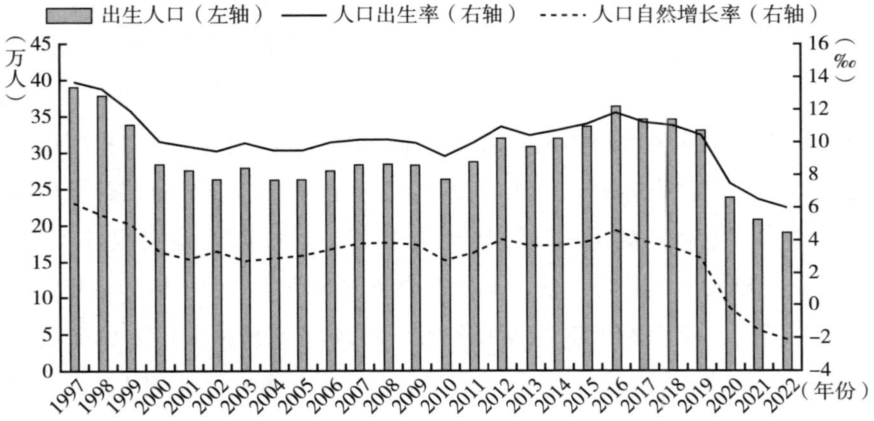

图 2　1997~2022 重庆市出生人口及自然增长率变动情况

资料来源：《重庆统计年鉴 2023》。

二　重庆市“一老一小”服务体系建设成效

为有效应对人口老龄化、“少子化”带来的挑战，重庆市积极作为、开拓创新，借鉴国内外先进经验，结合区域实际，不断完善“一老一小”公共服务体系，着力推动人口高质量发展。

（一）全方位推进养老服务体系建设

1. 完善养老服务政策体系

近年来，重庆市出台了 20 余项有关养老服务的政策，如 2014 年重庆市人民政府出台《关于加快推进养老服务业发展的意见》（渝府发〔2014〕16 号）、2019 年重庆市人民政府办公厅发布《关于印发重庆市推进养老服务发展实施方案的通知》（渝府办发〔2019〕129 号）等。2022 年以来，重庆市继续“加码”养老服务政策“输出”。2022 年 2 月重庆市人民政府印发的《重庆市养老服务体系建设“十四五”规划（2021—2025 年）》提出，建立健全政府购买基本养老服务制度，纳入年度财政预算，逐步实现人人享有基本养老服务等。2022 年 9 月，根据《中共中央 国务院关于加强新时代老龄工作的意见》（中发〔2021〕42）的精神，中共重庆市委、重庆市人民政府印发的《关于加强新时代老龄工作的实施方案》（渝委发〔2022〕21 号）提出完善多层次养老保障体系等诸多政策举措。2023 年 10 月，重庆市卫健委会同重庆市发改委等 10 部门印发的《关于进一步推进医养结合发展的若干政策措施》（渝卫发〔2023〕48 号）提出，通过政府购买服务等方式，统一开展老年人能力综合评估，支持符合条件的医疗卫生机构为老年人提供基本公共卫生、家庭医生签约等服务等。2024 年 8 月重庆市人民政府办公厅印发的《加强和改进“一老一幼”服务工作方案》（渝府办发〔2024〕64 号）提出，建设“15 分钟社区居家养老服务圈”。2024 年 10 月重庆市民政局等 13 部门印发的《重庆市加强养老服务人才队伍建设实施方案》（渝民发〔2024〕11 号）提出，支持具备一定条件的普通高校、职业院校开展养老服务高层次专业化人才培养项目建设等。2024 年 11 月重庆市发改委等 5 部门印发的《重庆市促进银发经济发展增进老年人福祉工作实施方案》（渝发改规范〔2024〕9 号）提出打造智慧康养新业态等银发经济发展的新思路。加上各区县配套出台的有关养老服务方面的实施细则等，重庆市围绕养老服务已基本形成了系统、全面、完整的政策体系。

2. 推动机构养老服务有序发展

截至 2024 年底，重庆市养老机构达到 1766 家、养老床位 23.7 万张，服务失能失智老年人的护理型床位占比超过 60%，在中西部地区率先实现三级养老服务网络全覆盖，床位利用率超过全国平均水平。其中，江北区实施“互联网+养老”模式，开发建设智慧养老云平台，实时掌握全区 22 家养老机构运营状况。九龙坡区针对不同层次、不同类型的养老服务需求，构建了以居家为基础、社区为依托、机构为专业支撑的养老服务供给，通过居家、社区、机构三方面养老力量的优势互补，优化辖区的医养资源配置。南川区引进国有企业作为建设主体，优化配置区域内的乡镇敬老院，盘活利用闲置房屋、学校等资源，通过改造、改建、扩建等方式，建设了一批现代化养老服务中心。江津区以“公建民营”为养老机构改革方向，通过公开招标等方式引进专业服务机构对全区21家镇街敬老院托管运营。在推进发展的同时，重庆市加强对养老服务机构的综合整治和监管，依法打击整治“黑机构”，推动实施安全生产治本攻坚三年行动，持续开展食品安全、打通生命通道、拆窗破网等专项行动，推进养老机构“双随机、一公开”，促进养老机构综合监管法治化、规范化、专业化。

3. 提升居家养老服务能力水平

近年来，重庆市大力开展街道社区养老服务设施建设，制定街道养老服务中心托管运营社区养老服务站相关工作指引，精准衔接中心和站点服务功能，持续推广“中心带站”运营模式，运营站点的养老服务中心占比不断提高。建成街道养老服务中心220个、社区养老服务站2871个，完成特殊困难老年人家庭适老化改造3.9万余户，初步形成“一刻钟社区居家养老服务圈”。农村居家养老服务稳步推进，近年来相继建成乡镇养老服务中心735个、失能特困人员集中照护机构52个、村级互助养老点8000个，服务失能失智老年人的护理型床位8000余张，探索建立“互助+流动”“时间储蓄”“养老互助会”“邻里互助”等多元协同的互助养老机制，开展集中助餐、流动助医、定点助乐、智慧助急、上门助养等服务。

4. 全力开展老年人助餐服务行动

2024年7月重庆市民政局等13部门印发《积极发展老年助餐服务实施方案》（渝民发〔2024〕7号），提出积极构建覆盖城乡、布局合理、共建共享的老年助餐服务网络，优化老年食堂服务网络等政策举措；2024年10月，进一步以社会民生领域改革专项小组的名义印发《老年食堂可持续运营机制改革实施方案》，创新建立供需适配、成本分担、多元参与、监管规范四项机制，推动老年食堂可持续运营机制改革。一系列政策出台后，以民政部门为主导，各区县积极行动，重庆市全面开展老年食堂建设和助餐服务试点工作，形成多种老年食堂建设、运营模式。一是“社区+”模式，如渝中、奉节在推进老旧小区适老化改造过程中，配建老年食堂、爱心食堂。二是“企业+”模式，如江北、九龙坡、梁平等区县引进餐饮企业租赁或利用自有门面，开展助餐服务。三是“养老机构+”模式，如万州、南岸等区县，利用社区养老服务站场地资源，由入驻养老机构利用“中心+站点”的网络优势开展助餐服务。四是“物业+”模式，如渝中支持物业企业利用物业闲置场地，在居民区开办社区食堂，提供送餐服务。五是“中央厨房+”模式，如沙坪坝、璧山等依托镇街养老服务中心，采取“中央厨房+配送至助餐点”的方式开展助餐服务。六是“集体经济+”模式，如丰都县根据村（社区）老年人数量，充分利用集体经济或集体资产，开办老年爱心食堂或助餐服务。另外，重庆市相关部门在助餐服务行动中制定助餐服务实施细则、老年食堂建设标准和服务规范，统一命名、标识标牌，推进“渝悦养老”应用建设，构建完善的“老年食堂地图”模块，使其管理更现代、服务更精细。

5. 推动老龄事业不断迈上新台阶①

完善老年人健康支撑体系，开展老年医学科规范化建设。建成老年医院10家、医养结合机构176个、床位5.2万张，82.4%的医疗机构成为老年友善医疗机构，99.35%的二级以上综合性医院开通绿色通道。10个区县开展安宁疗护试点工作，全市安宁疗护床位达到420张。城乡养老参保人数达到2634万人，长期护理险参保人数750万人，基本医保制度实现全民覆盖，全市基本医保参保率一直保持在95%以上。连续18年举办中国（重庆）老年产业博览会，全市医药康复领域企业达100余家，创建国家森林康养基地4个、市级森林康养基地30个。65周岁及以上老年人免费乘坐城市公共交通工具，免费进入公园景区、公共文化场所。改造提升中心城区人行道1040公里，全市区县老年体育协会组织已全覆盖，建成老年大学65所。推进全国示范性老年友好型社区、老年友善医疗机构创建活动，各区县相关社

① 根据重庆市民政局、重庆市发改委、重庆市卫生健康委、渝中区委社会工作部、忠县县委社会工作部等部门供稿资料整理。

区成功创建全国示范性老年友好型社区，相关医疗机构经评审成为老年友善医疗机构，逐步形成了养老、孝老、敬老的良好社会环境。

（二）整体推动育儿友好型社会建设

近年来，重庆市各级党委、政府高度重视婴幼儿生育托育养育、儿童发展以及未成年人保护等育儿相关工作，通过政策体系完善、服务供给优化和多方协同创新，逐步构建起覆盖婴幼儿照护、儿童友好城市建设的综合服务体系，助力育儿友好型社会建设。

1. 完善育儿友好型的政策体系

2019 年 12 月重庆市人民政府办公厅印发《关于促进 3 岁以下婴幼儿照护服务发展的实施意见》（渝府办发〔2019〕119 号），提出建立完善促进婴幼儿照护服务发展的政策法规体系、标准规范体系和服务供给体系。2023 年 10 月重庆市人民政府办公厅印发《重庆市 3 岁以下婴幼儿照护服务能力提升三年行动计划（2023—2025 年）》（渝府办发〔2023〕77 号），提出促进婴幼儿在身体发育、动作、语言、认知、情感、社会性等方面全面发展，整体推进育儿友好型社会建设。2023 年 12 月重庆市卫生健康委等 3 部门印发《重庆市普惠性托育机构认定及补助办法（试行）》（渝卫发〔2023〕66 号），对普惠性托育机构认定、资金补助和管理等进行了详细规定。同时，重庆市卫生健康委、重庆市教委印发《重庆市托幼一体化管理办法（试行）》（渝卫发〔2023〕67 号），支持幼儿园在满足 3~6 岁幼儿入园需求的基础上，招收 2~3 岁的幼儿开展普惠性托育服务。2024 年 8 月重庆市人民政府办公厅印发《加强和改进“一老一幼”服务工作方案》（渝府办发〔2024〕64 号），提出建设“城市 15 分钟婴幼儿服务圈”。此外，重庆市还出台了《重庆市儿童发展规划（2021—2030 年）》《关于指导推进重庆市家庭教育的五年规划（2021—2025 年）》《重庆市儿童福利与未成年人保护事业发展“十四五”规划（2021—2025 年）》《重庆市儿童友好城市建设实施方案》等系列政策文件，为幼儿群体茁壮成长提供制度支撑和基础保障。

2. 大力发展普惠托育服务体系

一是加大财政投入。“十四五”以来，累计争取中央资金6.5亿元，支持85个托育项目建设。从2023年起对纳入备案管理的普惠性托育机构，按照乳儿班、托小班和托大班分别给予每人每年900元、800元和700元的运营补贴。采取“财政拨款、统一招标、统一签订协议”方式，每年对入托婴幼儿因意外事故导致的人身伤亡、财产损失、住院治疗情形进行承保。二是拓宽普惠托育渠道。依托城市社区闲置办公用房、综合服务设施等存量房屋，按照托育机构设置标准，改建一批规模在30个托位左右的社区托育点，发展“家门口”托育。支持党政机关、企事业单位以单独或联合有关单位共同举办等方式，为本单位职工提供福利性托育服务，支持符合条件的公办幼儿园整体改扩建为公办托育服务机构。截至2024年底，重庆市有0~3岁婴幼儿61.61万人、托育机构2426个。每千人口托位数4.19个，托育机构备案率达97.69%。三是提升托育服务质量。建立医育结合联盟，将婴幼儿照护健康管理纳入基本公共卫生服务范围，打造医育结合联盟，推动实现医疗卫生机构与备案托育机构签约全覆盖。联盟内医疗机构免费为在托婴幼儿提供体格体检、听力筛查等13项健康服务。引导有条件的学校增设托育相关专业，大力培养专业人才。将托育服务行业人员纳入终身职业技能培训政策体系，将保育师、育婴员等纳入急需紧缺职业目录，每年免费培养3000名从业人员。四是加大托育宣传力度。编制《重庆市3岁以下婴幼儿家庭照护核心信息》。大力开展托育“开放日”活动，鼓励各区县政府向3岁以下婴幼儿家庭发放托育服务体验券。积极利用成渝地区双城经济圈区域协同机制开展合作，共同举办川渝首届婴幼儿托育服务技能竞赛，为助力成渝地区双城经济圈建设、深化川渝托育领域交流合作、促进行业高质量发展注入了强劲动力和澎湃活力。

3. 构建全生命周期的教育体系

重庆市教育资源具有比较优势。学前教育方面，有幼儿园5334所，毛入园率达93.51%，普惠率达95.2%，公办园在园幼儿占比达57.03%，公办园生均公用经费财政拨款标准提升至一、二、三级园每生每年分别为800

元、700 元、600 元。基础教育方面，拥有普通中学 1110 所、普通小学 2445 所、特殊教育学校 41 所，整体实现了县域义务教育发展基本均衡；高中阶段毛入学率达到 98.61%，提前实现“普及”目标；适龄残疾儿童、少年入学率提升至 97.5%。高等教育方面，拥有普通高等教育学校 78 所、成人高校 3 所、军队院校 2 所，5 个学科进入新一轮的一流学科建设名单，302 个本科专业入选国家级本科一流专业建设点，10 所高职院校入选国家“双高计划”建设单位。依托重庆开放大学设立国家老年大学重庆分部，积极组建重庆老年开放大学。依托社区教育四级办学体系和职业院校办学优势，大力开展老年教育。完整的教育体系为育儿友好型社会建设提供了教育方面的基础性战略支撑。

三　重庆市“一老一小”服务体系建设存在的问题

“一老一小”服务体系建设不仅是育儿家庭、老年人家庭关注的重点问题，而且是社会普遍关心、政府尤为关注的民生问题。推动“一老一小”服务体系持续健康发展，重庆市在此方面还存在以下问题亟待解决。

（一）养老服务的均衡可及性待提升

养老服务和老龄工作方面，政策法规制度还不健全，老龄事业和养老机构运营扶持措施不够完善、精准，老年人能力综合评估机制还不健全。居家社区养老服务设施功能不健全，社区公共服务项目清单尚未建立，服务项目比较单一，康复、护理、医疗、购物、文化、教育、精神慰藉等群众需求项目较少。养老服务供给质量不高，医养结合床位占比不足 30%，品质化养老机构仅占 3%。养老服务人才队伍还有待壮大，养老护理员数量不足、学历不高、工资待遇低、职业认同感不高等问题依然存在。养老产业发展较滞后，市场机制还不成熟，以满足基本保障和中低端服务需求为主，产业内容和运营模式较为传统单一，品牌化、规模化、高品质化的龙头企业和民营机构较少。老年教育的管理机制有待进一步完善，老年教育的经费投入有待进一步加大。

（二）育儿友好型社会建设力度待加大

婴幼儿托育服务扶持政策及资金投入不足，社会力量参与托育服务建设的支持力度有待加强。社会福利生育津贴、生育医疗补贴、妇幼保健津贴、家庭育儿税费抵免等持续性家庭支持政策有待完善。政府、市场、社会、家庭“四位一体”的育儿友好型格局和制度体系尚未完全形成，鼓励适婚青年群体生育的有效手段不多。学前教育发展不充分不平衡，民办园生源锐减、发展困难，加之财政经费投入不足，优质资源供给紧张。城乡、区域之间的托育抚育教育水平差异较大，亟须顺应少子化、城镇化发展趋势进一步推动基本公共服务均等化。大数据、人工智能等新兴数字技术的赋能作用有待进一步加强。

四　高质量建设老年友好型社会和育儿友好型社会展望

建设老年友好型社会和育儿友好型社会，是习近平总书记坚持以人民为中心的发展思想在社会工作领域的典型实践，是“共建全民友好型社会”的重要内容，是谱写中国式现代化重庆篇章的生动体现。展望未来，亟须以高质量的建设方向为目标，以“一老一小”服务体系的持续提档升级助推人口高质量发展和全体人民共同富裕。

（一）强化“一老一小”工作统筹

持续深化部市合作，争取国家发展改革委、财政部、工信部、卫生健康委、民政部等在“一老一小”服务体系建设领域的改革试点、探索示范任务优先放在重庆。市级层面和区县层面可分别建立由民政牵头，发展改革、教育、公安、财政、人力社保、规划自然资源、住房城乡建设、卫生健康、医保、数据、团委、妇联、残联等部门（单位）组成的“一老一小”工作专班，加强对“一老一小”工作的统筹规划、协调指导、整体推进，及时研究解决“一老一小”工作中的重大问题。加快建立推动“一老一小”服务体系建设的成效评估机制，坚持定量与定性、客观评价与主观评价相结合，全面反映工作成效。及时总结“一老一小”服务体系建设中的好经验好做法，归纳提炼体制机制创新成果，成熟一批、推广一批。

（二）推动老龄事业提档升级发展

充分发挥党总揽全局、协调各方的领导核心作用，把党的领导贯穿于老龄工作全过程、各方面，为老龄工作改革发展提供坚强的政治保证，凝聚推进老龄事业高质量发展的磅礴力量。实施三级养老服务网络健全行动。依托区县失能特困人员集中照护机构等，建设区县级综合养老服务管理平台；依托镇街公办养老机构、优质民办养老机构，建设镇街区域性养老服务中心；采取“中心+站点”等方式，大力发展社区嵌入式养老服务机构和养老服务综合体。实施社区养老服务综合体建设行动。支持村（社区）养老服务设施与其他公共服务设施的综合利用，集成医疗康复、老年教育、商贸消费等生活配套服务场景，为老年人提供一站式服务。深化“机构建中心带站点进家庭”可持续社会化运作模式。积极发展老年助餐服务，大力发展助浴、助洁等服务。实施社区居家养老服务提升行动。以居家失能照护为重点，推动家庭适老化、智能化改造，支持家庭养老床位与家庭病床联建，推动医养结合向居家养老延伸。建设农村互助养老点，结对帮扶居家失能特困人员等特殊群体。持续加强特殊困难老年人探访关爱。实施智慧养老赋能行动。健全“渝悦·养老”服务平台功能，推动老年人能力综合评估、高龄津贴免申即享、智慧养老院、居家智能守护等场景在区县落地实施。实施养老服务人才扩容行动。实施养老服务人员专项培训项目，探索在中高等职业院校开展养老服务类专业公费生培养试点，引导养老服务机构完善薪酬分配办法，让更多的人稳定地从事养老服务工作。

（三）推动银发产业高质量发展

一是实施银发产业技术创新行动计划。用好技术改造专项资金、先进制造产业投资基金、国家科技支撑计划等资金渠道，支持银发产业关键技术和产品研发、成果转化、服务创新及应用推广。同时注重制造业智能化改造，深化云计算、大数据、人工智能、5G 等新技术与制造业融合，提高银发产业智能化水平。二是打造西部地区银发产业集群。通过建设银发经济产业园区，扶持一批行业龙头骨干企业，依托龙头骨干企业带动，吸引上下游配套企业集聚和相关产业联动，逐步形成银发产业集群，在此基础上推动重庆建设全国老年用品产业融合发展先行区，发挥区域示范引领和辐射带动作用。三是实施银发产业品牌塑造计划。出台有针对性的支持政策，制定银发产业品牌发展战略，着力培育民族品牌，为国内消费者提供质优价廉的银发产业用品。依托自由贸易试验区等平台，不断开拓共建“一带一路”、西部陆海新通道等沿线国家的市场，推进在银发经济领域实现跨区域、国际性合作。

（四）打造生育支持政策体系示范区

一是整体推动育儿友好型社会建设。深化生育、养育等“一件事”改革，推动数字社会建设。在现有调整生育假期、强化医疗保障的基础上，试点推进“住、行、教、医、养、籍”等方面的公共服务供给侧改革，重点对生育二孩和三孩家庭在托育、住房、出行、教育等方面加大政策支持力度，形成政策合力，整体推进育儿友好型社会建设，为出台全国“一盘棋”的生育支持配套政策提供示范经验。二是开展老龄事业和老龄产业高质量发展强基项目。用足用好中央转移支付资金，合理布局养老产业项目，弥补老旧小区、农村等养老服务基础设施短板，推动养老服务人才队伍和智慧养老建设，为夯实老龄事业和老龄产业高质量发展基础提供西部样本。三是开展新时代新型婚育文化品牌打造项目。在全国首批新型婚育文化建设试点（大足区）的基础上，重点围绕重视婚育、尊重生育，适龄婚育、优生优育、重视家庭建设等内容，通过创新宣传方式、加强队伍阵地建设和提供优质服务等打造市域新时代新型婚育文化品牌，进一步释放生育潜能、促进家庭健康发展。

（五）持续加强“一老一小”教育体系建设

一是持续鼓励有条件的幼儿园在满足适龄幼儿入园需求的前提下，充分利用现有资源开设托班，提供普惠性托育服务；市教委、市卫生健康委加强对开设托育服务幼儿园的业务指导和监管；鼓励高校及中职学校积极开设婴幼儿相关专业，不断完善课程体系，优化课程设置。二是加快拓展普惠性学前教育资源，稳步增加公办学位供给，积极扶持民办园提供普惠性服务；整体提升幼儿园保教质量，规范办园行为，提高教师科学保教水平，坚持以游戏为基本活动，全面深入推进幼小科学衔接，启动实施“新优质幼儿园”提升计划，建立“新优质园+”联合发展机制，加快缩小区域之间、城乡之间、园际之间的办园差距；开展幼儿园情况调研，积极探索建立应对“少子化”的风险防范机制。三是构建“党委领导、政府主导、教育统筹、各部门协调、多主体参与”的教育系统老年教育管理运行体制，完善“市+区县+镇街+村社”四级老年教育办学体系；建设重庆终身教育公共服务平台和重庆老年人力资源开发平台，构建银龄学历+银龄技能证书的“老有所为”银龄资历体系；围绕重庆文化特色及“康养学游”，打造具有重庆辨识度的老年教育标志性成果。

（六）引导社会力量助力“一老一小”服务

一是培育发展专业社会组织。加强社会组织孵化基地建设，培育孵化出更多“一老一小”社会组织，并积极引导其规范运营和健康发展。加强“一老一小”社会组织党建，充分发挥党组织的领导核心作用，保障“一老一小”社会组织的正确发展方向。二是增强社会组织服务能力。进一步加强“一老一小”社会组织队伍建设，建立定期培训、轮训机制，优化培训内容，加大培训力度。开展“一老一小”社会组织等级评估，加强品牌建设，加大品牌推介力度，形成示范效应，提高品牌辨识度和社会知晓度。进一步严格监督管理，加强对项目运作、资金使用、服务质量等的综合监管。三是鼓励引导社会力量参与帮扶。大力引导慈善组织立足“一老一小”实际需求，开展慈善项目，并加大宣传力度，广泛动员社会力量参与。打造公益慈善服务联合体，有效汇聚慈善资源，重点帮助解决“一老一小”的急难愁盼问题。大力发展社区慈善，推进社区慈善基金设立和慈善服务场景打造，广泛开展“一老一小”慈善帮扶活动。

参考文献

《习近平春节前夕赴辽宁看望慰问基层干部群众 向全国各族人民致以美好的新春祝福 祝各族人民幸福安康 祝伟大祖国繁荣昌盛 蔡奇陪同考察》，《人民日报》2025 年 1 月 25 日。

王正攀、周学馨：《人口高质量发展与共同富裕相互促进的理论逻辑及实践进路》，《重庆社会科学》2024 年第 8 期。

周学馨：《人口高质量发展：中国式现代化的支撑与进路》，《探索》2023 年第 4 期。

赵智、王凤阁、阳盼盼：《构筑新型人口服务支持体系 助力重庆人口高质量发展》，《重庆行政》2024 年第 4 期。

谢金琼、唐李昶、吴良德：《流动人口影响下重庆市人口老龄化发展趋势及对策研究》，《中国管理信息化》2023 年第 14 期。

岳文静、董继红：《人口流动背景下重庆城市公共服务供需匹配关系研究》，《城市与区域规划研究》2022 年第 1 期。

B.11
重庆市城乡基本公共服务均等化发展的实践及展望

王正攀　白　康*

摘　要： 当前我国城乡发展不平衡不充分问题仍然突出，推动城乡基本公共服务均等化既是实现共同富裕的重要内容，又是城乡融合发展的着力点。重庆市作为国家城乡融合发展试验区，在国家战略推动下，城乡基本公共服务均等化水平显著提升。然而，集大城市、大农村、大山区、大库区于一体的特征导致其在推进城乡融合发展进程中，城乡基本公共服务均等化在政策联动协同、优质资源互享、数智化转型与多元主体共建等方面仍存在一定问题，为此，要推动政策协同、资源均衡、数智转型和多元共建，实现城乡基本公共服务均等化。

关键词： 城乡基本公共服务均等化　城乡融合　重庆市

一　引言

党的二十届三中全会明确指出城乡融合发展是中国式现代化的必然要求。这一论断高屋建瓴，深刻揭示了城乡融合发展在中国式现代化中的关键地位。在全面建设社会主义现代化国家新征程上，城乡融合发展肩负解决发展不平衡不充分问题的战略使命。不同于西方城乡对立发展模式，中

---

* 王正攀，中共重庆市委党校（重庆行政学院）社会和生态文明教研部副主任、教授，主要研究方向为公共服务；白康，中共重庆市委党校（重庆行政学院）社会和生态文明教研部，主要研究方向为社会保障与公共服务。

国的城乡融合发展深度契合中国式现代化特征。城乡基本公共服务均等化能够有效衔接新型城镇化与乡村振兴战略，是促进城乡融合发展、实现共同富裕的关键举措。在中国特色社会主义制度下，中国首创基本公共服务和普惠性非基本公共服务二元划分体系，并且形成了“政府保基本，市场补普惠”的供给格局。

从“十二五”时期到“十四五”时期，我国基本公共服务经历了制度搭建、制度完善、制度升级的渐进式发展历程。2012 年国务院印发的《国家基本公共服务体系“十二五”规划》中提出，加快城乡基本公共服务一体化建设，推进基本公共服务均等化取得明显进展。这一时期公共服务以“保基本，兜底线”为发展导向。2017 年国务院印发的《“十三五”推进基本公共服务均等化规划》中指出，以完善国家基本公共服务体系、推动基本公共服务均等化水平为工作目标，重点推进基本公共服务标准化和体系化发展。2021 年印发的《“十四五”公共服务规划》提出，以完善公共服务制度体系、推动公共服务共建共享为目标，明确构建基本公共服务、普惠性非基本公共服务和生活服务三级体系，推动由政府单一主导向多元主体共建共享模式转变，体现出“高质量”和“多元化”特征。在公共服务高质量发展要求下，重庆市从标准完善和空间改造两方面着力推动公共服务体系转型升级。2023 年 12 月重庆市发展和改革委员会出台《重庆市基本公共服务标准（2023 年版）》，以量化服务标准与细化服务内容的手段推动基本公共服务标准体系建设。2024 年重庆市发展和改革委员会印发的《重庆市城市社区嵌入式服务设施试点建设方案》中明确提出，科学布局社区嵌入式服务设施，围绕基本公共服务中“民生七有”工程，形成空间集约、功能集成的服务场景。

重庆市作为国家首批城乡融合发展改革示范区，在坚持“补短板、强弱项、提质量”工作导向下，“一老一小”工作成效显著，城乡居民寿命延长，实现安居乐业，区域教育优质均衡发展水平显著提升，弱势群体生活质量提高。但受制于集大城市、大农村、大山区、大库区于一体的特殊情况，重庆在推进城乡基本公共服务均等化过程中在政策协同、优质互享、数智转型与多元共建等方面存在障碍。因此，重庆市应该从政策、资源、技术和主体四方面入手破除城乡融合障碍，为其他超大城市城乡融合发展提供参考经验。

二　重庆市城乡基本公共服务均等化发展现状

习近平总书记视察重庆时提出“中国式现代化，民生为大”的重要论断。[①] 城乡基本公共服务作为民生工作的主要内容，能够切实增强人民群众的幸福感与满足感。在城乡融合发展战略下，重庆市将“民生为大”的理念具体落实到“民生七有”工程，构建覆盖城乡居民全生命周期的基本公共服务体系，推动城乡居民共享发展成果。

（一）城乡养老服务升级，体系日益完善

2024年，在深度老龄化社会背景下，重庆市通过优化养老服务体系，按照“区县、镇街、村社三级均有养老服务设施”的布局思路，加快建设“15分钟养老服务圈”，建成街镇养老服务中心963个、社区养老服务站2912个、村级互助养老点8000个，形成以区县为统领、以街镇为枢纽、以村社为触角，指导上下贯通、资源合理配置、服务高效供给的发展格局，城乡养老服务设施实现全覆盖。深化“机构建中心带站点进家庭”社会化运营模式，街道社区养老服务设施社会化运营率保持在90%以上。推动老年食堂可持续运营，建立供需适配、成本分担、多元参与、规范监管四项机制，因地制宜建设老年食堂1695个，全方位提升老年人生活质量。完善医中有养、养中有医、医养协作、居家医养四种服务模式，老年人健康管理服务率达67%。构筑多层次、立体化社区老年大学办学网络，推动老年文化教育发展，老年福祉不断增进。推进养老服务数字化改革，开展全域基本养老服务综合平台试点，加快建设“渝悦·养老”平台。基本养老保险扩面

① 《习近平在重庆市考察时强调 进一步全面深化改革开放 不断谱写中国式现代化重庆篇章》，《人民日报》2024年4月25日。

提质，截至 2024 年 12 月，参保人数达到 2667 万人。城乡居民全国基础养老金标准进一步提高，惠及 377 万名城乡居民养老保险领待人员。

（二）医疗保障体系健全，资源下沉加速

“病有所医”作为民生保障重大事项，事关城乡居民健康福祉和社会稳定。重庆市积极响应“健康中国”战略，健全多层次医疗保障体系，推动基层卫生服务发展，重点解决看病难、看病贵问题。一是医疗保险报销比例稳步上升，因病返贫实现动态预警。根据《2023 年重庆市国民经济和社会发展统计报告》，2023 年重庆市城乡居民基本医疗保险参保人数共计 2329.43 万人，基本医疗保险参保率提升至 97.8%。特大疾病医疗资助惠及 237.8 万名患者，切实降低因病返贫风险。2024 年，“渝快保”覆盖超过 1610 万人次。二是基层医疗卫生服务不断完善，医疗服务能力持续上升。根据《重庆统计年鉴 2023》，2023 年，基层医疗卫生机构共计 22279 个，较 2022 年上涨 5.3%。同时积极开展优质服务基层行和社区医院建设等活动，2024 年，新创建达到推荐标准的机构 63 所，累计占比达到 27.6%；新增社区医院 31 所，累计建成社区医院的社区卫生服务中心的比例达到 20%。三是医疗卫生体制改革持续深化，资源利用效率明显提高。按疾病诊断相关分组（DRG）的付费医疗机构数量逐步增加，集中带量采购降幅明显，医疗成本得到有效控制。区县实现跨省异地就医直接结算，医疗服务便捷度显著提升。“医检互认”范围进一步扩展，城乡居民就医负担减轻。有效推进紧密型区县域医共体建设，加强“675”运行机制建设，截至 2023 年底，全市共建设医共体 98 个。实行医疗帮扶机制，深入推进“市聘县用”“县聘乡用”“乡聘村用”改革，促进城乡人才合理流动。利用数智赋能，提供一站式主动医疗服务，经办服务效能显著提升。四是基本公共卫生服务均等化水平逐步提升。建立全市统一的“一人一档一属地”居民电子健康档案数据库，统筹实施好健康教育、预防接种、孕产妇健康管理等 29 项服务项目，每年免费健康体检老年人超 300 万，规范管理高血压病患者、糖尿病患者分别超 180 万人、60 万人。2024 年，基本公共卫生服务人均财政补助标准达 94 元。

（三）就业服务网络完备，效果逐渐显现

就业是民生之本，可在发展中保障和改善民生。重庆市大力实施就业优先战略，通过政策支持、就业服务和权益保护等措施，取得经济发展和民生保障的双重效益。城乡居民就业形势总体稳定，就业规模持续扩大。2024年，全市城镇新增就业人数达71.9万，高校毕业生等青年留渝来渝就业创业共计34.5万人。重点群体就业帮扶效果明显，就业市场活跃上升。根据《2023年重庆市国民经济和社会发展统计公报》，756.4万农民工实现稳定就业意愿，83.6万脱贫人口实现跨区域稳定就业。创业拉动就业成效显著，产业升级效益提升。重庆市积极落实“33618”现代制造业集群体系，在人才领域持续发力，不断优化人才队伍结构。鼓励新业态发展，加强灵活就业人员劳动权益保护，积极探索建立灵活就业人员社会保障制度。全方位完善就业创业服务体系，多途径帮扶重点群体就业，提供公益性岗位兜底帮扶。着力打造数字化就业服务平台，建设标准化零工驿站，提供信息发布、技能培训和权益维护等一站式就业服务。持续扩大失业保险覆盖范围，动态调整失业保险金标准，技能培训效果显著提升。加强成渝两地就业联动，推动就业岗位资源共享。落实人才赋能乡村振兴战略，稳定实施“三支一扶”“大学生志愿服务西部计划”等引才计划，持续扩充乡镇基本公共服务人才队伍。全市居民收入稳步提高，城乡收入差距缩小。2023年，全市居民人均可支配收入达到37595元，相较于上一年增长5.4%，其中，城镇居民与农村居民人均可支配收入分别为47435元与20820元，农村居民人均可支配增幅高于城镇居民。

（四）住房保障持续强化，居住品质提升

安居才能乐业，住房既是民生问题，也是发展问题，事关城乡居民的切身利益。重庆市住房保障坚持“惠民有感”工作导向，构建分层分类、租购并举的多元化住房保障体系，通过实施“三改三建”工程释放城镇存量空间。加快老旧小区改造以提高居住品质、加强棚户区改造以消除安全隐患、强化

城中村改造以拓宽发展空间。2024 年，新开工改造城镇老旧小区 1835 个，改造面积达 4186 万平方米。新配租入住公租房 3.3 万套，新筹集保障性租赁住房 3.1 万套（间）。全面加快配售性保障性住房建设，重点满足新市民和青年等群体刚性住房需求。创新共有产权住房成本共担机制，减轻城乡居民住房负担。补齐租赁住房短板，加大财政税收补贴力度，引导房地产市场平稳健康发展。大力推进农村危房改造，实现农村低收入群体危房动态清零。实施“三权分置”改革，深化农村宅基地自愿有偿退出机制，加快推进农业转移人口市民化。分类推进农村改厕，持续攻坚黑臭水体治理，完善农村五网基础设施，全面提升农村人居环境治理水平。深入推进“千村示范、万村整治”工程，推动宜居乡村建设，积极打造美丽宜居示范乡镇，建设大美乡村先行村。

（五）普惠教育均衡发展，城乡差距缩小

教育作为强国建设、民族复兴之基，能够促进社会阶层流动，实现人的全面发展。重庆以“办好人民满意的教育”为目标，从硬件升级、软件提质和制度创新三方发力，促进优质教育均衡共享。实现教育投入持续增长，全面筑牢公平正义底线。2024 年，重庆市一般公共预算教育经费支出较 2018 年增长 26.1%，“两个只增不减”完成情况稳居全国前列，中央和市级投入 73.2 亿元用于改善义务教育薄弱环节与能力提升工程。适龄残疾儿童少年义务教育入学率达 98.99%，妥善安置 22.5 万随迁子女，控辍保学保持“动态清零”。基础教育资源扩容提质，建设发展成果显著。2024 年新增基础教育学位 8.4 万个，生均校舍建筑面积达 11.1 平方米、运动场面积达 7.1 平方米，成功创建 1 个全国学前教育普及普惠区县、4 个义务教育优质均衡发展区县，集团化办学与学区制管理覆盖率达 80%。加强优质资源共享，城乡差距持续缩小。积极建设城乡义务教育一体化发展试验区，实行“县管校聘”“走教制度”均衡模式，打破教育编制壁垒，实现优质教育资源下沉，激发教师队伍活力。推广集团化办学模式，以联盟式发展实现强校带弱校，促进精准帮扶。利用数字资源，打造云端课堂，实现名校精品课程线上同步，形成资源共享网络。

（六）社会救助力度加大，帮扶精准提高

在扎实推进实现共同富裕目标的新征程上，“弱有所扶”能够兜牢民生保障底线，有效巩固脱贫攻坚成果，使发展成果惠及全体人民。重庆市不断健全分层分类救助体系，动态调整保障标准，实现保障水平与经济增长同步。2024 年，重庆市城乡居民最低生活保障标准分别提高到每人每月 750 元与 610 元，特困人员供养标准每月提高至每人每月 915 元，孤儿基本生活标准提高到每人每月 1625 元，救助机构流浪乞讨人员提高到每月 750 元。儿童与特殊群体保障工作持续深化，筑牢民生保障底线。推进“渝童守护”行动，加强困境儿童、流动儿童和留守儿童关爱力度。长期护理保险待遇享受人员范围从重度失能人员扩展至中度失能人员。全方位提升救助能力，积极探索数字赋能社会救助，推动救助服务智能化和精准化。开展精准保障行动，实现困难群众主动发现，救助服务主动上门，救助成效主动跟踪。关注低保边缘家庭，防止因病致贫、因灾致贫。简化社会救助申请流程，推进审批权限下放试点。加大农村社会救助财政投入，定期探访农村“三留守群体”。持续巩固拓展脱贫攻坚兜底保障成果，兜底保障已脱贫人口和防止防返监测对象 28.34 万人。大力支持发展慈善事业，充分发挥第三次分配的作用，积极助力民生保障、促进共同富裕。

（七）积极探索普惠托育，模式初步形成

在积极应对人口老龄化战略背景下，重庆市重点关注“一老一小”，积极构建婴幼儿照护服务体系，推动人口高质量发展。重庆市婴幼儿政策制度体系逐步完善，政策框架初步形成，先后出台了《重庆市儿童发展规划（2021—2030年）》《重庆市 3 岁以下婴幼儿照护服务能力提升三年行动计划（2023—2025年）》《重庆市儿童福利与未成年人保护事业发展“十四五”规划（2021—2025年）》等政策文件。积极推动普惠幼儿服务扩容，大力发展“家门口”托育服

务。2024年，全市新增1.1万个托位，普惠托位占比达到40%。[①] 通过财政补贴和税收优惠，鼓励民办幼儿园提供普惠服务。不断规范托育行业标准，加强托育人才队伍建设。支持普惠性托育机构实现连锁化、品牌化发展。依托各类闲置资源，创新托育服务模式。积极发展社区普惠性托育服务，加快打造“一刻钟托育服务圈”，探索“用人单位办托”等模式。推动托幼一体化发展，深度开发幼儿园托育能力，扩宽业务范围。协同发挥多方力量，打造医托结合联盟。积极探索生育保险与托育服务有效衔接，动态调整生育保险待遇标准，拓宽生育保险服务内容，延长生育产假至178天，推动育儿责任夫妻共担。

三　重庆市城乡基本公共服务均等化存在的主要问题

在新型城镇化与乡村振兴等战略协同推动下，重庆市城乡融合进程不断加快，城乡基本公共服务发展取得显著进步，但相较于其他超大城市发展状况而言，重庆市基本公共服务均等化在政策联动协同、优质资源互享、数智化转型与多元主体共建等方面存在欠缺。

（一）政策协同联动待加强

在城乡二元制结构影响下，重庆市在推进城乡基本公共服务均等化过程中面临着深层次制度障碍，集中表现为政策分散、政策割裂与标准不一。首先，重庆市基本公共服务分散在全市各职能部门，由于缺乏统筹协调的顶层设计，各部门制定政策时容易发生目标冲突。例如，卫健与医保政策在职能定位、执行机制以及资源配置等方面存在协同度不高的问题。此外政策执行时存在权责不清等问题。例如，就医养结合问题，民政部门与卫健委存在职能交叉情况，会导致出现服务空白地带。其次，重庆市城乡户籍制度改革取

① 重庆市人民政府办公厅关于印发《重庆市2024年重点民生实事工作目标任务》的通知（渝府办发〔2024〕17号）。

得了阶段性突破，但制度性割裂导致的深层矛盾仍未得到根本解决。例如，随迁子女义务教育阶段就读率高，但重点中学入学占比低。由于新市民群体难以平等享有优质资源权益，其无法全面融入城市，进而面临“半市民化”困境。最后，基本公共服务政策制定时仍受“城市偏向”影响，导致城乡在基本公共服务领域存在双重标准，城市偏向于“提质量”，而农村偏向于“保基本”，使得城乡基本公共服务质量差异明显。

（二）优质资源共享需提升

在以主城都市区为引领，渝东北三峡库区和渝东南武陵山区为支撑的国土空间开发保护总体格局下，重庆市城乡基本公共服务资源分布呈现出“中心—边缘”特征，集中表现在人、财、物三方面资源分布不均衡。人才是推动基本公共服务均等化的重要力量，农村地区存在专业人才短缺与人才单向流动现象。薪资待遇和职业发展的城乡差异导致优质人才向城市聚拢，尤其是在教育和医疗两大民众急难愁盼的问题上，农村地区面临人才短缺问题。财政是基本公共服务的主要资金来源，城乡基本公共服务财力资源面临两大困境。一是城乡财政收入能力存在差异，农村地区产业基础薄弱，基本公共服务资金来源主要依赖政府转移支付。此外，农村地区人口分散、地形复杂等，导致基本公共服务投资回报率低，难以吸引社会资本。二是事权与财权分化导致财政资金使用效率低，基层机构的资金多用于维持日常运转，难以进行升级改造。设施是基本公共服务空间均衡布局的重要支撑，城乡之间基本公共服务设施在质与量方面均存在显著差距。农村地区存在基层医疗机构设施老旧、乡村学校智能化设备配置率低、养老机构环境欠佳等问题。另外，受制于大山区和大库区地理特征影响，重庆市部分农村区域居民居住分散，导致服务设施空间覆盖密度不足，居民基本公共服务的可及性较低。

（三）公共服务供给水平需提高

在人口老龄化、农村空心化与新型城镇化的交织影响下，重庆市城乡基本公共服务供需结构出现动态失衡，引发“被动过剩”与“隐形短缺”现象。一方面，在人口流动加剧情况下，仍然按户籍人口配置基本公共服务资源，会导致人口外流现象严重的区域出现资源闲置现象；另一方面，标准化供给难以匹配“一老一小”农村留守群体与生态脆弱库区、民族山区的特殊需求，导致出现供给短缺现象。供需匹配的结构性矛盾本质上是由公共服务供给转型受阻导致的。数智化转型背景下，重庆市城乡基本公共服务面临着配置差异、数字壁垒和数字鸿沟等问题。一是在教育、养老和医疗等民生关键领域，农村地区基本公共服务智能化设施配置率低。“城市智能化升级，农村基础化覆盖”的建设重心导向，导致城乡差距进一步扩大。二是基本公共服务数据共享机制不健全，跨层级数据共享受阻。各基本公共服务部门受制于系统兼容性，出现“数据孤岛”现象，最终导致基本公共服务供给难以准确对接需求。三是基层公共服务人员和农村地区居民无法适应数智化转型趋势。基层作为基本公共服务的“最后一公里”，工作人员的专业能力影响着城乡居民服务体验。在数智化转型过程中，基层工作人员暴露出数智素养不高等问题。同时，以老龄群体为主的农村居民面临着数字鸿沟问题。

（四）多元主体共建共享不足

公共服务由“保基本”向“高质量”转型过程中，基本公共服务、普惠性非基本公共服务与生活服务边界会发生动态变化，政府、市场、公众与社会各类主体会在各自领域出现失灵现象。一是政府面临效率不高困境。政府作为基本公共服务的主要提供者，虽然能确保基本公共服务公平性，但在面对城乡居民日益增长的高质量服务需求时，面临供给效率低的困境。二是市场面临参与障碍困境。从理论上看，市场机制的高效调节作用可以有效解决上述问题，但从现实来看，市场机制在嵌入公共服务领域时，基本公共服务的公共属性与市场运行的营利性逻辑上存在价值冲突，加之社会资本准入隐性门槛、风险分担机制缺失与激励机制缺位等问题构成的天然壁垒，导致市场力量难以形成持续参与动力。三是公众和社会面临参与缺失困境，体现在公众表达意愿不强以及社会组织力量薄弱两方面。一方面，对于基本公共服务城乡居民大多时候处于被动接受状态，缺乏主动表达的意识，导致基本公共服务供给难以匹配需求。另外，社会组织发展不成熟，存在规模小、数量少、质量不高等问题，难以承接政府转移的部分职能。

四　重庆市城乡基本公共服务均等化发展展望

城乡基本公共服务在推动社会公平正义、促进经济高质量发展和实现人的全面发展方面发挥着重要作用。在当今成渝地区双城经济圈发展战略背景下，重庆市应该抓住发展机遇，从“政策—资源—技术—主体”四重维度推动城乡基本公共服务实现政策协同、资源均衡、数智转型和多元共建，以提高均等化水平。

（一）构建协同机制，强化政策协同联动

政策不协同是阻碍城乡基本公共服务均等化的制度障碍，强化协同联动能够深度破除制度性藩篱，为城乡融合发展注入动能。首先，构建跨部门协同管理机制，设立基本公共服务协调小组，赋予跨部门统筹协调权。定期组织跨部门联席会议，通过共商共治，重点解决多头管理服务事项。加强顶层设计，从立法层面通过制定权责清单，落实责任到具体单位，确保各项基本服务有效衔接。其次，深化户籍制度改革，畅通城乡要素流动渠道。逐步放宽落户门槛，分层分类推进基本公共服务“去户籍化”，探索以居住证为载体、以居住年限为基准的基本公共服务资格认定制度。有序推进就业服务、医疗卫生和养老托育等基本公共服务与户籍资格取绑，确保农村转移人口及随迁子女与城镇居民享受同等的基本公共服务。最后，按照重庆最新国土空间规划相关要求，分层动态调整基本公共服务、非基本公共服务和生活服务界限。加快推动成渝地区双城经济圈公共服务共建共享，促进两地毗邻地区基本公共服务标准一体化，持续强化两地基本公共服务合作协同。

（二）推动资源共享，合理规划资源布局

资源是城乡基本公共服务发展的基础，在当前发展不平衡不充分的背景下，农村地区已成为城乡基本公共服务均等化的重点。在做好农村地区基本公共服务“保基本”的同时，还应该推动各类优质公共服务资源适当向农村地区倾斜。积极推广黔江区优质医疗资源“五下沉”与主城区教育集团化模式，促进资源、人才、技术、服务、保障下沉，确保城乡居民享受优质均等的基本公共服务。一是人力资源方面，建立人才流动机制，借助“定期轮岗”模式，推动城乡人才双向流动。在促进优质人才互享的同时，实现以老带新，加强人才队伍建设。同时，构建激励型绩效体系，通过提高薪酬待遇，吸引人才回流。二是财政资源方面，坚持“尽力而为，量力而行”的原则，优化财政支出结构。通过划拨国企红利，建立农村基本公共服务扶持基金。探索财政金融模式，提高农村地区财政的可持续性。同时，充分盘活农村闲置资源，拓宽农村基本公共服务资金来源渠道。促进财权与事权相匹配，适当赋予基层机构财政资金使用权。加强财政资金绩效管理，提高财政资金使用效率。三是物质资源方面，创新资源共享方式，针对农村地区居住分散的特点，推广“流动式”服务模式，由“人找服务”变成“主动上门”。精准摸排人口情况与结构，合理配置基本公共服务资源。加大城乡结对帮扶力度，推动优质设施共享。

（三）深化数智赋能，促进供需精准匹配

随着人民生活品质提高，基本公共服务需求导向从“有没有”向“好不好”转变，基本公共服务供给应该通过加快数字化转型与智能化建设来实现精准化服务。一是推进数字化转型。搭建“平台+数据+场景”体系，促进公共服务集成化与民生保障精准化。打造信息化数据共享平台，消除与基本公共服务相关的数据壁垒，推动数据互联互通。同时，推动数据平台打造基本公共服务场景，有效衔接线上线下，实现城乡居民医疗、教育、养老服务等事项一站式通办。二是加强智能化建设。补齐农村地区智能设施配备

短板，积极推动“智慧+”服务场域设备应用。充分挖掘人工智能潜力，实现差异化民生需求的动态监测，变“被动响应”为“主动供给”，科学合理配置资源，促进供需精准匹配。三是针对数智转型不适应问题。一方面，定期开展基层工作人员数智技能培训，提升数智素养。将数智技能指标纳入绩效考核评估体系，倒逼基层人员提升数字技能。另一方面，加强基本公共服务设备适老化改造，简化操作流程。从硬件改造与软件简化两方面入手，提高数字包容性。同时，依托村委会和居委会平台，开设老龄群体数智化能力培训班，助力弥合数字鸿沟。

（四）推动共建共享，形成多元主体合力

破解多元主体共建共享困境，需要构建多元主体共建共治机制，统筹政府、市场、社会和公众等多方力量，实现城乡基本公共服务提质升级。政府作为公共服务体系的核心力量，扮演着至关重要的角色。一是加快政府职能转变，明晰权责边界。通过放宽基本公共服务准入门槛，采取财政税收、补贴等措施，为市场参与创造制度空间。通过制定权力清单和负面清单，明确政府权责边界。二是激活市场机制，在完善政府购买服务制度框架的基础上，创新公共服务供给模式，构建“基本性与经营性”分类管理机制。对于非基础性公共服务领域，建立市场化准入标准与绩效评估体系，通过特许经营、PPP 模式等引入社会资本，同时健全风险共担与收益分配机制。三是提升公众与社会组织的参与度，拓宽需求采集渠道，线上政务平台增设需求反馈模板，线下依托网格员常态化走访摸排，通过积分激励、代表协商等方式提升参与效能。此外，加快培育第三方组织，定期公开资金流向与业务开展情况，加大信息披露力度，提高社会组织的透明度和公信力。加强基本公共服务实施情况监督评估，做到执行有监督、监督有反馈、反馈有落实，最终形成多元主体合力，提高基本公共服务均等化水平。

参考文献

习近平：《扎实推动共同富裕》，《求是》2021 年第 21 期。

史新杰、崔柳、傅昌銮：《数字技术助推城乡公共服务均等化：作用机理与实践逻辑》，《治理研究》2023 年第 2 期。

张飞、费利群：《城乡公共服务均等化赋能共同富裕的机理与路径》，《人文杂志》2023 年第 10 期。

王怀月：《新质生产力：城乡公共服务均等化与共同富裕》，《统计与决策》2024 年第 10 期。

李实、杨一心：《面向共同富裕的基本公共服务均等化：行动逻辑与路径选择》，《中国工业经济》2022 年第 2 期。

王正攀：《智能政务服务是否精准匹配了居民公共需求？——基于 1045 个城市样本的实证分析》，《云南行政学院学报》2022 年第 1 期。

基层平安篇

B.12

新时代“枫桥经验”的重庆实践*

吴柯良　温丙存　刘　淳**

摘　要：　新时代“枫桥经验”是中国共产党治国理政的重要经验。2024年，重庆市持续深入践行新时代“枫桥经验”，党建引领作用更加凸显，网格治理体系更加优化，矛盾纠纷化解更加有力，各类资源力量更加下沉，治理责任链条更加织密，实现了把矛盾纠纷化解在基层、化解在萌芽状态的治理目标。通过不断深化新时代“枫桥经验”重庆实践，重庆市在加强和创新基层社会治理中，努力做到“小事不出村、大事不出镇、矛盾不上交”，进一步夯实国家安全和社会稳定基层基础，有力促进了平安重庆法治重庆建设，有效提升了超大城市本质安全水平。

* 本报告系重庆市研究生科研创新项目“超大城市基层智治建设中的基层治理体系重塑问题研究”（项目编号：CYS240809）阶段性成果。

** 吴柯良，中共重庆市委党校（重庆行政学院），主要研究方向为社会治理；温丙存，博士，中共重庆市委党校（重庆行政学院）社会和生态文明教研部主任、教授，主要研究方向为社会治理；刘淳，中共重庆市委党校（重庆行政学院），主要研究方向为社会治理。

关键词： 新时代“枫桥经验” 基层社会矛盾纠纷 超大城市本质安全 重庆市

习近平总书记强调：“群防群治和小事不出村、大事不出镇、矛盾不上交是枫桥创造的基层治理经验，要结合新的形势推广‘枫桥经验’，并不断总结新鲜经验。”① 新时代“枫桥经验”是中国共产党治国理政的重要经验。20 世纪 60 年代初，浙江诸暨枫桥干部群众创造了“发动和依靠群众，坚持矛盾不上交，就地解决，实现捕人少，治安好”的“枫桥经验”。此后，“枫桥经验”在实践中不断丰富发展，特别是党的十八大以来形成了特色鲜明的新时代“枫桥经验”。其内涵是，坚持和贯彻党的群众路线，在党的领导下，充分发动群众、组织群众、依靠群众解决群众自己的事情，做到“小事不出村、大事不出镇、矛盾不上交”。② 党的二十大站在完善社会治理体系、推进国家安全治理现代化的战略高度，对坚持和完善新时代“枫桥经验”作出专门部署，在社会基层坚持和发展新时代“枫桥经验”，完善正确处理新形势下人民内部矛盾机制，加强和改进人民信访工作，畅通和规范群众诉求表达、利益协调、权益保障通道，完善网格化管理、精细化服务、信息化支撑的基层治理平台，健全城乡社区治理体系，及时把矛盾纠纷化解在基层、化解在萌芽状态。③ 党的二十届三中全会站在进一步全面深化改革、推进中国式现代化的战略高度，明确将“坚持和发展新时代‘枫桥经验’”作为一项重要改革内容。2024 年，重庆市不断深化新时代“枫桥经验”重庆实践，进一步夯实国家安全和社会稳定基层基础，有力促进了平安重庆法治重庆建设，有效提升了超大城市本质安全水平。

---

① 习近平：《论坚持全面依法治国》，中央文献出版社，2020，第 234 页。

② 习近平：《习近平著作选读》第二卷，人民出版社，2023，第 243 页。

③ 本书编写组编著《党的二十大报告辅导读本》，人民出版社，2022，第 49 页。

一　重庆市积极践行新时代“枫桥经验”

2024年4月，习近平总书记视察重庆时强调，要扎实推进党建引领基层治理，推动资源和力量下沉，坚持和发展新时代“枫桥经验”，常态化开展扫黑除恶，努力把矛盾纠纷化解在基层、化解在萌芽状态。[①] 重庆市始终牢记习近平总书记殷殷嘱托，不断深化新时代“枫桥经验”重庆实践，建立健全基层社会矛盾纠纷多元化解机制，落实“吹哨报到”机制，努力做到“小事不出村、大事不出镇、矛盾不上交”。

（一）党建引领作用更加凸显

一是体制机制更加完善。重庆市各区县建立由区（县）委书记担任召集人的党建引领基层治理协调机制，健全完善“一中心四板块一网格”基层智治体系，全市1031个镇街全覆盖建设基层治理指挥中心，按照“固定岗位+特色岗位”模式设立若干岗位，充分发挥了基层党组织在基层社会治理中总揽全局、协调各方的领导作用。

二是党组织覆盖面不断扩大。“研究和推广‘枫桥经验’必须坚持党的领导、坚持以人民为中心、坚持民主、自治、法治等原则”，[②] 重庆市坚持党建统领网格治理，采取“单建+联建”方式，全市全覆盖建立网格党组织。其中，重庆市璧山区在党组织“应建尽建”的基础上，推动业委会“能建尽建”，成立业委会153个，在全国率先将业委会注册登记为民办非企业单位，实现实体化运行。

三是党组织力量得到增强。充分发挥党组织战斗堡垒作用，以“基层一把手”来推动“一把手工程”真正落地；推动在职党员干部“双报到”“三进三服务”，推动村（社区）党组织成员或党员骨干担任网格党组织书

① 《习近平在重庆市考察时强调 进一步全面深化改革开放 不断谱写中国式现代化重庆篇章》，《人民日报》2024年4月25日，第1版。

② 景汉朝：《新时代“枫桥经验”的基本问题与法治化构建》，《政法论坛》2024年第2期。

记、兼任网格长，发动无职党员设岗定责，将党的领导延伸到治理最前沿、服务最末端。例如，重庆市江津区实施加强和创新基层社会治理六项行动，统筹全区 1.1 万余名在职党员干部“双报到”和无职党员设岗定责。

四是党组织末端不断延伸。通过建立“楼栋党小组”“街坊党支部”“党员小家”“党员中心户”等方式，整合居民咨询、矛盾调处、老年活动中心等服务功能，将党组织服务力量覆盖延伸到居民群众身边、家门口。例如，重庆市铜梁区通过国有资产下沉等多种形式，将国有闲置资产、空闲用房等下沉给社区作为社区办公设备及场所，为全区 194 个网格党支部全部落实阵地，落实网格党支部每年运行经费 2 万元/个。

（二）网格治理体系更加优化

一是网格划分更具颗粒度。扎实开展党建引领网格治理提升行动，按社区“一般 300~500 户，有条件的不超过 400 户”的要求细化网格颗粒度。例如，重庆市万州区创新推行党建统领“五长制”；江津区探索将高校、市场、企业等专属网格纳入服务管理体系；荣昌区探索“网格+警格”警网融合机制，推动网格化管理服务更加精细。

二是履职机制更加完善。建立镇街“一把手”履职尽责清单、政法委员履职尽责清单、力量下沉及履职尽责清单、政法维稳干部下沉清单等，明确关键人关键队伍的治理责任，健全“网格吹哨、部门报到”、“6+1”网格员履职清单、平急一体快速响应、网格动态调整等机制，督促网格员照单履职。例如，重庆市垫江县建立优秀专职网格员进村（社区）“两委”班子机制；城口县建立专职网格员储备库和“导师”帮带制度；长寿区创新推出“七个一”“一五一十”等治理方法，严格对照“6+1”任务清单，确保网格员照单履职。

三是网格力量得到加强。配齐配强“1+3+N”网格治理团队，健全落实党建统领各方参与的网格治理机制，激活网格内资源力量，结合服务意愿、治理内容“因人设岗”，物业保安、党员志愿者等在网格治理中的作用更加凸显，比如重庆市潼南区“马掌铁”志愿服务队伍、云阳县“暖心护学”志愿服务队、巫溪县“柏杨树”志愿服务队等积极有效参与网格治理。

（三）矛盾纠纷化解更加有力

一是人民调解持续做深做实。“‘枫桥经验’预防性法律制度主要包括实行综合治理、追求公正效果、健全制度体系、就地化解纠纷，采取预防措施、坚持效果导向、建立预防机制、彰显预防效果，推动制度进步和完善”，[①] 重庆市坚持将调解作为防范社会矛盾的第一道防线，各部门动态开展本系统、本领域矛盾纠纷摸排，全面推行新时代“网上枫桥经验”，发动下沉力量、村（社区）干部、网格员、楼栋长和在职党员“进圈入群”、参与调解，推动在小区业主委员会、物业服务公司、人群聚居院落等组织或阵地上建立调解小组，打造万州区“秋秋工作室”、黔江区“天理良心调解室”、涪陵区“调得快”重大矛盾纠纷调处平台等调解品牌，尽量依靠人民群众解决人民内部矛盾。

二是诉前调解机制持续优化。“‘枫桥经验’60 年的发展始终着眼于纠纷解决机制整体构造”，[②] 重庆市以推动《重庆市矛盾纠纷多元化解促进条例》学习宣传贯彻为契机，市高法院与 13 家单位建立“总对总”在线诉调对接机制，开展“部分民事案件调解前置”试点，推进人民法院调解平台“进乡村、进社区、进网格”，把非诉讼纠纷解决机制挺在前面，促进基层社会矛盾纠纷源头化解，减少诉讼案件增量。

三是排查化解闭环机制逐步优化。以矛盾纠纷大排查大化解大起底专项行动为抓手，依托社会矛盾纠纷多元化解应用汇聚法院、公安、司法等部门矛盾纠纷数据，依托“141”基层治理智治平台，在 41 个区县实现婚恋、人力社保、宗教、水利、物业等 10 类纠纷三级贯通，推动形成排查、化解、管控、防范、处置的治理闭环，持续打赢打好基层社会矛盾纠纷化解处置攻坚战。

---

① 汪世荣：《“枫桥经验”预防性法律制度建设的实践及其成效》，《政治与法律》2024 年第 7 期。

② 彭小龙：《“枫桥经验”与当代中国纠纷解决机制结构变迁》，《中国法学》2023 年第 6 期。

（四）各类资源力量更加下沉

一是领导力量下沉。实行区县领导班子成员直接联系村（社区），镇街领导班子成员直接联系网格工作机制，部门资源、管理和服务进一步向基层汇聚。例如，重庆市江津区39名区领导、74名区级部门一把手全部落实包镇（街道）、包村（社区），建立党员领导干部支部联系点879个，组织100余个区级部门结对联系帮扶63个城市社区。

二是政法力量下沉。整合“三官一律”“七站八所”，推动法院、检察院人员力量向基层和办案一线倾斜，推动警力向社区前置、司法干警下沉司法所，实现司法资源向乡镇、村（社区）延伸，为基层单位预防化解基层社会矛盾纠纷提供专业支撑。“三官一律”下沉乡镇、村（社区）、网格共1.68万人；严格落实派出所警力占县级公安机关警力、社区民警占派出所警力“两个40%”的底线要求，全市区县局总警力35273人，派出所警力达15021人，社区民警6619人，派出所警力占区县局总警力的42.58%，社区民警占派出所总警力的44.06%。

三是社会力量下沉。“‘枫桥经验’内核不变的根源在于，依靠人民群众实现维护政治秩序、社会秩序、经济秩序的有机统一是‘枫桥经验’原生基因”,[①] 重庆市积极推动水、电、气、讯等公共服务人员下沉网格，健全“吹哨报到”机制，有效解决网格“看得见、办不了”等问题。例如，重庆市大足区将276支“大足时刻”党员先锋队分区域纳入网格服务管理，创新打造“云号手”特色应用，在线上构建起“区、镇街、村（社区）、小组（网格）、院坝（楼栋）”五级组织架构，发动各领域组织、群众“进云”，形成线上线下治理“一张网”。

（五）治理责任链条更加织密

一是行业主管部门责任得到明确。重庆市深化新时代“枫桥经验”重

① 宋世明、黄振威：《在社会基层坚持和发展新时代“枫桥经验”》，《管理世界》2023年第1期。

庆实践，提升矛盾纠纷预防化解能力，明确24个市级各部门114条工作任务，将基层社会矛盾纠纷预防化解成效纳入领导干部政绩考核内容，通过将重庆市矛盾纠纷多元化解应用与“141”基层智治体系相结合，构建基层社会矛盾纠纷排查识别、处置化解、跟踪反馈的闭环流程，推动各部门主动担责、主动作为。

二是各级“一把手”责任充分细化。通过落实“一把手”抓平安建设履职尽责清单，建立褒奖问责机制，压实区县各部门、各镇街“一把手”党建引领基层治理“第一责任人”职责。例如，重庆市丰都县通过建立目标体系、评价体系、结果运用体系的考核评价清单，解决好“干到位”的问题。同时，考核“指挥棒”作用不断凸显，明确了矛盾纠纷在库识别率和化解率两个考核指标，纳入“一表四单”季度晾晒内容，有力推动了基层社会矛盾纠纷的排查化解。

三是治理评价机制持续创新。重庆市各区县发挥主观能动性，创新设立基层治理评价机制。比如，綦江、大足、武隆等区县制定基层治理“五星评价”的指标体系和评价规则，依托“141”基层实现区县、镇街、村社五星评价和展示，形成区县带镇街、镇街促村社的良好格局；荣昌区联合西南大学创新发布“平安四率”晴雨指数，实现分类赋权、精准计分、智能评价。

二　新时代“枫桥经验”的重庆永川实践

新时代“枫桥经验”的实践要求在于，“立足预防、立足调解、立足法治、立足基层，切实做到预防在前、调解优先、运用法治、就地解决”。[①] 重庆市永川区在坚持和发展新时代“枫桥经验”，推动城市治理体系和治理能力现代化的具体实践中，坚持源头治理、系统治理，将社区作为城市治理体系的基本

① 陈文清：《坚持和发展新时代“枫桥经验”提升矛盾纠纷预防化解法治化水平》，《求是》2023年第24期。

单元，创新开展“邻里永望”行动，着力提升城市基层治理活力，系统谋划社区党建、建设、运营和治理工作，推动社区精细化治理、精准化服务。

（一）注重矛盾纠纷源头治理，创新开展“邻里永望”行动

其一，重塑组织体系，推动党建聚邻更有温度。永川区以社区“大党委”为抓手深化社区党建，变社区党建为全域党建，变依靠基层社区封闭运行、自我服务向开放运行、共同服务转变，以全域规划、全域整合、全域引领增强党建聚邻整体效应。一是推动全覆盖组建。按照“属地优先、区域统筹、资源互补、共建共享”原则，推动辖区机关企事业单位、驻区单位、大中专院校、“两企三新”等党组织与城市社区全覆盖共建社区“大党委”，推进城市党建与城市治理深度融合。二是全方位梳理。梳理共建单位场地、人员、资金等6类资源形成资源清单，梳理社区居民文化活动、环境整治等9类需求并创建需求清单，根据供需匹配形成项目清单。每月初依据“三张清单”情况以社区名义发布社区任务认领表，结合在职党员回社区报到工作，发动党员根据单位职能和自身特长主动接单，把党群、公共、社会服务精准投送到千家万户。三是全过程参与。建立共建活动“轮值制”，由共建单位每月轮流牵头，结合职能职责、居民群众需求等，全面负责当月社区“大党委”共建活动的策划组织，激发共建单位的积极性。

其二，迭代服务模式，推动资源惠邻更贴民心。“现代社区”作为永川区积极探索超大城市现代化治理新路子的有效实践，坚持“民有所呼、我有所应”，通过拓展社区功能、优化服务品质、提升治理效能，将服务和资源延伸到居民家门口，全面提升居民生活幸福指数，打造有烟火气、有人情味的社区服务新场景。一是整合多方资源。坚持“人民城市人民建”，试点推进“现代社区”建设，最大限度整合组织、社会工作、住建、城管、卫生教育等各条线各领域资源，形成政策资金合力。二是坚持“一社一策”。综合考虑社区规模体量、文娱业态、居住人群等，结合资源资产盘活，综合核算经济效益、社会效益，打造城市书屋、智慧健身房、养老托育等应用场景。三是推动数字赋能。按照“数智场景化、场景数字化”要求，探索打

造永享家“现代社区”应用，推动线上线下场景融合，推进“现代社区”应用接入“141”基层智治平台，持续提升便民服务水平。

其三，创新运营方式，推动服务暖邻更可持续。永川区探索组建“强社公司”，招募“社区合伙人”，创新社区“造血”方式，探索社区运营新路子。一是坚持合规运营。综合运用社区单独型、社社联合型等方式组建“强社公司”，赋予社区参与市场经营的主体资格，加强全流程监管，明确公司资金来源及性质、债务承担主体、收益使用方向等。二是向内挖掘资源。盘活社区用房等闲置资源、资产，整合辖区资源，围绕社区日常生活、物业、停车、家政、养老等开展微利惠民集成服务。三是向外拓展渠道。探索“商社联动”，积极招募爱心企业、个体工商户、创业青年群体成为优质合伙人，创新公建民营、民办公助等合作模式，有效提升社区的“造血”功能。

其四，上下协同融通，推动共治睦邻更精细。“现在，群众工作对象更加多元，群众诉求更加多样，群众工作环境更加复杂。这就要求我们深入研究和准确把握新形势下群众工作的特点和规律，改进群众工作方法，提高群众工作水平。”① 为推动政府“自上而下”的治理诉求与社区居民“自下而上”的权益诉求无缝衔接，永川区以“区（小区）网（网格）融治”为主线，推动社区治理形态由“沙漏型”向“立体化”转变。一是推动组织力量融合。全面理顺小区党组织与网格党组织隶属关系，推动小区党组织成员、业委会成员、物业从业人员与“1+3+N”网格工作队伍交叉任职、双向服务、发挥作用。二是推动服务阵地融合。整合社区用房、物业用房，挖掘城市“金边银角”，打造“家门口”的邻里驿站，拓展社区送餐、亲子阅读、用工信息等居民高频服务“微场景”。三是推动治理路径融合。健全小区、网格治理横向联系对接机制，推动小区公共收益、公共资源、公共设施和物业矛盾等“共事”由居民共商共议，居民不能自行处理的，由网格逐级上报，接入“141”智治平台，按照职责分工及时流转处置。

① 中共中央党史和文献研究院编《习近平关于基层治理论述摘编》，中央文献出版社，2023，第 88~89 页。

（二）打造社区治理共同体，构建共建共治共享的社区治理新格局

其一，社区党建由“条块分割”向“全域共建”转变。形成“社区党建+单位党建+行业党建”资源共享、开放互动的城市“大党建”新格局，党建工作与业务工作有效融合，有效调动了社区共建单位的积极性、主动性。以永川区中山路街道玉清社区为例，2024年6月，玉清社区与区委直属机关工委、区商务委、区司法局、区人社局、区文联、神女湖小学等6个单位携手，共同组建社区“大党委”。社区结合工作实际，梳理需求清单6个、资源清单5个、项目清单6个，发动“大党委”成员单位立足自身优势，整合资源，寻找服务居民群众的有效途径与结合点，帮助社区解决困难。截至2024年底，玉清社区共开展“‘5102’惠邻有感”志愿服务活动6次，参与党员人数达50余人，服务居民1000余人次，充分发挥了各方资源优势，切实提升了社区服务水平。全区社区“大党委”组建以来，牵头解决社区急难愁盼问题130余件，组织开展邻里文化节、社区恳谈会、普法宣传等居民喜闻乐见的活动380余次，推动党建资源由“散”到“聚”、邻里关系由“疏”到“亲”、党员作用发挥由“弱”到“强”。

其二，社区建设由“多头管理”向“统筹兼顾”转变。以“现代社区”建设为总抓手，兼顾“上级要求+现实需求+居民诉求”，统筹居民需求、市场供给和现有基础，科学打造布局合理、业态齐全、功能完善、居民满意的“现代社区”。目前，已打造2个现代社区，城市书屋、社区食堂、托育中心、健身房等居民喜闻乐见的场景全部进入15分钟生活圈。中山路街道云谷社区作为首批试点打造社区之一，以打造“产城融合智创社区”为目标，通过数字化转型，提升基层治理能力，成功实现“云享生活 邻聚谷里”美好愿景。目前，云谷社区已全面建成社区食堂、城市书屋等“一老一小一青”九大场景，涵盖人才交流、全龄教育、健身、养老等数十项生活配套功能。完善兴龙苑、凤栖阁等安置、公租房小区配套设施，通过挖掘利用居民身边的小空间，将小区脏乱差、消防安全隐患积聚的废弃空间改建成集中停车区、邻里聚会亭，补足休闲空间，实现小区舒适乐居、活力多

元。集成开发“一仓三端”智慧平台，接入电信、移动等通信运营商公共区域摄像头，试用火情预警、车辆违停等AI算法，实行24小时全天候动态实时监控。居民可通过“永享家”事件上报入口提交事件事项，AI网格员对事件进行分类，若内置数据库中存在相应的解决方案，则进行标准化回复。若事件无法解决，则自动生成事件表格并上传至141体系中进行进一步处置。

其三，社区运营由“外部输血”向“内生造血”转变。通过“直接经营、服务创收、招租招商、合作运营”等方式，实现社区可持续“造血自转”，目前全区试点建立13个“强社公司”，实现创收200余万元，其中120余万元（约60%）用于反哺社区建设和治理。以运营比较成功的中山路街道星光社区星光渝卉物业管理（重庆）有限公司和胜利路街道萱花路社区云邻家智慧生活服务有限责任公司为例。星光渝卉物业管理（重庆）有限公司积极探索“大合伙”模式，组成资源型、公益型、共建型、人才型等4类合伙人模式，吸引万达广场、永能集团、国网永川供电公司、凡比教育、青益志愿者协会等26家企业成为“星光合伙人”，打造清风茶舍、瑜伽健身、新能源充电等便民生活场所6个，利用5个“人才型合伙人”免费提供法律咨询、技能培训等互助式服务，邀请重庆文理学院等“共建型合伙人”开展“爱心义仓”等公益服务活动80余场次，惠及1.2万余名社区居民。开展“大合伙”模式以来，社区经济增收20万余元，社区经济的发展有效地反哺了社区公益事业，形成了良性循环，社区治理水平不断提升，居民的幸福感和获得感持续增强。云邻家智慧生活服务公司则专注于社区服务领域，涵盖家政服务、配餐服务（如社区食堂）、夜市运营、电器维修、大件物品收运及劳务对接（如提供康养护理培训再就业岗位）等多个方面，并与社区物业服务站积极合作，为周边居民创造多个就业机会，有效减轻了就业压力。目前，公司已帮助84名下岗职工实现再就业，并取得了52.7万元的收益结余。此外，公司还利用部分收益回馈社区特殊群体，开展公益性服务76次共计822人受益，发放救助金12.8万元。节假日慰问困难群体56人，发放慰问金3.8万元。

其四，社区治理由“粗放管理”向“精细服务”转变。打造“百小区示范、千网格提升”的区网融合治理品牌，小区治理与网格治理的融合度、城市资源与居民需求的匹配度、社会各界参与度、居民群众满意度和邻里矛盾纠纷总量实现“四升一降”，小区、网格组织力量、服务阵地、治理路径充分融合贯通，让居民从居相邻到心相通。以南大街街道银山源小区“老李调解工作室”为例，李依云身兼小区党支部副书记、居民小组长、专职网格员多重身份，成立小区（网格）矛盾纠纷综合调解阵地——老李调解工作室，吸纳小区党组织成员、专职网格员、在职党员、热心居民等组建多元参与的“老李调解团队”，发挥人熟地熟事熟优势就地化解矛盾。畅通群众反映渠道，建立居民“线上反映+网格员线下摸排”的双向排查制度，组建小区业主微信沟通群，实现了居民与物业、党支部之间的即时沟通，做到“小事即办，大事快办”。“老李调解工作室”自成立以来，通过综合运用“以情动人、以理服人、以德润人”方法手段，解决居民投诉1000余起，调解家庭、物业等矛盾纠纷300余起，调解成功率高达98%，真正做到了把矛盾化解在基层、化解在萌芽。全区层面2024年共受理小区矛盾纠纷信访问题116件次189人次，件次同比下降50.2%、人次同比下降64.8%，小事不出网格（小区）、矛盾不上交的基层善治格局加快形成。

三 新时代“枫桥经验”重庆实践的未来展望

坚持和发展新时代“枫桥经验”，“是满足人民美好生活需要、更好统筹发展和安全的迫切需要，是推进社会治理领域理论创新的应然之举，是传承弘扬中国共产党优良传统和中华优秀传统文化的题中之义”，[①] 是中国共产党推动基层平安建设的重要内容和重要制度，“新时代要更好推动基层平安建设，就需要从夯实党的组织基础、创新群众路线工作机制、推进枫桥式

① 罗嗣亮、方剑：《坚持和发展新时代“枫桥经验”的内在逻辑、鲜明特征、制度保障》，《党的文献》2024年第5期。

实践创新发展、发挥技术优势等四个方面来进一步优化完善”，[①] 为此，更好推进新时代“枫桥经验”重庆实践，也需要从进一步迭代升级党建引领的基层社会治理体制机制入手。

（一）面临的突出挑战

其一，化解合力还需进一步增强。一是属地属事联动机制运行不畅。特别是有关重点人群的服务管理方法不多、针对性措施不细，属地和属事单位配合力度不够，个别地区存在推诿现象，2024 年 4 月 17 日社会矛盾纠纷多元化解应用上线以来，旅游、环境资源权属、涉民族因素等 3 类矛盾纠纷录入数均低于 300 件，矛盾纠纷的甄别和录入工作还不深入、细致。二是大调解体系运转不畅。人民调解员专业性不足，专业性行业性领域人才配备不足的现象仍旧存在。以长寿区为例，现有 15 个行业性专业性人民调委会，仅有信访事项调委会、劳动争议调委会等 3 个调委会配备了专职调解员，配备率为 20%，与行业性专业性人民调委会专职人民调解员配备率 100%的要求仍有差距，间接导致物业等有关行业领域矛盾纠纷调处力度不足，相关纠纷呈外溢上行、多发高发态势。三是应用建设实战实效有待增强。调研发现，数据多头录入，仅矛盾纠纷一项，人民调解员就需要在重庆市司法行政基层信息系统和矛盾纠纷多元化解应用上重复录入；录入标准不一，不同平台、不同主管部门对数据标准不一，导致录入工作量增加；数据无法回流共享，公安的“一标三实”数据来源于基层网格员采集更新，但是进入公安系统后，其他部门和基层无法使用。

其二，下沉力量作用发挥仍需加强。一是专业力量发挥作用不足。“三官一律”等专业力量通过每月一次或者两次的方式下沉村社、网格开展工作，以法律咨询、普法宣传、群众意见收集或工作指导为主，直接参与矛盾纠纷调处工作还需深化，“三官一律”下沉人数 1.7 万人，占下沉力量总人

① 任勇、冯汝莹：《新时代“枫桥经验”与中国共产党推动基层平安建设实践》，《东岳论丛》2025 年第 1 期。

数的4.24%；志愿者等其他力量下沉人数21万人，占比53.76%；未能充分发挥下沉力量在矛盾纠纷化解方面的专业优势；一村一警全覆盖还未真正实现，人员配置率有待进一步提升。二是公共服务力量下沉不够。水、电、气、讯等公共服务人员下沉差距很大，“能够下沉城市村社的多，愿意前往农村村社的少”，特别是各区县农村地区，在家居住老人多，更需要公共服务人员上门服务，但是往往缺少人员上门服务，造成服务和监管“盲区”。三是下沉力量管理存在“盲区”。部分下沉人员“编管分离”，配合镇街开展治理，随意性大，镇街无法统筹管理，掌握其能力、特点、履职时间等，将相关下沉力量作为常规矛盾纠纷防范化解力量来使用，在下沉力量发挥作用机制上还需要进一步探索。

其三，考核体系亟须进一步完善。一是部门责任细化落实不够到位。全市明确的19大类150小类矛盾纠纷，牵头单位和责任单位的具体职责仍不清晰，部分职能部门未落实应承担的专业性、执法性治理责任，未积极履职，在确认矛盾纠纷责任归属时，相互推诿，拉长矛盾纠纷化解时限，导致矛盾纠纷外溢，考核评价指标主要针对基层区县，问效追责机制需进一步细化完善。二是“网格吹哨、部门报到”缺少督导落实机制。区县“网格吹哨、部门报到”缺乏有效的责任落实监管机制，“网格吹哨”后事权部门缺乏相应监管，乡镇（街道）综合行政执法权责界限需进一步适配，派驻执法人员的规范管理需要加强，县属乡管共用制度需进一步细化，执法主体、执法界限等核心问题需进一步完善。三是考核机制存在冲突。“矛调”系统录入的数据大多数为已调解完成的数据，系统所反映矛盾纠纷的时效性不足；矛盾纠纷在库识别率和化解率纳入“一表四单”进行季度晾晒，识别率升高将会导致化解率降低，如何确定权重需要进一步慎重考虑。

（二）完善的对策建议

其一，深化党建引领基层治理，建好治理体系。一是进一步提升基层党组织的组织力。围绕打造新时代“红岩先锋”变革型组织，把组织覆盖到网格、力量汇聚到网格、作用发挥到网格，持续优化“社区—网格—微网格”

治理体系，不断提升网格员综合素质和业务工作水平，打造最小作战单元，释放最大治理效能，加快构建党建统领、整体智治的城市基层治理新格局。二是进一步提升基层党组织领导力。整合资源力量，常态化推动党员干部下沉社区（网格）开展服务，健全完善下沉力量管理体制机制，做实“网格吹哨、部门报到”问题闭环解决机制，提高网格处理基层复杂矛盾问题的能力和水平，推动基层党建与基层治理深度融合。三是进一步提升基层党组织吸引力。以主题党日等形式，通过“流动党员微信群”等适宜方式，组织流动党员进行党的理论知识学习；利用“七一”“十一”等重大节庆日，通过“党员分享+圈群推送”的方式，组织党员线上党课；注重党建与志愿服务相结合，搭建任务平台，组织党员开展“微党课”宣讲、助力乡村振兴等活动。

其二，落实网格服务制度机制，细化治理末端。一是进一步充实网格力量。按照“1+3+N”力量（网格长+专职网格员、兼职网格员、网格指导员+其他各类力量）配备要求，结合各网格实际情况，不断充实“N”的力量，发动下沉辖区内行政执法力量、在职党员、志愿者等社会力量，共同参与网格治理，不断改善优化网格团队结构。二是进一步明确网格职责。立足网格“6+1”任务清单，严格执行网格准入事项规定，未纳入网格员履职清单的事项，不得交由网格承担，对相关部门、乡镇（街道）、村（社区）安排网格员从事与其职责不相符工作的，予以通报、约谈、督促整改。三是进一步强化能力培训。将专职网格员纳入社区工作者队伍统一管理，在工作安排、日常管理、考核评价等方面一体统筹，以基础信息采集、日常巡查走访、矛盾纠纷排查化解等为具体抓手，采取统一培训、实地指导等方式，提升网格员责任意识、履职能力和业务水平。

其三，健全矛盾纠纷排查化解机制，实现工作闭环。一是进一步完善排查预警机制。全面推行新时代“网上枫桥经验”，推动“双网格”赋能基层治理，建立线上线下网格联动机制，以微网格（小区楼栋、农村院落）为基本单位，以推广矛盾纠纷多元化解应用为抓手，紧扣重点人群重点领域重点时节，推动“三排一单”（即全面排查、专项排查、滚动排查和清单管理）治理机制，确保不漏掉一个问题、不放过一个隐患。二是进一步做实

"多元解纷"。深入贯彻落实《重庆市矛盾纠纷多元化解促进条例》，健全完善"多元解纷"机制，加强宣传，提高群众对"多元解纷"的知晓度和认可度，加强能力培训，不断提升基层社会矛盾纠纷预防化解能力。三是进一步深化专项攻坚。深化矛盾纠纷"大排查大起底大化解"专项行动，打好基层社会矛盾纠纷化解处置攻坚战，加强重大决策社会稳定风险评估，紧扣群众关心关注的热点和基层治理中的难点，实施农村居民法治素养精准提升计划，深入宣传普及婚姻家庭、预防电信诈骗、未成年人保护、农村土地承包、农民工工资支付等涉及农村生产生活的法律法规，确保全市社会面各类矛盾纠纷化解率达95%以上。

其四，完善力量下沉机制，发挥各类力量作用。一是进一步强化党员力量带头。深化在职党员"三进三服务"，常态化组织机关、企事业单位党员进小区（网格）报到服务群众，引导在职党员带头遵守网格管理规定、带头参加网格内自治组织、带头进圈入群收集信息、带头参与网格志愿服务、带头争取资源支持，形成"工作在单位、活动在网格、奉献双岗位"的良好局面。二是进一步加强社会力量引导。积极培育扶持基层公益性、服务性、互助性社会组织，引导社会组织进入网格参与管理事务、救助困难群众、调解矛盾纠纷。广泛开展律师、教师、医生进网格等活动，提供法律咨询、法律援助、家庭教育、健康管理等公益服务。三是进一步加强服务力量管理。常态化推动公安、城市管理、消防、市场监管等执法力量，以及水电气讯等公共服务力量下沉网格，明确网格"N"力量管理使用机制，建立网格力量横向联系对接机制，方便网格员横向对接、扁平高效解决群众相关问题，形成网格治理小闭环。

其五，迭代考核晾晒机制，压紧压实责任。一是进一步压实维稳责任。严格落实中央要求，督促各级各部门牢固树立"大抓平安、抓大平安"意识，压紧压实平安建设"一把手"责任，跟踪调度平安建设履职尽责清单中明确的日、周、月、季、年各项任务完成情况；每季度晾晒平安建设重点指标，将矛盾纠纷排查化解质效纳入平安报表、平安稳定问题清单，作为平安重庆建设工作考评重要依据。二是进一步健全考评体系。按照属地管理和"谁主管谁负责"原则，迭代分级分类、定性定量、正向反向相结合的考核评价体系。研究制定基层社会矛盾纠纷识别在库率、化解率评价标准，健全完善矛盾纠纷引发“110”治安警情、命案、申诉求决类初次信访事项、万人起诉率动态统计制度和标准，迭代升级依法解纷调解力指数评价体系，将相关工作指标纳入“平安报表”，对因矛盾纠纷未及时排查化解、未有效管控而造成严重影响案事件的，从重扣分、严肃追责。三是进一步完善激励制度。建立完善新时代“枫桥经验”典型案例发现培育机制，制定新时代“枫桥经验”新重庆新实践典型案例评选办法，鼓励积极探索创新，及时总结推广典型经验，并不断迭代升级，努力形成一批具有重庆辨识度、全国影响力的标志性成果。大力推广“三会”解“三事”、社区“五长制”、“三事分流”、“老马工作法”等典型做法，推动将“盆景”变为“风景”。

参考文献

陈文清：《坚持和发展新时代“枫桥经验”提升矛盾纠纷预防化解法治化水平》，《求是》2023 年第 24 期。

本书编写组编著《党的二十大报告辅导读本》，人民出版社，2022。

景汉朝：《新时代“枫桥经验”的基本问题与法治化构建》，《政法论坛》2024 年第 2 期。

罗嗣亮、方剑：《坚持和发展新时代“枫桥经验”的内在逻辑、鲜明特征、制度保障》，《党的文献》2024 年第 5 期。

彭小龙：《“枫桥经验”与当代中国纠纷解决机制结构变迁》，《中国法学》2023 年第 6 期。

任勇、冯汝莹：《新时代“枫桥经验”与中国共产党推动基层平安建设实践》，《东岳论丛》2025 年第 1 期。

宋世明、黄振威：《在社会基层坚持和发展新时代“枫桥经验”》，《管理世界》2023 年第 1 期。

汪世荣：《“枫桥经验”预防性法律制度建设的实践及其成效》，《政治与法律》2024 年第 7 期。

习近平：《习近平著作选读》第二卷，人民出版社，2023。

中共中央党史和文献研究院编《习近平关于基层治理论述摘编》，中央文献出版社，2023。

B.13
重庆市提升基层应急管理能力的实践

温丙存　孙　雪*

摘　要：　基层是防灾减灾救灾的第一线，2024年重庆市在基层应急管理中突出固本强基和预防预警，聚焦“全流程、全主体、全场景、主抓手、关键点、主场域”等六个着力点，进一步建立基层应急管理的全链条责任体系，进一步推动基层应急管理模式向事前预防转型，进一步促进基层应急协同处置救援质效，进一步促进基层应急管理的科学化、法治化、社会化，进一步挖掘数智技术对基层应急管理的赋能作用。本文以重庆市江北区为例，该区深入贯彻“统筹发展与安全”理念，通过压紧压实责任、强化事前预防、坚持数字赋能、严格目标考核等治理举措，不断筑牢基层应急管理防线，在奋力建设基层应急管理体系和能力现代化重庆篇章中争当先行示范。

关键词：　数字重庆　基层应急管理　公共安全　重庆市

“做好应急管理工作，直接关系到人民群众切身利益、经济社会发展和‘两个一百年’奋斗目标的实现。”① 2019年11月29日，习近平总书记在主持中共中央政治局第十九次集体学习时强调，应急管理是国家治理体系和治理能力的重要组成部分，承担防范化解重大安全风险、及时应对处置各类

* 温丙存，博士，中共重庆市委党校（重庆行政学院）社会和生态文明教研部主任、教授，主要研究方向为社会治理；孙雪，中共重庆市委党校（重庆行政学院）应急管理培训中心副教授，主要研究方向为基层应急管理。

① 全国干部培训教材编审指导委员会办公室组织编写《应急管理体系和能力建设干部读本》，党建读物出版社，2021，第8页。

灾害事故的重要职责，担负保护人民群众生命财产安全和维护社会稳定的重要使命。[①] 2024 年，重庆市紧盯安全生产“遏重大、降较大、减总量”和自然灾害“不死人、少伤人、少损失”的目标，以安全生产治本攻坚、防灾减灾救灾固本强基两大“三年行动”为总抓手，坚决打好安全生产“保卫战”，持续增强防灾减灾救灾能力。在积极推进我国应急管理体系和治理能力现代化过程中，基层是防灾减灾救灾的第一线，2024 年，重庆市应急管理全行业全系统聚焦夯实基层基础，持续推动应急管理工作力量下沉、保障下倾、关口前移，注重将基层应急管理与各项重点任务统筹谋划推进，坚持安全第一、预防为主，积极构建大安全大应急框架，全市基层应急管理能力得到有力提升，进一步夯实了保障人民群众生命财产安全的“第一道防线”。

一　重庆市提升基层应急管理能力的主要举措

《中共中央办公厅 国务院办公厅关于进一步提升基层应急管理能力的意见》明确指出，加强基层应急管理能力建设是防范化解重大安全风险、及时应对处置各类灾害事故的固本之策，是推进应急管理体系和能力现代化的重要内容。基层作为国家应急管理的基础对象，是做好应急管理工作的重要基石。实现国家治理体系和治理能力现代化，要求基层具备较高的防范化解各种风险挑战、应对各类突发事件的能力和水平，迫切需要实现基层应急管理能力现代化。[②] 2024 年，重庆市把提升全市基层应急管理能力建设作为基层应急管理的“重中之重”和“关键之举”，聚焦“全流程、全主体、全场景、主抓手、关键点、主场域”等，开展扎实有效的治理。

一是聚焦应急管理全流程，着力实现基层应急管理体系化。聚焦自然灾害“全灾种”和安全生产“全领域”，建立横向覆盖各相关部门、纵向贯通

① 《充分发挥我国应急管理体系特色和优势 积极推进我国应急管理体系和能力现代化》，《人民日报》2019 年 12 月 1 日。

② 程万里：《提升基层应急管理能力的实施困境与路径选择》，《人民论坛》2022 年第 8 期。

至基层的应急管理组织指挥体系、风险防范体系、救援救灾体系、支撑保障体系、社会共治体系和数字应急体系。全市 1031 个乡镇（街道）均配齐配优应急管理工作人员；全市 1.1 万个村（社区）配备河道管护员 1.2 万人、护林员 3.7 万人、地质灾害群测群防员 1.8 万人。

二是聚焦应急管理全主体，着力实现基层应急管理力量建设规范化。2024 年 2 月，习近平在主持中央全面深化改革委员会第四次会议时强调，健全保障机制，加大基础性投入，根据地区人口数量、经济规模、灾害事故特点、安全风险程度等因素，配齐配强应急救援力量。① 重庆市建立了由市应急管理局直接管理的市级专业救援总队（由 331 人组成，分属 4 个支队），以及“有人机+无人机”多机型融合的市航空救援总队；区（县）全覆盖，建立了 30~50 人规模的专业救援支队，共 42 支 1535 人；乡镇（街道）全覆盖建立了 1031 支、每支约 15 人的综合应急救援队伍。出台《重庆市社会应急力量参与灾害事故应急管理工作的管理办法》，规范建设社会救援队伍，共 44 支 3900 余人。2024 年 11 月，应急管理部在重庆市召开国家安全生产应急救援队伍“一专多能”建设交流会，重庆市的探索实践和经验做法得到了应急管理部的高度肯定。

三是聚焦应急管理全场景，着力实现基层应急管理手段数字化。围绕建立大安全大应急框架，以数字化信息化赋能基层应急管理现代化，重庆市开发了辅助基层干部开展监测预警、隐患排查、指挥决策、救援实战、社会动员的应用系统，搭建起贴合基层应急管理实际的综合场景，基本实现了风险管控、应急处置、调查评估、善后恢复等全链条闭环管理。

四是聚焦应急管理主抓手，着力实现基层应急管理宣教地气化。基层应急管理效果的提升，不仅取决于前端的有效共治，还有赖于后端效果的长效保持，通过共益正向反馈于共治，从而避免新的多态风险生成，也有利于整

① 《习近平主持召开中央全面深化改革委员会第四次会议强调 充分发挥我国应急管理体系特色和优势 积极推进我国应急管理体系和能力现代化》，《人民日报》2024 年 2 月 20 日。

个社会的长治久安。① 重庆市在进一步提升基层应急管理能力实践中，坚持共建共治共享，围绕“人人讲安全、个个会应急”主题，举办了形式多样的宣传培训活动，启动建设了市、区县、乡镇（街道）、村（社区）四级科普体验馆，持续开展“安全伴我行”“应急科普面对面”等系列赛事活动，深入推进工贸安全“百家讲坛”“千师万讲”安全知识大宣讲，着力提升全民安全素养。

五是聚焦应急管理关键点，着力实现基层应急管理保障实战化。重庆市建立起以中央储备为依托、市级储备为核心、区县储备为主体、乡镇（街道）储备为基础、村（社区）储备为支撑、社会力量储备为补充的物资储备保障体系，储备各类应急物资 144 万件（套），可保障 20 万人，灾害事故发生后 3 小时可调配到位。全市建成 4720 个应急避难场所，大多数分布在乡镇地区；在农村地区建成 2. 55 万个临时避难场所，实现所有自然村全覆盖。

六是聚焦应急管理的主场域，着力实现基层应急管理自救的便民化。重庆市创新推广群众“十户互助联防”机制，针对性解决基层防灾减灾救灾意识不浓、能力不强、反应不快等问题，为群众生命拧紧了“安全阀”。其一，组建“联防体”。按照相邻相近、便于操作和管理的原则，根据自然院落布局，将 10 户左右（根据实际居住情况适当增减）的农村居民户划分为 1 个地质灾害联防体，组成 1 个防御地质灾害风险的“探头”。其二，实行分级联动。“十户联防”机制与地质灾害“四重”网格员、地防员制度紧密衔接、协同联动，通过组建防灾工作队，及时研判灾害险情，分级明确转移对象，分级响应果断转移，提升基层群众防灾能力，成功防范化解灾害风险，实现人员避险避灾。其三，构建协同体系。构建形成“十户联防体+村居网格+基层党支部”的地质灾害防治体系，推动了农村地区群众从“要我避险”到“我要避险”转变，织密织牢农村地区地质灾

① 张春颜：《共存 · 共治 · 共益：基层应急管理效果提升的新思路》，《广州大学学报》（社会科学版）2024 年第 2 期。

害防护网。2024 年，重庆市共有 13 起地质灾害成功避险典型案例获得了应急管理部的通报表扬。

二 重庆市基层应急管理的主要治理成效

近些年，重庆市基层应急管理呈现“治理方式网格化、治理内容项目化、治理工具智能化、治理主体多元化”① 等实践特点和发展趋势。2024 年，重庆全市安全生产形势稳定向好，各类生产安全亡人事故、死亡人数同比分别下降 7.1%、7.3%；发生较大事故起数、死亡人数同比分别下降 20.0%、11.1%；连续 48 个月未发生重大及以上生产安全事故，为重庆历史上最长周期。2024 年，重庆市突出固本强基和预警转移，自然灾害防治成效明显，在 2008 年以来最强特大暴雨和历史最长持续 42 天连晴特重高温过程中多项灾情指标刷新历史极值条件下，紧急避险转移 10.8 万人，同比上升 53%；因灾死亡 14 人、同比下降 44%；在灾害天气重于 2022 年夏季的情况下，森林火灾和森林受害面积分别下降 81.5% 和 96%，无人员伤亡和重大设施损毁。

（一）进一步建立起基层应急管理的全链条责任体系

一是夯实了各方安全责任。“在改革实施后，由于基层应急管理中仍然存在各部门之间组织协调不畅的问题，故而带来一定的风险隐患。”② 为此，重庆市逐级明确市、区县、乡镇（街道）三级领导干部安全生产职责清单和年度任务清单，形成示范履职“六个一”标准。严格落实“三管三必须”要求，逐项厘清 14 项新兴业态安全监管职责。压实企业主体责任，开展企业帮扶指导 8179 次，实施“一案双罚”318 次。加大统筹调度力度，在“两委、四指、十三办”统筹下，应急主“统”主“救”，气象、水文主

---

① 孙雪：《基层应急管理的差异性研究》，吉林大学出版社，2023，第 27 页。

② 薛澜、王哲：《基层应急管理中的组织协调——问题根源与解决思路》，《行政论坛》2024 年第 4 期。

"测"，规资、水利、林业等部门主"防"，平时合力推进、急时统一调度。

二是完善了评价督查体系。建优党建统领"885"评价体系，迭代"安全生产和消防工作考核指标"，更新"安全生产和自然灾害问题清单"，归集全量库问题 67.3 万个、整改率 96.7%，归集数量位居八张清单之首；发布市级清单库问题 622 个、整改率 88.9%。创新建立"揭榜破题"机制，发布榜单 9 个，形成思路措施 52 条，一大批普遍性难题得以破解。建立安全生产明查暗访和督查督办机制，深入 41 个区县明查暗访，交办问题隐患 4882 个、整改率 100%。加强追责问责，约谈通报 817 次，责任倒查 298 人。深度复盘"7·8"特大暴雨灾害，评估 6 起地质灾害、2 起较大森林火灾、1 起水库漫坝险情，促改推优、总结固制。

（二）进一步推动了基层应急管理模式向事前预防转型

一是全面推进了安全生产治本攻坚。市委、市政府主要领导全面安排部署安全生产治本攻坚三年行动，明确"八大行动"和 22 项具体任务，统筹排查重大事故隐患 2.6 万个、整改率 99.07%，创建安全生产标准化企业 6411 家，升级改造、淘汰落后产能及设备工艺 5.5 万项，"三年行动"多项指标位居全国前列。一体推进安全韧性城市建设、超大城市"大综合一体化"治理，建立工程治理长效机制，统筹建设河道防洪达标治理 901 公里、森林火情监控系统 2900 个、地灾排危治理项目 184 个，"上图"应急避难场所 4720 个、临时避难场所 2.53 万个，城市安全韧性水平得到全面提升。

二是扎实推进了防减救灾固本强基。2024 年 2 月 19 日，习近平总书记在主持中央全面深化改革委员会第四次会议时强调，要完善工作机制，推动形成隐患排查、风险识别、监测预警、及时处置闭环管理，做到预防在先、发现在早、处置在小。重庆市积极部署开展防灾减灾救灾固本强基三年行动，明确"八大行动"和 23 项具体任务，11 项年度工作任务圆满完成。设立三峡库区长江航道危岩地灾事件抢险救援一线指挥部。严格实行"1+7+N"会商研判制度，构建"44NN"分段、分级、分类、分层预警响应规程，创建自然灾害应对"七情"统计制度，区域预警和灾情处置工作成效得到市委、市政府主要领导充分肯定。固化安全隐患“日周月”排查，执行汛期、雨情“三查”，深化“大渝治火”经验做法，用好“三张清单”，闭环管控自然灾害风险 41 类、3.8 万处。

三是有效推进了重点领域专项治理。开展工贸重点岗位安全风险排查，查改重大事故隐患 4921 项。持续打造“全生命周期安全绿色智慧矿山”，金属非金属矿山行业连续 28 个月“零死亡”。实施淘汰和更新改造落后化工老旧装置行动，发布“禁限控”目录，连续 15 年未发生较大及以上事故。统筹推进燃气管道“带病运行”专项治理、火灾防控“除险固安”专项行动、有限空间等有毒有害场所安全治理、大型商业综合体整治、道路交通集中整治、校外培训机构安全整治、自建房安全专项整治等攻坚行动，实现了全市安全形势稳定可控。

（三）进一步提升了基层应急协同处置救援质效

一是健全了“大融合”救援力量体系和“大综合”应急预案体系。印发《重庆市专业应急救援队伍建设管理办法》，组建应急通信支队，在全国率先建成“1+13+42+N”“国家队重点支撑、市级专业攻坚、区县常态应对、乡镇（街道）先期处置”梯次救援力量体系，形成“航空救援 1 小时、地面救援 30 分钟、群防员 10 分钟到达”的快速反应能力。加强预案体系建设，衔接审核 12 个市级专项预案，修订《重庆市自然灾害救助应急预案》《重庆市地质灾害应急预案》。统筹开展年度重点演练 140 场，示范带动全市各类演练上千场次，举办“生命至上·2024”空地一体化实战演习，多灾种复合救援能力得到提升。

二是健全了“大指挥”一体应对体系和“大救灾”应急协同机制。推进市、区县、乡镇（街道）三级应急指挥部体系建设，实现部、市、区县、乡镇（街道）、现场五级贯通；协调消防、规资、水利、林业等部门联合值守，实现信息共享、平台互通、处置联动。深化川渝、部门、军地、政社、市县协同，整合川渝应急物资 18 万件套，印发《因灾倒损住房恢复重建救助工作办法（试行）》《加强军地抢险救灾协调联动工作办法》，汛期协调红十字救灾队伍6支、志愿者1587人次参与救灾救助，推广运行“国家自然灾害救助资金管理”系统，全过程“数字化”推进灾害救助。

（四）进一步提升了基层应急管理的科学化、法治化、社会化水平

一是推动了物资预置直达基层。探索构建“7+1联动”物资保障体系，重构“应急+粮储”储备调拨机制，4个市级分库、33个多灾区县分别预储救灾物资10.16万件套、前置救灾物资10.65万件套。物资储备相关经验先后被《应急管理简报》《中国减灾》刊发推广，重庆经验被写入国家防减救灾办文件，上升为国家规范。

二是推动了法治建设走深走实。修订《重庆市安全生产条例》，制定国内首部地灾应急救援政府规章《重庆市三峡库区危岩地灾应急救援办法》，安全生产技术规范发布15部，复审9部，新立项地方标准6部。深入推进“大综合一体化”执法改革，落实一个机构管执法和分类分级执法，研发推行“监管执法一单清”“事故调查一案清”数字应用，全年检查企业单位9712家次，行政处罚1046万元，责令停产整顿134家。牵头调查的“2·29”江津白沙事故作为示范案例在全国推广。组织参加第五届应急管理普法知识竞赛，召开解读政府规章新闻发布会，在《人民日报》、新华网、“学习强国”等平台广泛普及应急知识。

三是多领域强化了群防共治。在全市1.1万个村（社区）配备河道管护员1.2万人、护林员3.7万人、地质灾害群测群防员1.5万人。创新推广“十户联防”机制，及时互帮自助、转移避险。1.4万家高危行业企业投保安责险，保费3.36亿元，提供风险保障1774亿元。健全完善巨灾保险机制，实现41个区县全覆盖，完成赔付5050件、8472万元。完善举报奖励长效机制，受理举报线索1.3万起，发放奖励232.5万元，同比分别上升213.3%、99.1%。

四是多渠道营造了安全氛围。首次与中央级媒体新华社重庆分社开启系统性合作。举办重庆首届“5·31”全民安全开放日活动，重庆市政府作为唯一省级政府连线发言，吸引35万人次现场观摩、300万人次网络观看。

深化“新重庆里看应急（2024）”主题活动，成功举办“5·12”防灾减灾日等系列活动，大力营造安全氛围。《有限空间作业安全指南》《突遇暴雨怎么办？请看正确做法》被中央网信办、应急管理部通报表扬。

（五）进一步挖掘了数智技术对基层应急管理的赋能作用

一是建好了“数字应急”综合应用。搭建数字应急“1356N”总体框架，接入数据597类、3396万条，9个多跨协同事件全市贯通运行，数字应急应用2次在数字重庆建设推进会上作典型应用演示交流。牵头市城运中心“应急动员”板块建设，设置风险阈值86项，建成洪水淹没分析等7个模型，形成“3+N”城市安全风险评估体系。数字应急系统17项子应用建成投用，取得实战实效。依托“141”基层智治体系扩充灾害应急责任人、网格员、灾害信息员。

二是建强了重点领域应用场景。加快安全生产、自然灾害等领域应用开发，在全国率先开发推广“九小场所”安全智管应用，荣获应急管理部智慧应急“星火计划”全国优秀典型案例和数字重庆建设“优秀应用”，危化品全链条监管应用开发走在全市前列。“数字应急·自然灾害防减救”综合应用场景实战效果得到应急管理部主要领导充分肯定。

三　重庆市江北区提升基层应急管理能力的实践

“基层处于突发事件应对的第一线，是做好应急管理工作的重要基石。”[①] 重庆市江北区深入贯彻“1366”应急管理体系，立足区域发展定位，推动以“寸滩街道”“观音桥商圈”为代表的基层单位不断提升基层应急治理实战水平，在奋力建设基层应急管理体系和能力的现代化重庆篇章中争当先行示范。

---

① 钟开斌、沈雨晴：《基层应急管理的现实困境与路径选择——以机构改革为背景》，《中国社会科学院大学学报》2024年第8期。

一是压紧压实责任，因地制宜创新体制机制。2024 年 2 月，习近平总书记在主持中央全面深化改革委员会第四次会议时强调，要理顺管理体制，加强党对基层应急管理工作的领导，发挥应急管理部门综合优势以及相关部门和有关方面专业优势，衔接好“防”和“救”的责任链条，健全大安全大应急框架。[①] 重庆市江北区在《全行业领域安全职责清单》基础上，深化“三级体系、五级网络”建设，创新“1+3+N”“1+4+N”等网格治理新模式，拧紧基层责任链条。基层区域风险管控和应急处突能力进一步增强，初步实现“全域风险感知调度”和“5 分钟响应、半小时到场”的应急快联快处，有效防控“我在重庆”大街区、江滩公园等网红公共空间踩踏、火灾、交通等安全风险，成功处置了辖区的红黄路燃气泄漏、海尔路运油车辆侧翻、江山名门小区沼气浓度超标等突发险情。

二是强化事前预防，未雨绸缪消除风险隐患。深入学习贯彻习近平总书记关于应急管理的重要论述，要坚持问题导向，深入分析制约公共安全治理模式转型的短板，找到“杀手锏”式实招硬招，加快建立以风险治理为中心的应急管理体系。要强化源头防控，运用改革思维和法治、政策、科技、标准、工程治理等手段，严把规划安全关、安全准入关，提高安全设防的能力和水平。[②] 重庆市江北区做实基层“防未病、治初病”前哨站作用，早处早治人民群众身边的隐患。2024 年全区基层单位共排查整治重大事故隐患 356 个，整改率 100%，其中，寸滩街道推动水口立交建设，有效降低包茂高速岔路口交通风险；投资 300 余万元在海尔路沿线增设人行天桥，有效解决行人横穿马路问题；观音桥商圈投资 600 余万元，先后闭环整治了龙湖新壹街天然气改造、阳光城大厦火灾隐患、红鼎国际高层多业态混合经营场所风险较高等一批疑难问题，基层防线得到了进一步夯实。

三是坚持数字赋能，惟实励新提升治理质效。提升基层应急管理能力，

---

① 《习近平主持召开中央全面深化改革委员会第四次会议强调 充分发挥我国应急管理体系特色和优势 积极推进我国应急管理体系和能力现代化》，《人民日报》2024 年 2 月 20 日，第 1 版。

② 王祥喜：《坚定走好新时代中国特色应急管理之路》，《人民日报》2024 年 3 月 14 日。

要顺应科技发展趋势，让科技创新赋能应急管理。比如，依靠大数据、物联网等技术，进一步完善风险监测手段，推进专业监测和群测群防深度融合，提高预警精准度，实现从人防、技防向智防的提升；运用人工智能技术，构建智能化决策支持系统，通过分析处理实时数据、历史案例和专家建议，辅助决策者在复杂形势下作出更优更快决策等。① 重庆市江北区根据基层实际，建好用好数字应用，助力社会末梢治理智能化。全区基层智治平台基本建成，初步实现“一键上报、一体联动、一网统管”。例如，寸滩街道依托L2 级实景图，实时监测危岩、易涝点、重点场所等 474 个风险点，配置极端天气、森林火情等突发事件数字化预案 12 个，处置率同比提高 96.7%。观音桥商圈依托 447 个高清摄像头，形成“实时看+现场查”组合拳；打造大街区消费数智赋能安全治理细化场景，助力精细管控网红区域；并将大型商业综合体沿街门店纳入“九小场所安全智管”，数字应用覆盖面不断拓宽。

四是严格目标考核，稳扎稳打防控事故灾害。基层应急管理效能的提高，有赖于协调有序、运行有效的应急管理体制机制，即秩序化基层应急管理主体关系。② 基于此，重庆市江北区从目标管理入手，用活考核“指挥棒”作用，将“遏较大、控一般”核心目标全面纳入基层镇街（园区）全年“安全生产和防减救灾单项考核”和“885”安全清单考核，常态化开展明查暗访，季度通报晾晒，适时约谈警示，多角度传导工作压力；从基层抓起，全力以赴打好安全生产与防灾减灾救灾保卫战。2024 年，江北区连续 93 个月未发生较大及以上生产安全事故，各基层单位未发生影响较大的火情、生产安全事故、涉险事件和自然灾害；寸滩街道建设基层治理平台、观音桥商圈强化节假日风险管控等相关经验，被《焦点访谈》《重庆日报》等央媒、市媒广泛报道。

---

① 范维澄、许欢：《筑牢安全底板 守牢安全底线 提升基层应急管理能力》，《人民日报》2024 年 10 月 25 日。

② 吴新星、叶继红：《基层应急管理如何提高效能——基于利益政治学的分析框架》，《探索与争鸣》2020 年第 4 期。

四　重庆市江北区鱼嘴镇提升基层应急管理能力的实践

重庆市江北区鱼嘴镇[①]地处长江经济带和中欧班列始发站，有山、有林、有水，有园区、有港口、有人气，区位优势、资源优势、产业优势十分明显。经过十多年快速发展，现有全国最大内河水铁公联运枢纽港果园港和两江鱼复工业开发区双重“加持”，鱼嘴镇的经济实力更加雄厚、发展潜力更加巨大，与此同时，鱼嘴镇面临的安全生产和自然灾害防治形势更加严峻。一是监管业态复杂。全镇兼具园区、港区、城区和山区“四区”特点，同时存在新区、老区和已征未用地，生活、工作和商业板块相互交织。从监管业态来看，除草原火灾和台风外，其余均有涉及。二是监管体量庞大。全镇工业园区共有“四上”企业 82 家，中小企业 1332 家，个体户 2400 家；果园港区年出入港口船只超 4000 艘、货车约 80 万辆。“一港一园”安全监管任务压力大。三是监管职责“超载”。面对果园港与两江鱼复园区两大平台，因行政体制不一，建设与管理之间未能实现有效衔接，鱼嘴镇面临着“小马拉大车”的问题困扰。

基层应急管理要牢固树立“抓早抓小、预防为主”的理念，做到关口前移、重心下移，早排查、早预警、早响应，把问题解决在萌芽之时、成灾之前；坚持系统思维，系统把握灾害事故致灾规律，科学统筹灾前、灾中、灾后各环节，持续深化解决思想认识、体制机制、配套保障等方面难题。[②]面对上述困难挑战，重庆市江北区鱼嘴镇在组织体系、基层基础、工作标准和风险防范等方面进行优化，全镇应急管理工作实现了总体平稳、稳中有进、进中提质，交出了一份满意的成绩单。近三年，该镇生产安全事故起数和死亡人数逐年下降，2024 年未发生一起较大及以上安全生产事故，全镇

① 重庆市江北区鱼嘴镇历史悠久，因沿江形如大鱼之嘴而得名。该镇面积约 40 平方公里，因重庆市两江新区建设需要，2010 年起开始大规模征地开发，累计征地约 38 平方公里。全镇现有社区 6 个，行政村 1 个，户籍人口 3.2 万，实际常住人口近 10 万。

② 马玉娜：《扎实推进基层应急管理现代化建设》，《红旗文稿》2024 年第 11 期。

安全生产、综合防灾减灾形势稳定向好，自然灾害防御水平明显提升，全社会防范和应对处置灾害事故能力明显增强。重庆市江北区鱼嘴镇在提升基层应急管理能力方面的治理举措及其成效主要体现在如下四个方面。

（一）理顺基层应急管理组织体系

一是建立统分结合、防救衔接的治理格局。重庆市江北区鱼嘴镇成立应急管理委员会，由党政主要负责人担任“双主任”，其他班子成员全部为副主任，镇内设机构、事业单位、村（社区）、驻镇单位等负责人为成员。委员会下含应急办、10 个专项工作组和 1 支应急救援队。一方面，应急办和各工作组相互独立，分别牵头各板块安全工作。另一方面，应急办抓好工作统筹，协同做好防、救环节闭环管理。

二是健全党政共管、逐级包保的治理责任。按照“十五条硬措施”、《重庆市党政领导干部安全生产责任制实施细则》、深化“十条措施”落实常态化安全监管工作等要求，重庆市江北区鱼嘴镇制定《安全生产职责清单》，根据“一岗双责”进行责任包保，明确“三管三必须”“日周月”“五在”等工作要求。同时，按照网格化划分，构建四级包保体系，确定党政主要责任人包总、分管领导包片、科室包段、村（社区）包网格，实现“多网合一”，将责任延伸到最末端。

三是建强主动作为、关口前移的治理机制。重庆市江北区鱼嘴镇建立安全生产考核办法，通过挂钩评优评先，推动内部科室守土负责、积极响应，严格按照要求开展治理；通过加入反馈评价，确保驻镇单位能够守土有责、协作呼应，在得到通知后第一时间配合处置；通过加大奖励处罚力度，确保监管企业能够守土尽责、及时叫应，严格落实企业负责人、安全员在现场的履职要求。

（二）夯实基层应急管理基础保障

一是阵地建设有保障。本着指挥有力的原则，重庆市江北区鱼嘴镇建立“集中+分散+移动”三个中枢。在全镇办公楼十分紧张的情况下，镇党委、政府大力支持，调配3个房间打造应急管理指挥中心，分设办公区、指挥调度区和物资仓储区，其中，在调度区打造了应急智慧化平台，初步实现了“画面看得见、数据能分析、险情能预警、应急能调度、执法有支撑”。在镇独立办公事业单位和行政村（社区）设应急区域办公场所，协助做好安全生产基本知识和技能宣传普及，有条件地建立居民安全知识体验室（如文化中心体验房约70平方米）和微型消防站。在重大突发事件现场，设移动现场指挥部，配有帐篷、办公设备、无人机和移动Wi-Fi等设施，确保遇到重大灾险情，可现场指挥调度。

二是队伍建设有特色。本着快速专业的原则，重庆市江北区鱼嘴镇组建“固定+应急+协助”三支队伍。针对日常应急监管和执法需要，设置应急管理工作人员。同时，还聘请了第三方专家团队、执法技术检查员和社会监督员，促进严格、规范、公正、文明执法。成立综合应急救援队，共有15人，其中在岗值守5人，常态备勤5人，均能够第一时间响应；另5人为镇内补充支援，可在半小时内响应集结。在2024年森林火险红色预警期间，综合应急救援队队员24小时带装巡护值守，被重庆市新闻联播栏目报道。为保持实战能力，救援队员还定期开展专项培训和应急演练，2024年开展拉练20余次。组建临时应急救援队伍，共有40人，主要由机关干部、公安民警、民兵和志愿者组成，根据需要临时调度支援。

三是物资储备更齐全。本着“完备实用”的原则，重庆市江北区鱼嘴镇优化“多类+多处+多元”三项储备。其一是完善储备结构。在日常办公方面，配齐配强执法服装、装备，以及车辆（SUV和消防用车各1辆）。在个性需求方面，结合实际购买了火灾救援、水上救援、防汛抗旱、地质救灾和油气泄漏等五大类设备物资。其二是优化储备布局。根据该镇历史灾害、事故发生情况和安全趋势预判等因素，按照“前快、后强”要求，设置集中仓储区、三窍弯器材室、井池森防库房和农业中心库房等4处区域。其三是拓宽储备模式，主要包括日常必备物资进行实物储备、非常用物资事前联系进行紧急采购、大型工程机械由武装公路巡线连挂靠单位进行预征预储。

（三）确定基层应急管理标准规范

一是编制“一个预案”，即应急救援预案，确保响应急、处置快。结合实际，重庆市江北区鱼嘴镇制定组织体系及相关机构职责、预警预防机制、应急响应、后期处置、保障措施和奖励处罚等细则。其中，围绕响应和处置环节，不断完善标准化应急响应卡和处置卡，努力提升快速响应、精准研判、科学决策、高效协同和精准处置能力。

二是编制“四本台账”，确保各基础数据库底数清、情况明。编制监管底数情况台账、统计电子台账，并实现各类监管分类建组，落实专人管理。编制风险隐患情况台账，制定问题清单，并实现不同层级行业汇总，落实更新要求。编制应急队伍情况台账，完善人员信息，并实现异常报备机制，落实人员到位。编制物资保障情况台账，加强日常巡查，并实现耗品及时补足，落实后勤保障。

三是编制“三类制度”，确保工作标准流程内容全、措施实。编制内部管理类制度，主要包含调度中心办公、物资管理、值班值守和巡查考核等环节。编制日常履职类制度，主要涉及领导和科室任务分工、风险辨识防范和隐患排查治理等内容。编制应急处置类制度，主要覆盖巡查巡护和预防预报、突发事件信息报告和分级管控等方面。

四是编制“二张挂图”，确保各要素分布图布局好、标记准。按照上级要求，主要包括重大风险隐患分布图和应急避难场所分布图。目前，这两张挂图已实现纸质和电子两版模式、镇和社区两级统计。同时，为更好地服务决策，在两张图基础上，重庆市江北区鱼嘴镇还新增了应急救援物资图、专家队员位置图和微型消防站分布图等功能性用图。

（四）做实基层应急管理风险防控

其一，物防从严，夯实基础工程。从利于防的角度，先后开展自建房屋排查和设施加固、临崖路段防护栏延伸，以及森林观察哨口建设等工程。持续加强硬件工程建设，强化防护网。从利于救的角度，新建改建了一批防火道、隔离带和蓄水池，划定了紧急救助人员转移区域，提升了灾害防治能力。同时，注重将各类工程设施尽量设置在交通便利处，方便及时补给和支援。其二，人防从实，推动措施落地。2024 年重庆市江北区鱼嘴镇开展各类专项整治检查 945 次，下责令整改书 74 份；强化排查，2024 年更新隐患台账 1205 条；及时研判，2024 年召开风险研判会 107 次，发布预警信息 1.25 万条。抓严执法检查，落实执法“清零”和执法量提升要求，提升执法威慑力。其三，技防从优，强化研判能力。在日常静态管理上，开发“九小场所”安全智能监管平台。通过隐患提醒、整改统计和履职情况等多板块，掌握监管对象隐患情况，明确下一步监管重点。在应急动态处置上，开发网格化综合监管平台，通过实现“一企一档”、救援资源定位，以及现场视频连接等多功能，提高科学指挥水平。其四，联防从广，汇集治理合力。坚持底线思维，利用重要时间节点，进行“五进”普法宣传，辖区居民安全常识知晓率在 60%以上，满意度在 80%以上。坚持群众路线，利用应急管理平台、社保平台和微信群等，发布警示信息和有奖举报途径，发动群众参与共建大安全。坚持实战演练，通过政府购买服务，对基层干部和志愿者进行训练，提升社区应急响应能力。

五　重庆市江北区“江滩公园”安全隐患综合治理的实践

重庆市江北区江北城段“江滩公园”岸线全长约 5 公里，贯穿聚贤岩广场、大剧院、三洞桥商业街等重要景观门户区域，背靠朝天门来福士、洪崖洞，是观景游览的绝佳之地，新晋为“网红打卡胜地”。据重庆市江北区应急管理局估算，自 2022 年 10 月 1 日以来，节假日期间游客数量峰值达到 10 万余人次，周末 1 万余人次，日常 2000 余人次。“江滩公园”游客量急速增长，导致摄影、售卖食品、玩具等各种业态的游摊不断涌入，在拉动经济增长的同时，对于“江滩公园”安全隐患如何实现有效治理成为一个巨大的挑战。

推动公共安全治理模式向事前预防转型，必须建立大安全大应急框架，完善公共安全体系，必须坚持系统观念、全局观念，打破条块分割、部门独立、地方割裂的旧观念框架，建立大安全应急框架，实现全要素全社会协同联动效应，形成共同维护公共安全的社会合力。[①] 重庆市江北区坚持党建引领、便民利民、综合治理、数字赋能，聚焦重要领域、紧盯关键时节，推动“江滩公园”区域执法力量综合、执法方式综合，开展专项整治和联合执法，推广普法式执法、说理式执法、服务型执法、柔性执法，最大程度提高市场主体的守法意识、守法能力，实现违规违法行为源头治理，确保“江滩公园”现场秩序安全、平稳、有序。

（一）主要治理举措

一是强化统筹协调，推动执法高质量发展。江北区委、区政府高度重视“江滩公园”安全隐患的综合行政执法，多次召开专题会议研究部署，对目标任务、时间节点、治理要求进行全面部署。区委、区政府主要领导、分管领导多次到现场巡查指导，做到对执法管理亲自部署、重大问题亲自把关、落实情况亲自跟踪，将执法管理放在基层治理体系中去考量、去谋划。江北区司法局联合相关执法部门多次商议管理办法，并由区城管局、区公安分局等部门联合印发《江北区江滩区域综合管理暂行办法》，对“江滩公园”安全隐患的综合执法管理起到了巨大的积极作用，护航“江滩公园”由“网红”蝶变为“长红”。

二是紧盯关键时节，形成联合执法合力。重庆市江北区江北城街道联合区城市管理综合行政执法支队、江北城派出所、朝天门水上派出所、江北城交巡警大队、江北城市场监督管理所等执法力量，按照“职能职责、分工合作、各司其职”的原则，加强监管，构建长效管理协作机制。在重要节假日采取“街道吹哨、部门报到”的治理模式，多方参与、齐抓共管，确

① 本书编写组编著《党的二十大报告学习辅导百问》，党建读物出版社、学习出版社，2022，第 179 页。

保“江滩公园”安全、干净、整洁、有序。

三是聚焦重点领域，开展专项执法行动。成立“江滩公园”游摊小贩管理工作领导小组，明确分工、责任到人。区城市管理综合行政执法支队、江北城派出所、朝天门水上派出所、江北城交巡警大队、江北城市场监督管理所等执法力量，多次开展“江滩公园”专项执法整治。开展江边经营性摄影摄像专项执法整治，确保了游客生命财产安全，解决了江边秩序混乱的问题。开展游摊专项执法整治，游摊乱摆乱放现象得到有效遏制，城市道路、公共空间变得更加干净、整洁、畅通。

四是持续靠前服务，推广普法式执法。坚持“宣传为主、劝导为先”的原则，以“721”工作法为抓手，采取喇叭循环播放、设置标语标牌的方式遏制违规行为，明确政策要求，同时进行文明劝导，督促现场整改，不断提升违规经营者的法律意识，自觉遵守法规，减少了因摆摊设点问题而引发的社会矛盾纠纷。

五是坚持以人为本，贯穿执法服务意识。临时性增加保洁人员，配齐配强“江滩公园”保洁力量。开展志愿者服务活动，为游客解答咨询、引导路线，同时维护秩序、疏导交通，营造良好的旅游环境。针对节日期间游客多、人流大的特点，安排专人到“江滩公园”各个重要进出口进行有序引导，从而缓解进出口的人流压力。在重点区域增设垃圾桶，确保“江滩公园”环境干净整洁，同时增加流动公厕，缓解游客如厕难问题。

（二）案例经验启示

一是注重靠前服务，强化执法为民理念。通过各种渠道，如媒体、社区宣传栏、微信公众号等，向市民普及相关法律法规，提高市民的法治意识和文明素质。加强与市民的沟通交流，听取市民的意见和建议，增强市民的参与感和归属感，及时解答市民的疑问和诉求，帮助市民理解执法的必要性和重要性，减少因误解而产生的矛盾纠纷。

二是注重规范执法，提升执法公信力。严格落实行政执法“三项制度”，建立健全执法监管机制，对执法行为进行全程监督，确保执法过程公正、文明、规范。同时，持续开展综合行政执法队伍“强基础、转作风、树形象”培训，不断提高执法人员的专业素养和执法能力，努力打造一支政治坚定、作风优良、纪律严明、廉洁务实的新时代综合行政执法队伍。

三是注重数智引领，优化联动机制。在党建统领“141”基层智治体系框架下，整合“执法+监督”一体化数字集成应用板块、社区信息管理平台，实现线上派发任务、线上报件、线上反馈的监督管理，实现统一指挥调度、执法要素智能关联、执法文书自动生成。加强街道与区级执法部门的统筹协调，确保信息畅通、资源共享，建立跨部门、跨系统、跨业务合作机制，解决综合行政执法领域事项交叉、职责不明、边界不清、责任不落地等堵点难点问题，形成治理合力，提升执法效能。

参考文献

本书编写组编著《党的二十大报告学习辅导百问》，党建读物出版社、学习出版社，2022。

程万里：《提升基层应急管理能力的实施困境与路径选择》，《人民论坛》2022 年第 8 期。

范维澄、许欢：《筑牢安全底板 守牢安全底线 提升基层应急管理能力》，《人民日报》2024 年 10 月 25 日。

马玉娜：《扎实推进基层应急管理现代化建设》，《红旗文稿》2024 年第 11 期。

全国干部培训教材编审指导委员会办公室组织编写《应急管理体系和能力建设干部读本》，党建读物出版社，2021。

孙雪：《基层应急管理的差异性研究》，吉林大学出版社，2023。

王祥喜：《坚定走好新时代中国特色应急管理之路》，《人民日报》2024 年 3 月 14 日。

吴新星、叶继红：《基层应急管理如何提高效能——基于利益政治学的分析框架》，《探索与争鸣》2020 年第 4 期。

薛澜、王哲：《基层应急管理中的组织协调——问题根源与解决思路》，《行政论坛》2024 年第 4 期。

张春颜：《共存 · 共治 · 共益：基层应急管理效果提升的新思路》，《广州大学学报（社会科学版）》2024 年第 2 期。

钟开斌、沈雨晴：《基层应急管理的现实困境与路径选择——以机构改革为背景》，《中国社会科学院大学学报》2024 年第 8 期。

B.14
重庆市“双网格”联动化解风险的改革实践

孙 婷　王正攀*

摘　要：　重庆市线上线下“双网格”联动化解风险改革基于数字技术嵌入与治理机制的创新改变了传统社会风险管控方式，以党建引领构建起“市—区（县）—乡镇（街道）—社区—网格”纵向贯通的治理体系，成为探索超大城市基层治理现代化与新时代“枫桥经验”的有效路径。通过线上线下“双网格”联动化解风险的运行机制构建，基层自治能力与风险防控能力逐步呈现适配性特征并促进矛盾纠纷化解“常态化”，以此实现民本价值与多元参与的治理共促。

关键词：　线上线下“双网格”　联动化解风险　新时代“枫桥经验”

党的二十大报告指出，完善网格化管理、精细化服务、信息化支撑的基层治理平台，健全城乡社区治理体系，及时把矛盾纠纷化解在基层、化解在萌芽状态。多年来，网格化管理作为我国社会治理的重要实践已取得相应成果，并在维护基层社会稳定与解决群众急难愁盼问题等方面深化拓展，逐步实现网格化管理向网格化治理演进。随着互联网特别是移动互联网发展，社会治理模式正在从单向管理转向双向互动，从线下管控转向线上线下融合，

* 孙婷，博士，中共重庆市委党校（重庆行政学院）社会和生态文明教研部副教授，主要研究方向为政府治理与社会治理；王正攀，中共重庆市委党校（重庆行政学院）社会和生态文明教研部副主任、教授，主要研究方向为公共服务。

从单纯的政府监督向更加注重社会协同治理转变，[①] 党的二十届三中全会提出，“健全网络综合治理体系”“坚持和发展新时代‘枫桥经验’”，重庆市在推进网格化治理效能方面率先推动构建线上线下“双网格”联动化解风险机制改革，以互联网与人工智能为重庆超大城市基层智治提供了全新技术路径与数据支撑，以党建引领线上线下“双网格”联动机制成为赋能超大城市基层治理的有效保障。

一　线上线下“双网格”联动化解风险的运行机制

面对超大城市日趋繁杂的城市治理与社会治理格局，尤其是基层所涉及的群众诉求多、治理风险叠加及风险化解难度不断增大，传统网格治理方式明显无法满足“横向到边、纵向到底”的治理需求，以线上线下“双网格”治理联动成为主流方向与发展趋势。重庆在全国率先推动构建线上线下“双网格”联动化解机制，不仅在治理方式上形成了真实社会与虚拟社会的两种社会形态的联动，同时也实现了超大城市“熟人”社会与“陌生人”社会的联动，通过大力拓展行业网格建设，广泛“进圈入群”，走深走实网上群众路线，探索打造新时代网上“枫桥经验”，主动顺应人民群众“网民化”、现实社会“圈群化”、社会治理“网格化”新趋势，切实实现管好用好整合好网上网下资源，打通卡点、堵点，在全国率先推动构建线上线下“双网格”联动化解风险机制改革，赋能基层社会治理。

（一）构建“双网格”联动感知体系，打通网格员服务群众“最后一米”

一是全覆盖建立“线上网格”。在全市实体网格基础上“一对一”建立线上网格，7×24 小时线上线下感知风险。推动每户至少 1 人加入线上网格，对于留守老人、留守儿童等特殊群体，动员在外务工家属进群加群，扩大线

① 习近平：《论科技自立自强》，中央文献出版社，2023，第 171 页。

上网格覆盖常住人口数。

二是创新整合“行业网格”。指导住建等重点行业部门建立、整合行业网格。用好网约车司机、外卖员、快递小哥、房产中介、家政服务员等新业态新就业群体微信圈群，引导其发挥流动性强、接触面广等优势，实时、移动探测和感知线上线下社情民意、矛盾纠纷，基本实现属地第一时间制定预案、防范化解，有效避免线下规模聚集。

案例1：渝中区针对民宿网约房建立行业网格

积极探索构建“一核三级四轴”的“党建+物业”治理新模式，动员网约房经营者、居民、物业三方人员成立南国丽景、海客瀛洲等2个小区“网约房”自治联盟，制定《“网约房”公约》，建立网约房联盟线上网格群。

三是深度延伸“熟人网格”。利用“地缘、趣缘、业缘”优势，用好“运动群”“宠物群”“摄影群”“书画群”等熟人网格，及时感知“熟人熟事”圈群矛盾纠纷。例如城口县葛城街道坚持“群众在哪里，线上网格就覆盖到哪里”，针对小城地小人少的特点，构建全域、全员、全要素熟人网格体系。两江新区构建区、街道、社区三级兴趣服务小组，运用熟人网格感知矛盾纠纷，上线居民兴趣小组服务“一件事”应用，感知预警各类风险隐患和矛盾纠纷。

四是广泛拓展“圈群好友”和“N”力量。推动水电气讯从业人员、家政服务人员、公益律师、志愿者、党员等“N”力量加入线上网格，广泛添加属地群众和各行业人员为微信好友，积极扩大“朋友圈”，对圈群中涉及水电气讯、法律咨询、公益服务等问题，“点对点”“一对一”释疑解惑和专业引导。

案例2：大渡口区八桥镇创新“233N”工作法

依托德分宝、网格驿站线上线下两个阵地，建好核心力量、党建共同体、志愿者等三支自治队伍，健全管理、居民议事和激励三项机制，充分调动网格“N”力量参与社会治理。截至目前，德分宝平台注册人数8.2万人，累计兑换积分1300万；成功打造网格驿站4个，挖掘“N”力量2579人，共同打造“孝义万有”“连心桥”“小辰辰”“红雁之家”等多个志愿服务品牌。

（二）构建“双网格”服务群众体系，闭环解决群众“急难愁盼”问题

一是强化信息传送、收集与处置能力。每日巡查线上网格、网络问政等平台群众反映的“急难愁盼”问题，分级分类建立问题清单和服务台账，按照“三定”（定格、定员、定事项）原则，线下及时向网格员派单，网格员在规定时间内接收、核查，线上通过网格“点对点”向当事人反馈办理情况，形成工作闭环。

二是强化网格治理的情感联结。网格员结合日常线下走访入户、线上巡查发现，主动对接、掌握基层群众民生诉求，线上线下第一时间做好问题处置，拉近与群众的情感距离，点赞朋友圈，参与群众圈群讨论，扩大“朋友圈”，提升活跃度。针对留守老人、留守儿童、残疾人、孕妇等特殊群体，网格员主动通过微信视频、语音电话、刷看圈群信息等方式24小时给予重点关注。

案例3：养老认证上门办理

2024年7月8日，万州区熊家镇腊烛村4网格网格员在巡查时接到群众反映，冉某由于身体原因，无法自行前去进行养老保险认证，请求村干部帮助。网格员及时上报信息后，腊烛村及时安排村干部上门为行动不便老人办理养老认证。近年来，熊家镇老年人基数逐年增大，上门办理需求量大。熊家镇通过线下走访、线上转发等方式宣传居民参保政策的同时，对村（社区）干部进行养老认证培训，便于为行动不便人员进行上门认证，2024年以来共进行上门办理82次，大大方便了群众办事。

三是强化政策的宣传推广与客观解读。组织网格员在网格群中适时推送贴近群众的方针政策、安全常识、反诈防骗、医保养老政策、天气预警等相关信息。组织“N”力量开展惠民助农宣传、推介，重点关注农产品滞销、产业发展困难等生产发展问题，运用线上网格帮助群众拓展渠道、争取资源，切实解决基层群众生产发展困难。

四是强化纠纷排查与分析效能。组织网格员实时动态开展线上网格社情民意、矛盾纠纷排查，通过刷、搜、听、看、走访群众等方式方法，构建“网格发现—社区吹哨—镇街协调—部门报到—区县统筹”链条式处置流程，快速响应“双网格”中反映的家庭纠纷、邻里纠纷、小区纠纷等风险隐患和矛盾纠纷；指导网格员统筹好“乡贤、能人、返乡人才、模范”作用，线上线下“双网”调解沟通，“点对点”“聊天”沟通。

（三）构建“双网格”精准传播体系，分众化满足群众信息需求

一是建立线上网格作品创作机制。建立圈群传播“正能量稿池”，组织网络媒体运用 H5、VR 等技术，创作生产“民生政策”“反诈防骗”“防灾减灾”等适合线上网格传播、群众需求度高的内容，在重要节点、重点区域组织网格员进入线上网格广泛传播。如城口等区县结合渝东北区域地质灾害多发、电信诈骗多发实际，主动推出网格员和群众自愿、自发在圈群传播的可视化、轻量化、互动化产品。

二是建立线上网格正能量推送机制。加强传播手段和话语方式创新。组织融媒体中心构建以亲民“大众话”，针对社会保障、教育医疗等与群众切身利益密切相关的民生政策信息，通过图文、短视频讲解。积极推送“渝见好‘村’光”等网络活动相关信息，宣传村内“好人好事”，创作一批群众喜闻乐见、易于接受的网络作品，多说“大白话”、多说“知己话”、多说“暖心话”，破解内容创新后劲不足、社会传播效果不佳、政策宣传晦涩生硬等难题，传递社会爱心、凝聚温暖力量。

案例4：巴南区惠民街道强化“惠民有感”线上传播

紧紧聚焦圈群传播引导，以“惠民有感”IP为依托，结合惠民特色，加强网上正面宣传。2024年，围绕白象山“村系列”、招商推介、惠民人文、文旅节庆、乡贤回乡记等专题创作发布原创作品，通过圈群“键对键”广泛传播，相关作品阅读总量已达10万+。以“大水漫灌”加“精准滴灌”的传播方式深入推进，确保全覆盖、入民心。

三是建立线上网格精准辟谣机制。通过精准辟谣机制，在各圈群和“线上网格”传播辟谣信息，扩大传播面、提高精准性，及时消除群众疑惑。2024年，基层利用“线上网格”开展区域性精准辟谣890余次。例如，忠县部分圈群流传“有人偷盗打了农药的玉米去卖，导致两人食用后中毒死亡”不实信息，引起部分市民恐慌，属地通过“线上网格”发布辟谣信息，并在各类圈群中扩散传播，及时阻断谣言外溢，有力澄清事实，消除恐慌 情绪。

案例5：璧山区璧泉街道通过线上网格精准辟谣

2024年4月9日11：59璧山区璧泉街道南河社区一居民在微信群发布一女生在学校厕所被多人殴打的视频，并称事发璧山的璧泉中学。网格员发现此消息后，立即向社区和街道反映，相关部门立即核实真实性，同时联系居民不要再转发。14：20核查出视频事件发生于市外某地后，立即组织网格员在转发此视频的群里辟谣，有效地遏制了谣言的进一步传播扩散。

四是建立线上网格吹哨预警机制。组织基层和网格员在面临自然灾害、极端天气、突发紧急情况时，运用线上网格在特定时段、特定区域，针对特定群体进行风险预警，发挥好吹哨预警作用，第一时间喊醒呼应网格群众，充当好线上“大喇叭”。2024年以来，垫江、忠县、丰都、开州、长寿、石柱等区县运用“双网格”及时发布极端天气信息、提醒民众撤离转移预警信息，在防汛救灾等应急处突事件中发挥了极为重要作用。

案例6：汛期隐患及时预警

“雨水太大了，双青一社这点河水漫过桥面了，提醒大家注意不要通行哦。”2024年7月11日，万州区熊家镇石公村护林员将一段河水淹没桥面道路不通的视频发送到石公村网格管理员联络群，随后各网格群纷纷转发，提醒群众注意道路安全。入汛以来，熊家镇组织村（社区）干部、网格员积极应对暴雨天气，组织网格员在辖区低洼处和地质灾害点进行巡逻，发现隐患立即排除，同时加强防汛知识宣传，确保群众平安度汛。

二　线上线下“双网格”联动化解风险的具体成效

在充分融入重庆市域范围内党建统领“141”基层智治体系的基础上，重庆市已建立线上网格7.5万个，创新整合“行业网格”，探索延伸“熟人网格”，推动解决“急难愁盼”问题7.1万件。《人民日报》、央视、《重庆日报》等各级主流媒体多次宣传报道“双网格”改革工作，“双网格”赋能基层社会治理作用日益彰显。

（一）基层线上线下一体化解风险隐患能力显著提升

线上网格与线下网格充分结合，实现全域、动态、立体感知风险隐患。已建立的7.5万个线上网格覆盖近1000万人。尤其是在基层应对“防汛救灾”“高温抗旱”等重大民生舆情风险隐患方面“双网格”发挥了巨大作用，有力地维护了基层安全稳定。比如，渝北区通过基层“双网格哨点”及时预警辖区某健身房存在“跑路”风险，为群众挽回经济损失200余万元。

（二）基层线上线下全天候服务群众质效显著提升

基层通过群众最熟悉最常用的微信群，24小时在线服务群众，解决群众急难愁盼的问题，拉近与群众的心理距离，畅通基层联系群众渠道，实现从“群众有问题找政府”到“群众有问题政府找群众”的转变，让群众切实感受到互联网的便捷高效。2024年，基层及时核实解决了社保、交通、教育等群众反映的“急难愁盼”问题7.1万件，办结率达90%以上，群众满意度明显提升。比如，长寿、璧山等区县依托“双网格”精准匹配属地园区企业用工需求和群众就业意愿，线上线下吸引近2万人次进场求职。

（三）基层民生政策传播精准度和有效性显著提升

聚焦群众现实需求，将“民生政策”运用“网言网语”创作，以群众喜闻乐见的方式传播，润物无声将信息送到群众指间心间。2024年以来，基层通过圈群“正能量稿池”选推稿件1100余件。比如，在重庆公租房新规发布之际，立即策划《新〈办法〉来了！谁能申请？怎么申请?》等圈群传播作品，动员组织基层通过线上网格广泛传播，及时消除误解，获得群众一致好评。通过精准辟谣机制，发挥“双网格”优势，属地在各圈群中传播辟谣信息，及时消除群众疑惑。

（四）基层广大群众的互联网获得感显著提升

基层运用线上网格广泛开展惠民助农宣传、推介，重点关注农产品滞销、产业发展困难等生产经营难题，切实帮助群众拓展渠道、争取资源、解决困难。比如，城口、巫山、秀山等渝东北区县，通过网格群发布农产品收购信息，解释助农补贴政策，助销脆李、腊肉、橙子等土特产380余吨。同时，通过“双网格”机制，积极调动基层群众参与基层社会治理的积极性。比如，巴南区探索院落制，建立“积分制”，将线上圈群扬正气、讲和气、消怨气、树风气等网络新风尚与线下网格助人为乐、扶弱济困等好人好事作为积分评定事项，鼓励村民以实际行动获取积分，辖区群众的互联网获得感明显增强。

三 线上线下“双网格”联动化解风险的现实挑战

一是对网格化治理的理性认知有待提升。部分单位以及网格员对网络舆情重视程度不够，仍然抱有“网络信息时代发生舆情不可避免”的错误思想和“小事情未必发展为重大网络舆情”的侥幸心理，网络舆情应急处置能力还有待提升。群众对于网格化治理的具体内容、网格员的职能职责以及线上网格的技术应用并非全面了解，对“双网格”治理的组织效能、工作效能及治理效能存在一定的制约因素。

二是风险感知与风险化解的协同效能有待提升。线上网格所覆盖的圈群具有较强的私密性和封闭性，实体风险在圈群中传播难以及时发现和掌控，由此“双网格”治理在协同实践中存在固有的悖论，加之群众“急难愁盼”的问题本身就具有零散性、复杂性甚至突发性特征，及时有效感知风险与化解风险成为当前最需要突破与解决的问题。

三是网格员队伍建设亟待加强。当前在“双网格”联动化解风险的实践中素质不高成为较为明显的问题。部分网格员年龄较大，难以负荷高强度工作，个别人员作用发挥得不够好。

四 结论与讨论

线上线下“双网格”的构建是中国式现代化进程中基层治理自我适应、自我调整与自我更新的探索，从网格管理到网格治理的过程充分彰显出基层治理在基于数字化工具理性、以人民为中心的价值理性以及高品质生活的需求理性中所呈现出的强大韧性，不难看出，网格化治理的创新是基于管理、服务和治理三角共建的结果，[①] 以此引发以下思考。

① 王磊:《中国式现代化网格化管理的“均衡三角”探析》，《江苏社会科学》2024 年第 5 期。

一是网格化治理是党政协同推进“无缝隙政府”治理的有益尝试。当前网格化治理不仅深度嵌入基层治理的架构成为国家与社会联结的“神经末梢”，同时成为人民群众检验其主体性与“面向”国家治理能力的重要参照。网格化治理与基层公共政策执行、公共服务有效供给以及公共安全保障密切相关，进而成为国家治理与社会治理创新的研究前沿。

二是线上线下“双网格”成为技术嵌入政府数智治理体系的有益尝试。在“数字中国”战略与“技术治国”理念之下，基层智治的能力与水平一定程度上成为数字治理方式与基层治理结构的适配性检验，基层治理通过传统科层制的牵引与数字技术的赋能重新建构治理体系，将原本具有典型分散性与突发性特征的风险隐患通过数据归集的方式进行集中整合，以此在最短时间内选择最优方式集中化解，借此消除基层社会的诸多治理障碍与风险隐患，构建起数智复合的整体性基层治理体系。

三是数智治理对基层治理结构的根本性改变。第一，线上线下“双网格”推进基层治理结构的进一步延伸，直接将基层治理链条从社区的“最后一公里”拓展到人民群众的“最后一米”，全面构建起人民群众的社会参与机制和动员机制。第二，基层智治体系的建立直接突破“条块”治理的藩篱并打破相关部门权力结构的“阻隔”，以优先纠纷化解和风险防控事项为中心，切实增强基层治理结构的灵活性。第三，以技术赋能方式实现回应机制的闭环。线上线下“双网格”的建立进一步拓展了服务平台赋能的各级网络，通过无形的网络联结构建起有形的纠纷化解与风险防控回应机制，公民参与的赋能增权效应进一步凸显，居民政治参与的意识与能力逐渐提升。

网格化管理的理论与实践研究已经20年有余，但各地的模式、方法与成效呈现不同差别。重庆市在积极探索超大城市现代化治理新路的过程中，运用扁平化管理的层级优势以及数字赋能的技术优势，将民生导向嵌入政府治理与社会治理的衔接框架。党的二十届三中全会指出，在发展中保障和改善民生是中国式现代化的重大任务，当前在基层治理实践中，保障和改善民生是多维度、多层面的，通过线上与线下相结合的方式推进超大城市基层治理更大程度上体现了现代性与适应性。线上线下“双网格”联动化解风险机制是推进数字治理深入贯通基层的有效实践，通过线上方式在探索综合事务治理、安全生产监控以及风险感知等领域能够及时发现并提出相应路径，在基层治理标准化改革方面呈现出突出优势和明显张力。未来线下“面对面”治理与线上治理的协同性需要进一步提升，关键在于明确并规范线上网格化治理效果评价机制，同时关注社区参与以及网格员人格化治理策略的有机结合，有层次、有步骤地完善专兼职网格员的能力素质提升、保障措施与激励机制，最大限度克服并避免数字治理的悬浮困境与负担风险。

参考文献

渠敬东、周飞舟、应星：《从总体支配到技术治理——基于中国30年改革经验的社会学分析》，《中国社会科学》2009年第6期。

王天夫：《数字时代的社会变迁与社会研究》，《中国社会科学》2021年第12期。

孟天广：《政府数字化转型的要素、机制与路径——兼论“技术赋能”与“技术赋权”的双向驱动》，《治理研究》2021年第1期。

陈玉生：《细事细治——基层网格化中的科层化精细治理与社会修复》，《公共行政评论》2021年第1期。

张捷、王诗宗：《网格化管理：中国基层治理的基础设施》，《治理研究》2024年第5期。

案例篇

B.15
优秀社区工作法实践报告

肖博文　温丙存*

摘　要：　社区是城市治理体系的基本单元，我国国家治理体系的优势之一就是把城乡社区基础筑牢。为深入学习贯彻习近平总书记关于基层治理的重要论述和习近平总书记视察重庆重要讲话重要指示精神，2024年中共重庆市委社会工作部在全市范围内开展了优秀社区工作法选树推广活动，发掘整理了一批执行效果较好、社会认可度高、具有典型示范意义和重庆辨识度的社区工作法。这些获评优秀社区工作法的基层单位，聚焦精细化治理、精准化服务，在社区治理实践中探索形成了具有推广价值的创新做法，体现出了人民性、示范性、系统性、操作性、创新性等先进示范标准，这对于进一步健全党组织领导的自治、法治、德治相结合的城乡基层治理体系，建设人人有责、人人尽责、人人享有的基层治理共同体，具有十分重

* 肖博文，博士，中共重庆市委党校（重庆行政学院）社会和生态文明教研部讲师，主要研究方向为文化社会学；温丙存，博士，中共重庆市委党校（重庆行政学院）社会和生态文明教研部主任、教授，主要研究方向为社会治理。

要的启示借鉴价值。

关键词： 社区治理　基层党建　社区自治　红色物业

一　江北区寸滩街道茅溪社区“3345”工作法

江北区寸滩街道茅溪社区成立于2020年，面积约1.8平方公里，常住人口2365户4522人，设2个党支部，党员24名。社区党委探索“3345”工作法，充分发挥党组织战斗堡垒作用和党员先锋模范作用，用好用活“141”基层智治平台，不断丰富发展新时代“枫桥经验”，推动党建引领基层治理落实见效。

（一）取得成效

2024年9月，获得中社部调研肯定。中宣部组织的2024年“高质量发展调研行”走进社区，被人民日报、新华社等央媒和市媒采访报道，高度评价茅溪社区文化建设。

（二）形成的工作法

1. 做好三级党建，夯实基层治理根基

强化社区党委引领。加强党委建设，建强“一核多元、一贯到底”的组织体系，打造“一呼百应”的红色队伍，构筑最大“同心圆”。强化网格党支部服务。选拔能力强的社区治理岗党员、社区老党员等担任网格党支部书记，并吸纳其中年轻党员到支部，增强服务能力。强化楼栋党小组凝聚。党小组设在楼栋，推动在职党员主动报到，亮身份、进楼栋、做表率，将党组织延伸至居民生活最小单元，增强“向心力”“凝聚力”。

2. 建好三支队伍，拓宽基层治理广度

建强社区工作者队伍。壮大社区工作者队伍，同步联动水电气、金融等

8 类力量，建好“1+3+N”网格团队，凝聚小网格大治理的多元力量。充实物业自治队伍。严格把关筹备组成员、业委会候选人，全程有序推进业委会组建，充分运用“寸心如 e 家”开展线上选举，西派城业委会投票参与面积占比达到 80%以上。壮大社区社会组织队伍。引导分类组建社区社会组织，以社群、趣群链接居民“生活圈”、拓宽居民“朋友圈”，建立“机器人编程协会”等社区社会组织 17 个，举办“秋收”“孟夏”音乐会等大中型活动 7 场。

3. 构建四项机制，提升基层治理速度

建立职责清单机制。建立单一板块职责清单 27 项、跨板块职责清单 13 项、社区基本任务清单 5 项以及网格“6+1”任务清单，明确责任分工，督促对单履职。建立闭环管理机制。依托智治平台，按照“上报—受理—转办—处置—反馈”全周期流程，构建网格、社区和街道 3 个闭环，解决群众反映问题 3148 起，基本实现诉求格内解决、小事不出社区。建立赛马比拼机制。修订网格管理办法，分四档对网格绩效进行月度晾晒比拼，5 名人员因考核不合格被劝退。建立志愿力量作用发挥“先锋指数”，通过积分兑换落实兼职网格员、微网格长待遇，做到以考促干、奖优汰劣。建立形效结合机制。建立“寸新入驿”24 小时服务驿站，为新就业群体及周边居民提供咨询、充电、饮水等日常服务，开展宣讲活动 263 次，协调解决网格问题 319 个，推进治理与服务深度融合。

4. 搭建“五治”服务模式，提升基层治理温度

党员先锋领治。深化小区党员干部“三联”机制。联户，重点关注“一老一小”，建立党员“一对一”联系帮扶机制。联楼，围绕环境整治、矛盾调处等重难点问题，建立党员包网联楼责任清单。联企，深化“百千万”联系服务市场主体全覆盖等载体，帮助企业克服发展困难。撬动居民自治。发挥业委会作用，就地选拔居民为单元长、楼栋长，帮助处理小区事务。创建“渝里乡商 · 寸心如 e”议事协商品牌，依托“寸心如 e 家”搭建线上议事协商平台，推进协商全流程公开，落实协商议题 18 个。践约履约法治。联合司法所、律所，吸纳社区党员、志愿者参与矛盾纠纷排查化解，

开展党建引领化解物业矛盾进小区、“老马带小马”进社区、党建统领基层治理“三个全覆盖”，围绕诉求，现场回应、现场安排、快速解决。落实公约德治。依托新时代文明实践站等深入开展市民公约、居民公约宣传，开展“文明家庭”“文明楼道”等评选，结合主题党日等节点对接居民需求，全方位为居民服务。多跨协同智治。运用基层智治平台，增强基层智治体系实战能力，解决居民疑难问题，推进智慧社区建设，助力物业智能化改造，推广“寸心如 e 家”综合应用，提高小区智能服务能力。

图 1　茅溪社区开展议事协商，讨论社区经济发展

图 2　茅溪社区“孟夏”蔬香音乐会

二　永川区青峰镇青峰场社区聚焦“四家”建设，打造“一家青”自治共治新格局

青峰场社区位于永川区青峰镇青莲路391号，辖区面积约0.8平方公里，现有常住人口1612户3389人。社区党支部下设党小组4个，现有党员67人。

（一）党建工作情况

一是“用家”的概念构建党建共同体。把党建触角延伸至社区治理的每一个角落，将社区工作与家的理论、情怀和文化深度融合，倡导家人治家，探索基层自治共治新机制，打造“资源共享、优势互补、互促提高”的社区党建共同体。二是“强家”的体系增强组织凝聚力。坚持把党建引领贯穿到基层治理的各领域、各环节。成立“青小家”功能型党支部，负责专项解决社区治理的各种疑难杂症，进一步提高党组织的向心力、战斗力和凝聚力。三是“扬家”的文化激发党员带动性。将党员选派到网格长、网格员、业委会等关键岗位，引导党员立足岗位作贡献，充分发挥党员的先锋模范作用。依靠党员凝聚居民聪明才智，发挥居民建设“家肥屋润”自治共治新格局的主体作用，让居民做主，让居民监督，最大限度激发居民建设社区和美大家庭的内生动力。

（二）取得成效

成立2个社区社会组织，吸纳专业社工19名、志愿者785名，为30余名居民提供社工个案服务，举办百家宴、打糍粑庆端午等传统文化活动28次，惠及居民、学校师生等1万余人，相关经验做法被《朝闻天下》等多级媒体公开报道。社区先后获得全国无邪教示范社区、重庆市新时代文明实践示范站、永川区五好基层关工委、永川区五四红旗团支部、永川区十佳志愿服务社区、永川区三八红旗集体等荣誉称号。探

索总结的“党建引领四步治家”解纷工作法获评永川区新时代枫桥经验。

（三）形成的工作法

建立青峰镇青峰场社区“一家青”工作法，通过“四家”建设，做到敢于治理、精于治理、善于治理，进而实现民心在社区聚集、资源在社区整合、问题在社区解决、服务在社区拓展，社区亲如一家的新格局。一是党建引领强化“家”领航。优化组织架构，成立“青小家”等4个功能型党支部和14个功能型微网格党小组，组建友家物业服务中心、友家社工服务中心等8个社团组织，实现党组织100%全覆盖。构建起上下贯通、执行有力的社区党组织体系，推动党的基层组织有力有效嵌入基层治理体系。二是培育社区企业做大“家”经济。创办友家物业服务中心创新“自我造血”运维模式，通过盘活固定资产、承租青峰商贸中心、提供高质低偿物业服务等方式年创收25.6万元；创办友家社工服务中心，与辖区“鲜农源”研学企业、各类教育机构等多方合作，开展研学活动、申请服务项目等多种方式，预计年创收可达5万元，所得收益用于持续反哺于民，为提升社区为民服务的能力和水平提供充足经费保障。三是实施治家制度激发“家”活力。实施“家园大家建”“家庭大家管”“家规大家遵”“家业大家享”4个制度。每季度评选最美家庭、最美志愿者、最美阳台、好母亲、好公婆和好儿媳，曝光不文明行为，最大限度激发“家人治家”内生动力。四是提供优质服务营造“家”温暖。统筹利用辖区资源，与重庆市妇联“渝好空间”项目融合，实施“青苗喜阅”“青学伴长”“青妈维权”“青妈守护”“青邻治理”5个特色服务，并把社会工作等专业方法和理念引入社区工作，以“社工+物业+志愿服务”相结合的方式，推进服务全覆盖和专业化。

图 3　《朝闻天下》报道社区开展打糍粑庆端午庆祝活动

图 4　为辖区儿童提供“青学伴长”系列服务

三　沙坪坝区石井坡街道团结坝社区创设“居民小两会”议事协商平台，助力社区高效能治理

团结坝社区成立于2001年11月，位于沙坪坝区井双新城片区，辖区面积1.2平方公里，现有常住居民6000余户1万余人，社区党委下设9个党支部，现有党员419人。

（一）党建工作情况

一是坚持党建统领，建强领导班子。发挥社区党委民主协商过程中的“主心骨”作用，以“书记带头抓、靠前抓”，通过党员带动居民群众，共同参与社区民主协商议事，提升基层治理实效。二是健全组织网络，延伸治理触角。以党建扎桩推动治理结网，将支部覆盖到网格、将人员整合到网格、将阵地延伸到网格，实现“上面千条线、下面一张网”。三是注重整合资源，创新服务载体。利用“杨春敏党代表工作室”“红岩社区党校”等平台，开设“红岩课堂”，深入宣讲习近平新时代中国特色社会主义思想，从群众身边的关键小事、民生实事、生活难事等入手，在感情上贴近群众、在行动上深入群众，让人民群众切实感受到党始终在身边。

（二）取得成效

开展“居民小两会”800余场，解决问题2000余件，参与人数达3.4万人次，吸引注册志愿者595名，开展志愿服务活动1110余场次。社区先后获评全国综合减灾示范社区、国家级充分就业示范社区、全国妇联巾帼文明岗、全国侨联系统“侨胞之家”优秀单位、重庆市基层党建示范点、重庆市委党校社会治理创新现场教学点、重庆市市级干部培训基地，“居民小两会”工作经验入选《全国城乡社区高质量发展100例》。

（三）形成的工作法

“居民小两会”即“网格民情分析会”和“网格居民议事会”，最初为

两个会议，后为方便群众参与、提高议事效率而合并召开，居民仍亲切地称为“居民小两会”，其运行机制为“3333”。

1. “3定要素”搭建议事协商共治平台

一是定时间，于每周三上午十点准时召开，形成工作惯例。二是定地点，在居民小区院坝打造“居民议事亭”，与居民面对面、零距离说事议事。三是定人员，采取“固定+不固定”方式，网格长、居民小组长、党员骨干为固定参会人员，根据每周居民诉求，灵活邀请居民代表、社会单位、专业力量等群体参加。

2. “3个环节”推进议事协商共治议程

一是结果反馈。每周会议第一项议程对上周反映问题办理情况进行公布，主动接受小区居民监督。二是问题收集。会前，依托党代表工作室、人大代表工作站及“141 基层智治平台”“民呼我为”“网格员敲门行动”等，摸排整理形成“问题清单”；会上，以网格为单位，居民小组长反映居民近期的烦心事、糟心事，主持人逐一记录。三是讨论协商。针对每个事项，采取“问题重现、各方协商、居民表态、举手表决”的流程进行，协商结果以会议记录、协商意见等形式确定，并通过线下社区宣传栏、线上居民微信群等方式公示公开。

3. “3类问题”遵循分级办理共治原则

一是答疑解惑类。实行“现场解答+跟踪服务”办理模式，会上现场解答，会后“一对一”跟踪服务、限时办结。二是疏导化解类。发挥网格“人熟地熟情况熟”优势，组建“调解员+法律明白人+特岗贤人”队伍，采用邻里调解讲和、律师援助助和、贤人参与促和的“三和”联调机制化解矛盾纠纷。三是民生实事类。针对特殊人群，开展“帮办代办上门办”服务。围绕城市管护、建设、改造等，安排专人全过程跟进对接，邀请居民代表全流程监督，全方位体现民意、实现民愿。

4. “3方融合”激活议事协商共治力量

一是党建统领，打通基层治理“神经末梢”。建立资源清单、需求清单、项目清单“三张清单”了解群众诉求，阳光居务、温暖居务、牵手居务“三个居务”帮助困难群众，调解员、律师、社区民警“三支队伍”调处化解矛盾。二是居民自治，厚植基层治理“幸福底色”。发挥“特钢贤人坊”社会组织作用，持续推行“我为大家护一天、大家为我护两年”“护绿志愿我先行”“社区今天我当家”等系列活动，实行“巷内无生人”管理模式，使“社区是我家、治理靠大家”成为居民群众普遍共识和自觉行动。三是多元聚力，链接基层治理“内生资源”。95 家企业进驻运营，定期召开党建联席会、物业联席会等整合社会力量；推行“五社联动”，吸纳在职党员、医务人员、红岩轻骑兵等 N 力量下沉融入网格，带动多元主体参与社区治理。

图 5　在居民议事亭前召开“居民小两会”

图 6　召开社区“居民小两会”，群众共同参与议事

四　九龙坡区谢家湾街道民主村社区“三合一化”，推动社区服务质效实现新提升

民主村社区成立于2002年，位于九龙坡区杨家坪步行街和万象城商业区之间，辖区面积0.43平方公里，常住人口3669户8336人，为20世纪50~90年代建设的原国营建设机床厂配套家属区。社区党委下设1个党总支、9个网格党支部，有党员626名。

2024年4月，习近平总书记亲临民主村社区视察，提出“中国式现代化，民生为大”的重大论断。民主村社区探索出的“三合一化”基层治理工作法，即推进资源整合、岗位综合、管服结合和信息化支撑工作法，是贯彻落实习近平总书记亲临民主村社区视察重要讲话重要指示精神的生动实践。

（一）党建工作情况

深化社区“大党委”建设，拓展“红色管家”党建品牌，围绕老旧社区“一老一小一新”鲜明特点，着力解决城市更新中居民新需求、商居新关系、群众新体验等难点问题，创新一面红旗耀万家、一根红线联万家、一声红哨应万家、一颗红心暖万家、一支红袖助万家“五红”工作载体，构建党建引领下的社区、政府平台公司、物业企业、居民代表为主体的“四方共治”格局。通过“三合一化”工作法，持续提升社区服务水平和治理效能，不断增强居民的获得感、幸福感和安全感。

（二）取得成效

2023年以来，民主村社区先后入选全国完整社区建设试点、全国一刻钟便民生活圈试点、重庆市现代社区试点，“红色管家”党建品牌获评全国新时代“枫桥经验”优秀案例，2024年以来，被《人民日报》、新华社等国家级媒体报道23次。

（三）形成的工作法

建立“三合一化”工作法，即推进资源整合、岗位综合、管服结合和信息化支撑工作法。

1. 资源整合：聚焦多元共建，服务有广度

坚持党建引领，充分发挥地域与资源优势，打造各方力量集聚、资源平台共享、效益影响叠加的社区服务新格局。探索“政府+市场+社会”多元协同机制，汇聚创新、议事、公益、文化等各类“合伙人”，实现力量集聚、空间共享、效益叠加。开通居民“点单”服务，凝聚区级部门、街道、物业公司、驻区企事业单位、在职党员、业主代表、服务商家等各方力量，“领单”办理社区居民诉求1100余件，群众“评单”满意度达96.5%。

2. 岗位综合：聚焦效能提升，服务有深度

注重能力提升，培养“一专多能、一岗多责、全岗都通”的“全科型”社区工作者。推行首问负责、接诉即办工作机制，打造“一站式”服务平台，确保“一人在岗、事项通办”，腾出更多人手“零距离”服务群众。深化网格治理，社区设置9个网格、54个微网格，整合社区工作者、城管队员、物业人员等，配齐配强“1+3+N”网格力量359人，着力提高网格精细化治理、精准化服务水平。

3. 管服结合：聚焦互融共治，服务有温度

严格落实重庆市涉村（社区）事项“四清单一目录”，设定社区准入事项68项，厘清社区权责边界。依托“民情茶园”“居民议事亭”等阵地，广泛开展“渝里乡商”，通过居民提议—群众商议—社区复议—专业审议—最终决议的“五议工作法”，开展城市更新、物业管理等协商31次，达成共识29次。以群众需求为导向，发挥社区综合体平台作用，开放“1个中心+9个站点”服务阵地，采取“居民不离场、空调不打烊”，真正实现居民下楼有饭吃、社交有场所、休闲有去处，每天服务居民1000余人。

4. 信息化支撑：聚焦数字赋能，服务有精度

纵深推进“141”基层智治体系建设，用好“渝邻汇数智社区”应用，实现“社区工作者队伍建设”“议事协商”“居民自治”等上线运行。利用政务网实现数据共享，居民可在“家门口”办理政务服务事项70余件，其中，川渝通办事项37件。打造“云上民主村”驾驶舱和掌上App，实现社区信息一屏掌控、便民服务一览无余、居民诉求一呼即应，让数据多跑路、群众少跑腿。

图7　民主村社区开展“渝里乡商”，协商老旧小区城市更新议题

图8　民主村社区综合服务体平台

五　南岸区南坪街道后堡社区迭代升级“三事分流”工作法，提升基层治理质效

后堡社区位于南岸区南坪街道东部，连接南坪商圈和南滨路，辖区面积0.4平方公里，划分网格6个，现有常住人口4055人、居民2144户，党员196名。后堡社区“三事分流”工作法，是以基层议事协商的方式将居民问题诉求按“大事”“小事”“私事”进行分类分责处理，合理界定政府部门、社区组织、居民个人的职责边界和互补共生关系，促进各项居民事务妥善解决，有效促进基层治理体系和治理能力现代化。

（一）党建工作情况

一是党建融合，贯通组织体系。纵向建立“社区党委—网格党支部—楼栋党小组”三级党组织体系，设立“红岩先锋岗”“最小单元”党员户；横向激活物业公司、水电气讯业务员等9类人员，形成“纵向到底、横向到边”高效贯通的“三事分流”组织架构。二是资源整合，扩大三事效益。依托“红星南坪”党建联盟平台，内联团区委、妇联等群团组织，外联在地商家、社会组织等，为解决“三事”添翼赋能。三是载体结合，强化宣传引导。将“三事分流”工作法与基层智治、议事协商、居民公约等载体结合，迭代推广宣传，推动“三事”内化于心、外化于行。

（二）取得成效

近年来，后堡社区按照“三事分流”工作法解决问题7565个，办好“大事”185件、“小事”3360件，惠及群众4.8万人次，先后荣获全国和谐社区建设示范社区、全国科普示范社区等奖项10余项，被《人民日报》、新华社、央视网、重庆卫视、《重庆日报》等市级以上媒体宣传报道58次。

（三）形成的工作法

建立“三事分流”工作法，通过“归集—分责—办理—督促—考评”

推进三事全链条闭环管理。一是多途合一“归集问题”。利用高效联动的组织架构，延伸网格问题反馈触角，依托基层智治平台、“民呼我为”等线上平台与人大议事会、“渝事好商量”等线下载体，收集居民群众对社区发展及民生方面的意见建议，定期梳理共性问题、高频事项，与群众反映问题共同形成“诉求库”。二是协商分流“界定责任”，明确“大事”为政府管理事项和基本公共服务，主要由政府部门负责解决；“小事”为社区公共事务及公益服务，主要由村（社区）“两委”主导，社区自治组织、社区社会组织和社会单位等协商解决；“私事”为居民个人事务，主要通过引导居民群众自行解决或寻求市场服务。建立“三级议事”“社区组织议事”“一事一议”等基本协商机制，商定具体事件处置清单 205 项，组织民主商议，分责办理。三是共建共治“协同办理”。“大事”由智治平台上报至街道，街道统筹资源，通过打造民生项目落地实施；“小事”由社区召集利益相关方进行民主协商，形成方案，发动“红星南坪”党建联盟成员单位，借力解决一批治理顽疾，同时建立社区“创”基金，与区“民泰基金会”共同为无配套财政资金预算的“急难愁盼”问题提供可持续保障；“私事”依托社区牵头成立的睦邻物业服务中心和邻里互助队，以低偿或志愿服务的形式提供解决“私事”所需的服务。四是紧盯关键“严督实导”。由各支部推选党员代表 3 名，组建以社区纪检委员为组长的“督导队”，形成上岗公示、督查报告、办结反馈、定期研判四项工作机制，按“实施有计划—进度有通报—堵点有调度”开展“督帮一体”工作。“督导队”上报“三事”推进过程中的问题后，社区党委通过“内外联动、跨界融合”等方式，及时协调解决中梗阻问题，从而形成同类事件处置模板，从解决“一件事”到办好“一类事”。五是结果运用“考评晾晒”。街道党工委每季度组织社区党组织书记围绕“三事分流”工作法开展“晾晒比武”，围绕群众急难愁盼问题，创新体制机制、凝聚多方力量、提升满意度等，晒“三事分流”工作成果、比创新举措。社区每年底召开述职测评会，现场测评社区两委成员“三事分流”工作推动落实情况。街道社会事务岗每月从社区“三事分流”办理件数、居民满意度、资源整合、经验总结四个方面，清单式罗列 10 条标准进行立体式评价，通过“月+季+年”方式晾晒成绩、发现差距，并将“三事分流”工作评价得分情况纳入年度社区集体评优评先的重要组成部分，倒逼社区将“三事分流”工作法用好用活。

图 9　办好后堡城市更新“大事”

图 10　举办“附近的天真”公益策展

六　忠县忠州街道香怡社区用好“365”工作法，走出“五有”社区新路子

香怡社区成立于2017年2月，位于重庆市忠县忠州街道香山2路51号附5号，辖区面积0.4平方公里，现有常住人口9611户23896人，是全县居民人数最多、人口密度最大的社区。社区党委下设党支部3个，现有党员181名。

（一）党建工作情况

一是搭建组织体系。构建“社区党委+3个网格党支部+20个楼栋党小组+181名党员骨干”四级组织链条，推动党组织向小区、楼栋延伸。二是用好共建机制。建立“1名县领导+5个成员单位”的社区“大党委”机制，通过年初签订联建共建协议、月度开展轮值活动、季度召开联席会，实现资源、力量下沉。三是聚焦网格治理。建立健全网格员培训、管理和激励机制与导师帮带机制，结合“141”基层智治平台常态化开展网格员实景演练，变“粗管散治”为“精管善治”。

（二）取得成效

建立4支特色志愿服务队，注册志愿者0.5万余名，常态化实施志愿项目12个。建立“百姓管家”议事阵地，依托“五单运行机制”累计解决社区电瓶车充电难、社区居民买菜难、学生上学坐车难等急难愁盼问题1350余件，物业缴费率由2021年的51.3%提高到2024年的90.5%。社区先后获得重庆市新时代文明实践站、重庆市社会化管理示范社区、重庆市先进城乡社区组织、重庆市巾帼文明岗、重庆市最美志愿服务社区、重庆市青少年普法教育未成年人零犯罪社区等荣誉。社区党委书记申红先后被评为“重庆市优秀共产党员”“重庆市担当作为好支书”等。社区治理相关经验做法被新华社、《人民日报》、《中国组织人事报》等国家级媒体宣传报道20余次。

（三）形成的工作法

香怡社区探索形成了“365”工作法，厘清“三张清单”，即“资源清单”“需求清单”“服务清单”。依托社区“大党委”工作机制，梳理成员单位可提供的政策、项目、资金、技术等资源形成“资源清单”。动态收集居民群众需要解决的共性类问题和个性类需求，建立社区居民“需求清单”，明确信息收集、审核把关、会议研判、组织实施、监督管理、评价反馈等工作流程，精细谋划服务项目制定“服务清单”。

用好“六支队伍”，即社区工作者、社会组织、网格员、在职党员、志愿者和物业企业队伍。建立人员定岗、任务定标、工作定规“三定”工作机制，让社区工作者精细化履职。构建“社区+社会组织+社工人才”工作模式，发挥社会组织队伍专业服务能力优势，满足居民多样化需求。2023年以来，开展服务活动50余次，服务居民7000余人。落实网格“6+1”任务清单，开展重大政策讲一讲、群众意见听一听等“八个一”活动，发挥网格员作用。开展在职党员“3+X”活动，“3”即践行一项承诺、列席一次会议、参加一次志愿服务；“X”即结合自身工作、特长等开展自选动作，发挥在职党员队伍先锋模范作用。打造“红岩先锋·忠城行动”志愿服务品牌，以辖区党员为骨干，吸纳辖区居民、“三新”群体和水电气讯专技人员，累计开展志愿服务活动1200余场次。充分发挥社区党支部、物业公司和业主委员会三方联动作用，定期召开联席会商议解决居民问题诉求，实现小区事务“全覆盖”处理。

共创“五有社区”，即难有处说、困有人帮、乐有空间、技有所用、美有传承。开展“渝里乡商”基层议事协商，从在职党员、物业公司代表、居民代表等各类人群中选出“百姓管家”86名，每周二定时召开议事协商会，让居民难有处说。建立居民点单、社区分单、街道派单、部门接单、群众评单的“五单”运行机制，让居民困有人帮。建成忠县首个社区综合服务体“橘城人家”，集图书阅览、休闲健身、棋牌娱乐等功能于一体，让居民乐有空间。吸纳社区文艺爱好者组建文化传承队伍，每月开展文艺活动，让居民技有所用。每季度组织开展“最美楼栋”“最美家庭”“最美网格员”“最美志愿者”等评选活动，让居民美有传承。

图 11　开展“百姓管家周周聊”议事协商

图 12　社区居民在议事亭议事协商

七　黔江区城南街道恩泽苑社区“加减乘除”工作法，让搬迁群众“搬得出、稳得住、能致富”

恩泽苑社区位于重庆市黔江区城南街道新黔大道，成立于2022年7月，辖区面积58.5亩。社区党支部下设党小组5个，现有党员30名。社区现有常住人口413户、1479人，系全区29个乡镇街道搬迁安置而来，是目前全市规模最大、唯一地处城郊工业园区的易地扶贫搬迁安置社区。

（一）党建工作情况

一是“筑堡垒”，党建领航“加强”。“建支部”，单独成立恩泽苑党支部，落实专职干部5名，街道党工委提级直管，让搬迁群众有了“家”。“派干部”，区委选派3名干部常驻社区，属地街道党工委班子成员兼任社区党支部书记，从邻近社区优选1名口碑好、能力强的干部担任社区专职副书记。“明目标”，社区党支部从成立起，就把政治功能强、支部班子强、党员队伍强、发挥作用强的“四强”党支部作为奋斗目标。二是“组专班”，结对帮带“加力”。“组区级专班”，抽调区级部门工作人员12人，组建政策咨询和答疑专班，由区领导兼任专班组长，帮助搬迁群众答疑释惑。“组街道专班”，抽调群众工作经验丰富、熟悉搬迁政策的老同志和业务骨干5人组建专门工作队，与区级专班和社区一道，耐心解决搬迁群众具体问题。“组结对专班”，由迁出地落实分管领导、联络员和帮扶责任人，迁入地落实后续扶持责任人，实行联动帮扶。三是“织网格”，综合治理“加密”。“建居委”，组建居委会，民主选举居委会主任1人、居务监督委员会主任1人、小组长5名和居民代表51名。“育组织”，培育业委会、红白理事会、道德评议会等组织12个，民主推选楼栋长28人。“强架构”，将社区划分为2个网格，采取“4个1”工作模式，即1项重大问题1个工作专班，1个网格1名专职网格员，1个居民小组1个党小组，1幢楼栋1个党员中心户，实行“干部帮带+清单服务”。

（二）取得的成效

搬迁安置而来的群众都曾是当地“贫中之贫、困中之因”，搬迁之初面临安置群众融入难、矛盾纠纷化解难、特殊群体增收难等诸多难题。通过近年来的综合施策，社区现辖企业13家、个体28家、扶贫车间1个，每户至少2人稳定上岗就业，搬迁群众人均纯收入年均增长16.2%，115户拥有家庭小汽车125辆，98户拥有摩托车105辆，小车拥有占比52%，家家户户都有稳定的收入来源，成功实现由乱到治、由治到稳、由稳向好的“蝶变”。社区被国家部委领导调研4次、市委市政府领导调研5次、市级部门调研18次，开展交流学习6次，被人民网、光明网、新华网等媒体多次报道，被国家发改委评为“十三五”美丽搬迁安置区，入选全国“十三五”易地扶贫搬迁典型案例，现为全国脱贫攻坚交流基地、全国脱贫攻坚考察点。

（三）形成的工作法

恩泽苑社区以“加减乘除”工作法，让搬迁群众“搬得出、稳得住、能致富”。组织引领做“加法”，通过建支部、派干部，组专班、结对子，建居委、织网格，进一步加强社区组织力量，确保“乐迁定心”。围绕问题做“减法”，通过针对性解决搬迁群众生产生活方式变化后的不适，“一老一小”、大病户等特殊群体困难，以及办事不便、就学就医、来回奔波等公共服务难题，确保“乐居舒心”。就业稳收做“乘法”，通过落实劳务经纪人、发展就业产业、落实就业岗位，开展创业培训、表彰致富典型、落实就业补贴，实施就业帮扶、搭建就业平台、跟踪就业轨迹，让群众就近就便创业就业，确保“乐业安心”。吐故纳新做“除法”，通过大力破解袖手旁观、大操大办、生活陋习等“旧识”，“闲得慌”“懒得做”“不习惯”等“旧习”，确保“乐和欢心”。

图 13　黔江区人力社保局、黔江区城南街道办事处在社区开展“春风行动”就业招聘会

图 14　恩泽苑社区针对“楼道乱堆杂物”问题开展社区楼栋长协商会议

八　垫江县桂溪街道红光社区“四治融合”，破解“三无”小区治理难题

红光社区成立于2007年12月，辖区面积0.5平方公里，现有常住人口7079户2.6万人，住宅小区47个，其中“三无”小区42个。社区党委下设网格党支部3个，现有党员171人。

（一）党建工作情况

红光社区以党建为引领，领办红色物业进驻“三无”小区，直接参与物业服务和小区治理，结合城市基层党建、网格治理、基层智治和基层民主政治建设，充分发挥党组织在社区事务中的核心领导作用和党员先锋模范作用，带动共建单位、志愿者、小区居民等基层治理力量，形成了“社区两委领治、红色物业主治、小区居民自治、社会力量共治”的“三无”小区治理机制。

（二）取得成效

红光社区党委通过“四治融合”工作法，形成高效的“三无”小区治理体系，红馨物业公司接管“三无”小区18个，服务覆盖居民2万余人；积分制激励下的居民群众参与度和责任感明显增强。相关治理经验被七一网、“学习强国”等多家平台报道，吸引市内外交流学习团队38支700余人次，“红色物业”品牌影响力进一步扩大。

（三）形成的工作法

红光社区“四治融合”基层治理工作法是对“三无”小区治理的有益探索，是贯彻落实习近平总书记“民生为大”理念的生动实践，彰显了超大城市更新中的现代化治理智慧。

1. 社区“两委”领治夯基

一是头雁领航。通过“群众自荐+联名举荐+组织推荐”的方式，选派

13名党建指导员，推选239名楼栋长，组建98个党小组和居民小组，并选优配强68名党员（居民）小组长，发挥党小组的先锋作用，增强党小组的覆盖力。二是双组共建。实行“党小组领导居民小组、党员是居民小组成员”的模式，共建“党员活动室”“群众说事室”等微阵地27个，引导居民参与环境整治、基础设施建设等社区事务。三是“三长”联动。通过单元（楼栋）长、党员（居民）小组长、网格长“三长”分级负责架构，推动治理力量下沉，健全“三长”联动机制，精准治理小区事务。

2. 红色物业主治兜底

一是确定经营规范。在财政“零”投入的前提下，组建红馨物业公司，完善治理体系，确定“五有十保”物业管理规范，“双向进入、交叉任职”吸纳物业人员作为兼职网格员或楼栋长，增强末梢感知力和基层党组织领导力。二是兜底基础服务。基于“一老一小”常住人口结构，设定低于市场的物业管理费（0.38元/米^2），并通过物业劳务抵扣物业费的方式，既解决了部分居民的就业问题，又增加了居民收入，减轻了困难居民生活负担。三是确保持续运行。开发利用国有资产闲置商铺，纳管成熟物业小区，并拓展家政、残疾人日间照料等服务，通过多元经营增加物业收入，提升物业服务质效。

3. 小区居民自治促谐

一是积分制激发参与。分类制定干部、党员、普通群众、困难群众等积分细则，将日常行为转化为积分，激励引导居民积极参与小区治理。二是议事会议出实效。建立居委会、业委会、居民议事会和物业公司“四方”协同议事机制，共商小区问题事务，强化主人翁意识，形成共建共治共享良性循环。三是志愿者增进和谐。组建居民志愿者队伍，协助解决环境问题87个、调解邻里矛盾纠纷53件，提升居民凝聚力。

4. 社会力量共治增质

一是行业共建增色。整合宣传部、渝垫国资公司等共建单位力量，选派党建指导员指导物业服务企业成立党支部8个，编制星级物业党支部评价细则，围绕物业服务提质增效划定党员责任区，扩大“红色物业”品牌影响力。二是项目整合增智。通过上级项目补、通信企业投、物业公司筹等方式，建成智慧安防小区 3 个，整合智能监控设备 1700 余套，依托基层智治平台实现社区事务高效闭环处置。三是网格协同增效。依托“141”基层智治体系，将物管员、外卖员、志愿者等社会力量纳入网格，组建功能互补的“三支小队”，形成“网格化管理、多元化参与”工作格局。

图 15　红馨物业公司接管改造后的小区面貌

图 16　红色物业联合党委书记调解邻里矛盾

九　渝中区上清寺街道美专校社区“五心”工作法，让居民享受“五星级”服务

美专校社区位于重庆市渝中区上清寺街道中山三路161号，于2021年7月由上大田湾社区更名而来，辖区面积0.251平方公里，现有常住人口3984户7029人。社区党委下设党支部6个，现有党员225名。社区党委坚持齐心、贴心、走心、暖心、强心“五心”工作理念，推进“渝中怡家”社区综合服务体建设，不断提升服务专业化、精细化、智能化水平，让居民在家门口即可享受高品质服务，助力社区高效能治理。

（一）党建工作情况

坚持以党建引领高效能治理为统揽，依托“141”基层智治体系建设，创新网格化服务管理，探索打造社区综合服务体系，推动党建引领与基层治理深度融合、同频共振。一是搭建综合治理服务构架。深化党建联建，联合26个党政机关、群团组织、社会组织成立社区“大党委”，实现资源共享、互联互动、共治共融。二是完善网格管理服务体系。精细划分微网格59个，设立“社区党委—党支部—网格党小组”三级组织架构，配备100余名工作人员，推动党的“神经末梢”向居民小组、居住小区延伸。三是提升治理服务保障能力。发挥社区党组织统筹协调能力，积极整合各级各类优势资源，加大保障力度，提升社区服务能力，切实为群众办好事实事。

（二）取得成效

培育、引进社区社会组织50余个，注册志愿者100余人，实施“渝好空间”“一角咖啡”等项目40余个，开展社区社会工作服务、公益活动等服务活动200余场，直接服务居民群众1.5万人次。社区先后被评为全国示范性老年友好型社区、重庆市建设和谐社区工作“示范社区”、重庆市“三八红旗集体”、重庆市新时代文明实践示范阵地等，“渝好空间”暑期儿童

托管项目、儿童友好服务、新时代文明实践服务、“渝中怡家”项目等被新华网、人民网、《光明日报》和《中国社会报》等国家级媒体报道。

（三）形成的工作法

建立服务群众“五心”工作法，紧扣治理服务力量不足，合力“齐心”，推动党建联建共建，凝聚治理服务力量；紧扣服务阵地使用困境，惠民“贴心”，迭代升级社区办公用房，实行亲民化改造，营造温馨环境；紧扣居民自治效能不高，解忧“走心”，健全议事协商机制，创新议事协商方法，拓宽议事协商平台，打造具有辨识度的工作品牌；紧扣精细品质服务不优，务实“暖心”，引入社工师、医师、培训师等专业力量，打造“桑榆康美”“人文善美”“生活甜美”“舒适和美”社区；紧扣治理基础保障不强，改革“强心”，强化各类资源力量整合，深化综合服务体社会化运营模式，创新“五社联动”，保障社区高品质供给服务。

图 17　美专校社区“渝中怡家”综合服务体大厅布局

图 18　社区老年人在社区综合服务体开展手工制作活动

十　大渡口区新山村街道沪汉社区"六共六治"工作法，解锁居民"幸福密码"

沪汉社区位于大渡口区新山村街道，面积0.56平方公里，常住人口0.6万人。社区党委下设5个党支部，管理党员220名。近年来，沪汉社区以建设"家和沪汉"为目标，以齐抓共管、协商共议、多元共治、文化共享、云上共建、服务共推为抓手，强化政治、自治、法治、德治、智治、善治"六治"融合，推动社区治理取得显著成效。

（一）党建工作情况

一是"党建+阵地"，建强服务群众堡垒。秉承"小办公、大服务"理念，以集约式场所、多功能设置、零距离服务、高效能治理为导向，对社区党员活动室、人民调解室、妇女儿童之家等活动阵地功能进行整合，打造网格党群服务站，推动党员群众学习有阵地、议事有去处、活动有场所。二是"党建+队伍"，激活社区治理动能。吸纳区级部门、辖区学校党组织负责人，社区党员民警，业委会和物业公司党员负责人及社会组织中有影响力的党员进入社区党委，建设高素质人才队伍。三是"党建+网格"，延伸为民服务触角。构建"社区党委—网格党支部—楼栋党小组"三级社区组织链条，设置5个综合网格党支部，选派20名党员楼栋长，以党建引领做细社区治理最小单元。

（二）取得成效

充分激发居民参与基层治理活力，居民参与社区治理率提升至65%，实现矛盾纠纷同比下降79%，先后获"全国综合减灾示范社区"等国家级、重庆市"最美志愿服务社区"等市级荣誉20余项，与中宣部、市委宣传部及全国各地的党政领导干部、村社区基层工作者2000余名调研人员先后开展调研交流，被《人民日报》、《光明日报》、重庆电视台等媒体报道100余篇次。

（三）形成的工作法

构建“六共六治”工作法。一是齐抓共管，突出政治引领，把准社区治理“方向盘”。“党建+阵地”，整合社区活动阵地，打造网格党群服务站；“党建+队伍”，吸纳多类人才到社区党委，建设高素质人才队伍；“党建+网格”，构建“社区党委—网格党支部—楼栋党小组”三级社区组织链条，以党建引领做细社区治理最小单元。二是协商共议，强化自治夯基，筑起社区治理“连心桥”。构建多元议事主体，组建社区议事协商委员会，将人大代表、社区党员等吸纳到“三会”中，引导群众、企业、公益等力量全过程参与议事协商；搭建多样议事平台，打造“家味”浓等线下功能区域、“渝悦·社区”等线上议事协商平台，广泛拓展社区空间，形成“可移动”议事协商阵地。三是多元共治，突出法治保障，构建社区治理“新气象”。打造“莎姐和议厅”，招募社区民警、新乡贤等组成“莎姐”志愿队伍，开展矛盾调解化解；开展警勤联动，建立非警务警情联动机制，组建社区治理联动队伍；打造“义渡吹哨人”，广泛招募热心居民、志愿者成为社区“义渡吹哨人”，引导关注和发现社区环境、安全、服务等问题。四是文化共享，突出德治教化，激发社区治理“新动能”。以“微课堂”凝心，创新开设“小板凳”理论课堂，引导群众以德立身；以“微阵地”悦心，打造“五品家园”“同心文化园”等文化阵地，以家和文化为主线，手绘、文化墙等为载体，营造社区文化氛围；以“微服务”暖心，培育“中国好人”“重庆好人”先进典型，带动志愿者开展“以工代疗”“绿书签”等系列活动。五是云上共建，突出智治赋能，打造社区治理“助推器”。优化办事流程，依托数字重庆建设，赋能网格治理，实现“小事闭环网格”；链接多方资源，打造“知民居”网格服务驿站，让群众实现养老认证、职业培训、就业指导等服务“零距离”；用好线上平台，使用“民呼我为”“渝小渡”等，及时处置群众反映问题，推动矛盾化解、问题处置前端转移。六是服务共推，突出社区善治，织密织牢群众“幸福网”。推动老旧改造“焕新颜”，联合辖区重点单位开展老旧小区改造；破解“停车难题”，协调公安、城管等部门，优化升级小区内部道路环境及附属设施，缓解停车矛盾；联合区人社等部门，打造“零工驿站”“义渡就业列车”等线上线下服务平台，实现群众“家门口”就业。

图 19　在沪汉社区开展反诈院坝会

图 20　组织开展残疾人手编活动

附　录

2024年重庆市
党建引领基层治理十件大事

深入学习宣传贯彻《习近平关于基层治理论述摘编》和视察重庆重要讲话重要指示精神

聚焦学习宣传阐释习近平总书记关于基层治理的重要论述，依托重庆市委党校（重庆行政学院）共建重庆市基层治理研究中心，在《重庆日报》等市级主流媒体发表理论研究文章 10 篇，着力打造基层治理研究主平台和培训主阵地。精心组织“百名基层书记话基层治理”活动，举办“‘民生为大’基层书记话基层治理媒体见面会”，邀请百名镇街党（工）委书记、村（社区）书记、“两企三新”党组织书记学论述、话治理、解民忧，营造共建共治共享良好氛围。

构建完善党建引领基层治理协调机制

市委调整设立党建引领基层治理协调机制，市委副书记担任召集人，市委组织部、市委社会工作部等 32 个市级有关部门为成员，日常工作由市委组织部会同市委社会工作部承担。各区县成立由党委书记担任召集人的协调机制。

提升“141”基层智治体系实战效能

着眼提升超大城市现代化治理水平，全市域构建并持续迭代党建统领“一中心四板块一网格”基层智治体系，1031个镇街全覆盖建成基层治理指挥中心，构建党的建设、经济发展、民生服务、平安法治“四板块”，大力实施党建引领网格治理提升行动，基层智治平台迭代至7.0版，推动基层治理由自上而下向上下联动、单打独斗向协同共治、传统治理向智能治理转变。

深化破解基层治理“小马拉大车”突出问题

迭代涉村（社区）事项“四清单一目录”，制定村（社区）工作事项准入管理办法，开展村（社区）“滥挂牌”问题专项整治，全市村（社区）基本实现“全岗通”“一窗办”。完成基层治理工作成效督查并推动整改。协同推广“一表通”应用，基层填报业务表、数据项压减达50%以上。

培育打造“渝里乡商”基层协商工作品牌

“镇街常态化制度化议事协商机制改革”纳入市级重点改革项目，在41个区县70个镇街、82个村（社区）开展试点，实施“议题征集”“主体培育”“阳光协商”“规范程序”“特色培育”“数字赋能”6项行动，开发“党建引领议事协商”一件事场景并上线试运行。全域推进清廉村居建设，实施“党建领航”“治理强基”“阳光村（居）务”“渝乡清风”4项行动，培育最佳案例、优秀实践案例38个，合格村居覆盖面达60%。

深化乡镇（街道）综合行政执法改革

“一张清单”定权责，构建“法定执法+赋权执法+委托执法”的镇街综合执法事项清单，推动基层权责相适。“一支队伍”管执法，全市1031个镇街全覆盖建立综合行政执法大队，区县执法部门下沉4700余人，实现统筹运行。“一套机制”强联动，打造15个“综合查一次”场景，落地实战“信用+执法”综合场景，减少检查频次20%以上。“一个应用”提效能，打造全市统一“执法+监督”数字应用，镇街执法全程网办率100%，办案时长压缩50%，复议被纠错率低于万分之五。

全面加强社区工作者专业化、职业化建设

市委组织部、市委社会工作部等6部门印发《贯彻落实〈中共中央办公厅　国务院办公厅关于加强社区工作者队伍建设的意见〉具体措施及分工方案》，研究制定《重庆市社区工作者管理办法》，举办全市社区工作者能力提升示范培训班，社区工作者量质齐升，履职能力有效提高。

评选发布“川渝乡约”优秀村规民约（居民公约）

开展村规民约（居民公约）清理规范工作，牵头会同四川省委社会工作部发布“川渝乡约”优秀村规民约（居民公约）101个，召开川渝地区基层治理专家座谈会，“渝里乡约”品牌影响力不断彰显。

培树“渝善渝美”市域志愿服务品牌

建立全市志愿服务工作协调机制，实施“铸魂、助力、暖心、强基”4项行动，建立“10类+N支特色”志愿服务队伍，注册志愿者687万人、年

度活跃率26%。开展“渝善渝美 志愿重庆”等主题志愿服务活动143万场次、参与志愿者1543万人次，打造向上向善“志愿之城”。建立国际志愿服务专项基金，成立国际志愿服务研究中心，打造国际志愿服务队，构建志愿服务国际交流新格局。

全面上线“渝邻汇数智社区”应用

构建“渝社智治”137N总体构架，将“渝邻汇数智社区”应用纳入数字重庆建设重大应用“一本账”，在全市41个区县、1031个乡镇（街道）、1.1万个村（社区）全面上线运行，助力打造“15分钟高品质生活服务圈”。

皮 书

智库成果出版与传播平台

皮书定义

皮书是对中国与世界发展状况和热点问题进行年度监测，以专业的角度、专家的视野和实证研究方法，针对某一领域或区域现状与发展态势展开分析和预测，具备前沿性、原创性、实证性、连续性、时效性等特点的公开出版物，由一系列权威研究报告组成。

皮书作者

皮书系列报告作者以国内外一流研究机构、知名高校等重点智库的研究人员为主，多为相关领域一流专家学者，他们的观点代表了当下学界对中国与世界的现实和未来最高水平的解读与分析。

皮书荣誉

皮书作为中国社会科学院基础理论研究与应用对策研究融合发展的代表性成果，不仅是哲学社会科学工作者服务中国特色社会主义现代化建设的重要成果，更是助力中国特色新型智库建设、构建中国特色哲学社会科学“三大体系”的重要平台。皮书系列先后被列入“十二五”“十三五”“ 十四五”时期国家重点出版物出版专项规划项目；自 2013 年起，重点皮书被列入中国社会科学院国家哲学社会科学创新工程项目。

权威报告·连续出版·独家资源

皮书数据库

ANNUAL REPORT(YEARBOOK) DATABASE

分析解读当下中国发展变迁的高端智库平台

所获荣誉

- 2022年，入选技术赋能“新闻+”推荐案例
- 2020年，入选全国新闻出版深度融合发展创新案例
- 2019年，入选国家新闻出版署数字出版精品遴选推荐计划
- 2016年，入选“十三五”国家重点电子出版物出版规划骨干工程
- 2013年，荣获“中国出版政府奖·网络出版物奖”提名奖

皮书数据库

“社科数托邦”
微信公众号

成为用户

登录网址www.pishu.com.cn访问皮书数据库网站或下载皮书数据库APP，通过手机号码验证或邮箱验证即可成为皮书数据库用户。

用户福利

- 已注册用户购书后可免费获赠100元皮书数据库充值卡。刮开充值卡涂层获取充值密码，登录并进入“会员中心”—“在线充值”—“充值卡充值”，充值成功即可购买和查看数据库内容。
- 用户福利最终解释权归社会科学文献出版社所有。

数据库服务热线：010-59367265
数据库服务QQ：2475522410
数据库服务邮箱：database@ssap.cn
图书销售热线：010-59367070/7028
图书服务QQ：1265056568
图书服务邮箱：duzhe@ssap.cn

社会科学文献出版社 皮书系列
SOCIAL SCIENCES ACADEMIC PRESS (CHINA)
卡号：777517321327
密码：

S 基本子库
UB DATABASE

中国社会发展数据库（下设 12 个专题子库）

紧扣人口、政治、外交、法律、教育、医疗卫生、资源环境等 12 个社会发展领域的前沿和热点，全面整合专业著作、智库报告、学术资讯、调研数据等类型资源，帮助用户追踪中国社会发展动态、研究社会发展战略与政策、了解社会热点问题、分析社会发展趋势。

中国经济发展数据库（下设 12 专题子库）

内容涵盖宏观经济、产业经济、工业经济、农业经济、财政金融、房地产经济、城市经济、商业贸易等12个重点经济领域，为把握经济运行态势、洞察经济发展规律、研判经济发展趋势、进行经济调控决策提供参考和依据。

中国行业发展数据库（下设 17 个专题子库）

以中国国民经济行业分类为依据，覆盖金融业、旅游业、交通运输业、能源矿产业、制造业等 100 多个行业，跟踪分析国民经济相关行业市场运行状况和政策导向，汇集行业发展前沿资讯，为投资、从业及各种经济决策提供理论支撑和实践指导。

中国区域发展数据库（下设 4 个专题子库）

对中国特定区域内的经济、社会、文化等领域现状与发展情况进行深度分析和预测，涉及省级行政区、城市群、城市、农村等不同维度，研究层级至县及县以下行政区，为学者研究地方经济社会宏观态势、经验模式、发展案例提供支撑，为地方政府决策提供参考。

中国文化传媒数据库（下设 18 个专题子库）

内容覆盖文化产业、新闻传播、电影娱乐、文学艺术、群众文化、图书情报等 18 个重点研究领域，聚焦文化传媒领域发展前沿、热点话题、行业实践，服务用户的教学科研、文化投资、企业规划等需要。

世界经济与国际关系数据库（下设 6 个专题子库）

整合世界经济、国际政治、世界文化与科技、全球性问题、国际组织与国际法、区域研究 6 大领域研究成果，对世界经济形势、国际形势进行连续性深度分析，对年度热点问题进行专题解读，为研判全球发展趋势提供事实和数据支持。

法律声明

“皮书系列”（含蓝皮书、绿皮书、黄皮书）之品牌由社会科学文献出版社最早使用并持续至今，现已被中国图书行业所熟知。“皮书系列”的相关商标已在国家商标管理部门商标局注册，包括但不限于LOGO（ ）、皮书、Pishu、经济蓝皮书、社会蓝皮书等。“皮书系列”图书的注册商标专用权及封面设计、版式设计的著作权均为社会科学文献出版社所有。未经社会科学文献出版社书面授权许可，任何使用与“皮书系列”图书注册商标、封面设计、版式设计相同或者近似的文字、图形或其组合的行为均系侵权行为。

经作者授权，本书的专有出版权及信息网络传播权等为社会科学文献出版社享有。未经社会科学文献出版社书面授权许可，任何就本书内容的复制、发行或以数字形式进行网络传播的行为均系侵权行为。

社会科学文献出版社将通过法律途径追究上述侵权行为的法律责任，维护自身合法权益。

欢迎社会各界人士对侵犯社会科学文献出版社上述权利的侵权行为进行举报。电话：010-59367121，电子邮箱：fawubu@ssap.cn。

社会科学文献出版社